# 律师代理民事诉讼 的 方法与技巧

廖建新　著

中国社会科学出版社

**图书在版编目（CIP）数据**

律师代理民事诉讼的方法与技巧／廖建新著．—北京：
中国社会科学出版社，2022.3
ISBN 978 - 7 - 5203 - 9694 - 3

Ⅰ.①律… Ⅱ.①廖… Ⅲ.①民事诉讼—研究—中国
Ⅳ.①D925.104

中国版本图书馆 CIP 数据核字（2022）第 025636 号

| | |
|---|---|
| 出 版 人 | 赵剑英 |
| 责任编辑 | 孔继萍 |
| 责任校对 | 郝阳洋 |
| 责任印制 | 郝美娜 |

| | |
|---|---|
| 出　　版 | 中国社会科学出版社 |
| 社　　址 | 北京鼓楼西大街甲 158 号 |
| 邮　　编 | 100720 |
| 网　　址 | http://www.csspw.cn |
| 发 行 部 | 010 - 84083685 |
| 门 市 部 | 010 - 84029450 |
| 经　　销 | 新华书店及其他书店 |

| | |
|---|---|
| 印刷装订 | 北京市十月印刷有限公司 |
| 版　　次 | 2022 年 3 月第 1 版 |
| 印　　次 | 2022 年 3 月第 1 次印刷 |

| | |
|---|---|
| 开　　本 | 710×1000　1/16 |
| 印　　张 | 18 |
| 插　　页 | 2 |
| 字　　数 | 277 千字 |
| 定　　价 | 108.00 元 |

# 目　　录

# 前　言

　　律师是依法取得律师执业证书，为社会提供法律服务的执业人员。律师的工作范围通常包括刑事辩护、民事诉讼代理、行政诉讼代理、非诉讼代理及担任法律顾问。律师或因经验不足或因工作繁忙，通常难以系统归纳和梳理出律师代理案件的方法和技巧，国内在此方面的专著亦十分寥落。社会在不断发展，新的法律服务需求正在涌现，如果律师不能较好地把握住诉讼代理的方法与技巧，将难以满足客户的需求。基于此，笔者试图探索出律师代理各类案件的方法与技巧，目的是为正在从事法律服务的律师和实习律师提供些许助益。因律师的工作范围广泛，本书将研究范围定位于民事诉讼代理的视域，这样更易于聚焦问题与策略。

　　本书认为，民事诉讼代理律师的核心工作是接案和办案。律师接案蕴含着律师的职业形象、接案的方法与技巧，律师办案则包含着律师在诉讼代理前和诉讼代理中的各种方法与技巧。随着社会的发展，客户对律师的工作质量和工作效果提出了更高的要求，律师的风险代理业务呈较大幅度的增长。此外，在社会主义市场经济的浪潮中，企业间的竞争加剧，近年来企业破产等新兴法律业务呈上升趋势。与此相伴而生的是，律师面临着前所未有的各种风险。

　　为帮助律师更好地拓展业务，提升办案质量，并有效规避风险，本书结合笔者长期的从业经验，借鉴学界和律师界的研究成果而略陈固陋。全书共十章，分别是第一章律师应注重的职业形象，第二章律师接案的方法与技巧，第三章律师与客户交流的方法与技巧，第四章律师谈判的方法与技巧，第五至第七章分别为律师代理一审案件、二审案件及再审案件的方法与技巧，第八章律师代理企业破产案件的基本要领，第九章律师在风险代理中的方法与技巧，第十章律师在民事诉讼过程中应当注意的问题。全书以律师代理民事诉讼的方法与技巧为核心，各章之间成为一个有机联系的整体。为便于律师依法依规代理民事诉讼案件，本书增加了附录，其中的律师法及相关规定、证据规则及要领等丰富了本书的内涵，提升了本书的品质。

　　尽管笔者不辞辛劳，但终因能力和水平所限，本书既未能涵盖律师同行关注的程序意义上的所有方法与技巧，亦未能从实体意义上全面满足律师同行的需要，且因时间仓促，错误和瑕疵在所难免，恳请读者批评指正。

　　笔者期待，本书的出版能开启律师工作经验交流的新篇章，帮助律师赢得社会更多、更高的赞誉，为促进中国律师事业的发展增添新动力。

作　者

2020 年 12 月 29 日

# 第 一 章

# 律师应注重的职业形象①

律师的民事诉讼代理，是民事诉讼代理的一种主要形式，它具有民事诉讼代理的一般特征：1. 民事诉讼的代理律师是受过法律专业训练的专门人才，需经过严格的国家考试而取得律师资格；2. 当事人与律师事务所产生委托代理关系，代理律师受律师事务所的指派进行民事诉讼代理；3. 律师在民事诉讼中的代理活动既受到我国民事诉讼法、律师法的规范，也受到律师事务所的工作纪律和各项规章制度的制约，透明度高，可信度强，这种规范化的代理工作，为圆满完成民事诉讼代理人的任务提供了有力保障。

在律师与客户签订委托代理手续前，客户对律师的要求首先是职业形象上的要求，其次是专业素养及服务质量的要求。本章从职业形象谈起。

美国一位退伍老兵吉姆，退休之后便陷入困境——贫困、无家可归。然而 2013 年 9 月的一天，在某慈善机构的帮助下，吉姆换了新发型，剃了须，换上帅气的西装，之后不可思议的事发生了。当他看着镜中全新的自己时，那种百感交集的情绪直击内心，他和工作人员紧紧拥抱，用了几十年来积聚于胸的力量，说了一句"谢谢"，这饱含了多少心酸。他深呼吸一口气说："没什么大不了的，我又活过来了。"现在他有自己的住所了，同时参加了戒酒互助会，利用这个新机会，重新开始。通过一个发型、一个造型便会由内而外地改变一个人的生活轨迹，这就是仪容仪表的魅力。

---

① 本章参考陈绍娟、徐浩然《律师礼仪》，第三章，中国政法大学出版社 2015 年版。

# 第一节　修饰得当的仪容

### 一　从头开始

美国前国务卿希拉里还是参议员的时候，一次在某学院发表题为"公民义务"的演讲中提到，"头发很重要，你的头发会向你周围的人传递出重要信息……人人都会关注你的头发，所以你们一定要重视它"。

发色庄重发色在选择上比较单一，一般宜保留天然的发色。如果染发也要以栗色、深咖色为佳，不可选择过于夸张、前卫的颜色。

发型得体针对女性律师，人们联想到的多是高雅干练，男性律师则是整洁大方。对于大批年轻律师来说，无论男性还是女性，都在思考：我的脸型和年龄到底适合什么发型，我的职业要求我留什么样的发型，哪些发型能让我显出得体大方？

律师美发的基本要求——

（一）女性律师

1. 发型大方高雅、得体干练。

2. 前发不要遮眼、遮脸。

3. 不宜留过短的发型。

4. 不宜用彩色发胶或发膏。

5. 发型尽量朴实无华，不佩戴炫彩或卡通、花卉的发饰。

6. 忌用头巾或发箍做装饰。

（二）男性律师

1. 发型大方，不怪异。

2. 干净整洁，长短适中。

3. 切记不要有汗味和头屑。

4. 不抹过多的发胶。

### 二　妆容自然美

律师的职业妆应具有较强的包容性，切忌过浓过艳。女性律师精致的妆容能增添个人魅力，男性律师则要注重面部清洁和保养。职业妆容应该讲究精细，以淡雅色彩为主，既要适于近距离的接触与交流，也要能体现个人的品位和修养。

（一）底妆：保湿提亮

由于室内的照明大多是冷色光源，因此，色彩也要选择适合冷光的暖色调，健康肤色和小麦色的粉底色可以较好地体现面部的生机，而偏白的象牙色、贵族白最好作为提亮肤色来使用。另外底妆要选择有保湿效果的粉底。

（二）眼妆：清爽提神

清晰的眼线可以提亮眼神，以强调职业感。用黑色眼线笔从眼头开始起描沿轮廓画至眼尾，微微拉长，还可以添加具有色泽感的珠光银色眼影，再用中号眼影轻轻微刷上下眼睑，凸显出东方情调和清爽干练的职业感。

（三）睫毛：黑色最佳

宜用黑色的睫毛膏，其他颜色只会让你显得失礼并且怪异。

（四）颊妆：柔和亮丽

律师职业妆的腮红不可浓于唇彩，使用柔和的色彩让整个妆容更加亮丽。

（五）唇妆：轻薄自然

宜用有透明感的唇彩，可以不用勾勒唇线，选择与自己唇色接近或略深的色泽，轻而薄地涂于唇上。

（六）指甲：平滑干净

修长漂亮的美甲固然吸引眼球，但不适合职业律师。律师的指甲要修剪得干净平滑，男士建议修剪到底，女士可以微留一点。不要将指甲剪得过秃或者留得过长，这都会给人不修边幅的感觉。

化妆禁忌事项：

1. 忌浓妆艳抹。最高境界是"有妆若无妆"。

2. 忌过于芳香。以身体香味在一米内被对方闻到最宜。

3. 忌妆面残缺。在用餐后、饮水后、休息后、出汗后及时补妆。

4. 忌当众化妆或补妆。当众化妆不雅观。

5. 忌混用化妆品。不可随意使用他人化妆品，既不美观也不卫生。

6. 忌化妆工具脏乱。化妆工具应该有条理地放在化妆包内，以便从容地取出使用。

7. 忌孤芳自赏。在洗手间内的面池前过度照看镜子会影响他人使用，特别是当客户刚好也在洗手间时会影响其对律师及所在律所的评判。

8. 忌讨论化妆。不要在工作中讨论化妆心得，也不可过多地对别人的妆面品头论足。

## 第二节　特征鲜明的仪表

### 一　正确传递职业信息

夏某和彭某两位女律师在同一家律师事务所工作，年龄相近，交情极好。但两人最大的区别是，一个艳丽太过而有失稳重，另一个朴实太过显得邋遢。律所接了一个有 10 个被告的案件，客户为方便起见一并委托本所代理，夏某和彭某便是其中代理律师。几次接触下来，客户对两人的评价褒贬不一。一个客户说："我们委托的这个夏律师太注重打扮了，喷那么浓的香水，裙子还那么短，看起来很不可靠啊，不知道有没有真才实学，我心里很没底。"另一个客户说："我请的那个彭律师看起来很不拘小节，穿的衣服背后好多褶皱，皮鞋也脏脏的。不注重细节的律师能把这么重要的案件做好吗？我心里还打鼓呢，早知道就不要请女律师了。"由此可见，仪表对一位律师特别是女律师的重要性，女律师的仪表形象应当以传递"我是你值得信赖的法律专家"的信息为主，而不是以传递"我是女性律师"的信息为主。恰当得体不失专业度，稳重干练不失女性化，大方自然又不失职业感，便是最佳的仪表形象。

仪表中最重要的组成部分就是服饰，服饰是一种无声的语言，能够体现人的性格特点、文化修养和审美能力，也体现人的地位、财富及职业特征。服装不能塑造完人，但是第一印象的 80% 来自着装。奥黛丽·赫本也说，"照顾好你的衣服，因为这会影响到你给别人留下的第一印象"。

律师的仪表形象要符合客户心目中和司法人员眼中的形象，鲜明的仪表特征可以无声地传递这样一个信息：我是一名律师，是一名好律师，一名专业的律师。因此无论多么有个性的律师在职场上都会穿着得体的职业装，一些注重品牌和专业化建设的律师事务所也在尝试统一律师、行政人员、律师助理的着装，律所的每个人都代表着本所的形象，统一的职业装可以给人职业和庄重的印象，进而产生信任。

## 二　律师着装的基本要求

### （一）符合"TPO"

即 Time（时间）、Place（地点）、Object（目的、对象），律师的职场服装要求庄重、保守，以传统的西装和套装、套裙为主。

### （二）和谐就是美

选择符合自己的年龄、体型、身份的款式、颜色、材质和花纹。

### （三）整体搭配

外套和衬衫、衣服和鞋子、上装和下装搭配得当，相互呼应。

### （四）整洁卫生

不允许褶皱、残破。干净，不要有臭味和明显污渍、油迹。

### （五）颜色搭配讲究

同种色搭配、相近色搭配、主色调搭配。黑、白、灰是"安全色"，最易与其他颜色的服装搭配，可大胆使用。穿戴得体可以反映律师的形象，有时当事人会从小事上对律师进行判断。服饰不一定要昂贵，但质地与做工一定要讲究，要熨烫，要干净整洁。

## 三　男装讲材质

### （一）西装的穿着

西装是男律师着装的首选，讲究做工和材质：

1. 面料力求高档，毛料为首选。

2. 色彩应全身为一色，首选深蓝色，除此之外，可以选择黑色、棕色、深灰色。

3. 前面裤袋：一般不装物，裤子后兜可装手帕和零钱。

4. 裤长以裤脚接触脚背为妥。

### （二）西装的穿着要求

1. 拆除衣袖上的商标。

2. 熨烫平整。

3. 系好纽扣。

4. 袖子不挽不卷，口袋平整，腰间无物。

（三）西装的搭配

西装的韵味不是单靠西装样式本身来表现的，而是通过西装与其他衣饰的精心组合和搭配体现出来的。

1. 衬衫

款式：正装衬衫。

材质：以高织精纺的纯棉、纯毛制品为主。

色彩：单一色彩，无任何图案为佳。正式场合白色为佳，除此之外，蓝色、灰色、棕色、黑色有时亦可考虑。

衣袖：正装衬衫必须为长袖。

衣袋：无胸袋为佳。

注意事项：衣扣要系上、袖长要适度、下摆要掖好、大小要合身、一般不外穿、换洗要频繁、整洁且无皱。

2. 领带

正式场合要系上领带，领带是西装配件中"画龙点睛"之物，要注意西装、衬衣条纹与领带质地、颜色协调搭配。

面料：真丝或羊毛为好。

色彩：根据西装的色彩搭配，律师以单色为佳，蓝、灰、棕、黑等单色是理想的选择。

图案：以圆点、条纹、方格等几何图形为宜。

款式：箭头显得传统典雅，平头显得时尚随意，律师带箭头领带为宜。

领带的宽度：与律师本人的身形、脸型、胸围及西装的衣领相协调。

季节性：在炎炎夏日里最好佩带丝绸等材质的轻软型领带，领带结也要打得比较小，给人以清爽感；而在秋冬季里颜色要以暖色为主；在春夏季节可以以冷色调为主，暖色调为辅。

3. 领带夹

材质：金属质地。

颜色：素色为佳。

形状和图案：雅致、简洁。

位置：从上往下数衬衫第三粒与第四粒纽扣之间或第四粒与第五粒纽扣之间为宜，西装上衣系好扣子后领带夹是不应被看见的。

长度：领带下箭头到达皮带扣的上缘为宜。

4. 皮鞋

材质：真皮。

颜色：深色或单色，以黑色牛皮鞋为首选。

注意事项：鞋内无味、鞋面无尘、鞋底无泥、鞋垫相宜、尺码适当。

5. 袜子

材质：纯棉、纯毛制品。

颜色：深色、单色为宜，最好为黑色。

注意事项：袜子要干净、完好、成双、合脚。袜子的颜色要与鞋子的颜色一致。

6. 腰带

材质：首选真皮带。

颜色：以单色、深色为佳。

搭配：能与皮鞋、皮包颜色保持一致最好。

宽度：宽窄恰当，3厘米左右。

长度：系好之后长过皮带扣约10厘米。

7. 毛衣

不提倡西装内穿毛衣，确实要穿也只能穿一件素色毛衣。穿衬衫时，领带应放在毛衣内。不宜穿开身衫及带图案的毛衣。羊绒衫可穿在衬衣内，但衬衣内不应露出任何衣领。

8. 帽子

律师在工作场合不允许带帽子。

9. 皮夹

以暗咖啡色和黑色有华贵之感的真皮夹为佳，皮夹不宜塞满。

10. 名片夹

皮质最好，金属次之。

11. 笔

手表、金笔和打火机在西方被称为"男士三大配饰"，被认为是身份的象征。律师用水笔为佳。

12. 手表

手表反映一个人的品位与身份，应在支付能力范围内选择与衣着匹配的高档名牌手表，黄金色表优于白金色表。

13. 公文包

以深褐色或棕色牛皮羊皮皮革制品为佳，长方形为首选，不要选发光发亮、印满图案的皮包。

14. 眼镜

要充分考虑自己的身材、脸型和肤色，也应注意与服装的搭配。

15. 首饰

男士只适合戴婚戒。

16. 其他服饰

在一些情况下，律师也可以选择中山装或风衣，同样能体现出很好的效果。

（四）适合男性律师的西装、衬衣及领带的安全搭配

1. 黑色西服，配以白色为主的衬衫或浅色衬衫，搭以灰色系或者深色系领带。

2. 暗蓝色西服，仍配以白色为主的衬衫或浅色衬衫，可以搭浅色或者近蓝色的领带。

3. 深褐色西服，可以配白、灰、银色或明亮的褐色衬衫，搭配暗褐、灰等颜色领带。

4. 三色原则，西服、衬衫、领带、皮鞋、袜子等不超过 3 个色系。

5. 小三色，手表带、腰带、皮鞋颜色要力争一一致，最好是一个色系。

### 四 女装讲雅致

女性从来都不缺自己的私人衣柜。与大多数女性追求设计上的特色感不同，女性律师更要侧重服装的材质和做工。从这点上看，女性律师和男性律师要求一致。这样一来，"清纯可人学生味""华丽妩媚性感味""严肃庄重干练味""气场强大骇人味"等风格与律师着装要求大相径庭，女性律师应尽量避免。

（一）套裙的穿着

套裙即西装套裙，是女性律师的首选服装，它会让女律师看起来干练成熟，也能衬托出女性自身独特的韵味。

（二）套裙的选择

面料：质地上乘的纯天然面料，除纯毛面料外，高档的丝绸、亚麻、府绸、麻纱、毛涤等面料也是不错的选择。质地要有弹性和手感，应当不起皱、不起毛、不起球。

色彩：以冷色调为主，黑、褐、灰或条纹、碎点的图案较好。尽量以深色为主，避免太过艳丽的颜色，一些恰当的时机也可着彩色套裙，但尽量避免大红大紫、粉色等，全身的色彩搭配至多不超过两种，颜色要跟肤色相协调。

款型：根据自己的年龄、体型、皮肤、气质来选择。

另外，女性套装也是不错的选择，一般采用同一面料做套装，使得整体感强。上身的西装"V"领要高低适中，胸围和腰身都不要有紧绷感。如果配裤子，则可将上装做得稍长。套装搭配的首饰宜精不宜粗、宜少不宜多。

套装也应当考虑衬衫、内衣、鞋袜、衬裙的选择。

套裙之外还可考虑上面着衬衫，下面着短裙或西裤。

1. 衬衫

面料：轻薄、柔软、真丝、麻纱、涤棉为佳。

色彩：雅致端庄，且不失女性妩媚。除白色外，其他颜色只要不过于鲜艳，且与所穿套裙色彩不宜相互排斥，均可选用，单色为佳。

款式：不必过于精美，领型、袖管等细节不宜新奇夸张，下摆最好掖入裙腰之内。

纽扣：除最上端一粒纽扣允许不扣外，其他不宜随意解开。

2. 内衣

面料：纯棉、真丝为佳。

颜色：白色、肉色为佳。

重点：内衣必须穿、内衣不外穿、内衣不外露、内衣不外透。

3. 鞋袜

以皮鞋和丝袜为主。鞋的颜色必须和套装的颜色相配，以黑色高跟、半高跟皮鞋为主，不宜采用系带式皮鞋和坡跟皮鞋，鞋跟5厘米左右比较合适。皮靴不宜与套裙搭配，穿正装时可以穿前不露脚趾后不露脚跟的凉鞋。在正式的场合不能光腿，连裤袜是裙装的绝对搭档。丝袜尽量选择肉色或黑色连裤丝袜，不要穿花网袜、短袜，不能露袜口，也不能穿一长一短两层袜子。袜子上身前后要仔细查看是否有破损，并随身携带一双完好的连裤袜备用，另外要注意穿凉鞋不穿袜子。黑皮裙、黑皮靴也不能当正装穿。

4. 衬裙

对于薄型或浅色面料套裙，为避免内衣被外人看见，必须在套裙里穿上衬裙。

颜色：白色或肉色。

款式：线条简单、穿着合身。

尺寸：大小合适，不暴露在外。

5. 首饰

女律师佩戴合适的首饰是个性的表现，也是时尚高雅的体现。配饰的着重点在于款式与颜色的搭配要起到画龙点睛的效果，使整体相得益彰。

个体相配：身材高挑的女律师可以选择稍微夸张的首饰，而身材相对小巧的女律师适合佩戴比较秀气的首饰。

搭配得当：尽量与服饰相配。

数量宜少：不多于两件。

质色宜精：坚持同质同色。

匹配身份：符合身份，显优藏拙。

掌握寓意：了解饰品的含义，戴错会造成尴尬。例如戒指的佩戴往往暗示佩戴者的婚姻和择偶状况。

（1）戒指

戒指一般戴在左手指上，最好仅一枚，至多两枚。戒指款式应与手形相配，女律师所戴戒指讲究小巧玲珑，镶有大颗玉或亮钻的戒指不宜出现在工作场所。戒指的寓意也要注意，戴在食指上表示无偶或求婚；戴在中指上表示已有意中人，正处在恋爱中；戴在无名指上表示已订婚或结婚；如果是戴在小指上则暗示自己是一位独身者。

（2）项链

领型与项链：V 领的上衣适合吊坠状首饰，而圆领适合圆形环脖首饰，一字领可较为随意。

脸型与项链：脸长脖细的人适合贴颈短链，尤以珍珠项链适合，可使脸形变宽。圆脸脖短的人宜佩戴细长粒小的项链，有拉长脸部的效果。

身形与项链：身材矮小者适合细小项链，而不适合过于粗壮或长挂件。

（3）耳饰

作为律师，耳饰可以不佩戴，即便佩戴也最好选择"点状型"为宜。如果出席特殊场合就必须在此下功夫，注意结合脸型来选择。曲线形、线条形、棱角形耳环（坠）适合椭圆形、梨花形、圆形的脸蛋，而几何图案或其他抽象形状饰品则适合棱角形的脸蛋。

（4）腕饰

律师在工作场合一般都不应佩戴手链和脚链。

（5）胸花

一般佩戴在左胸，胸花要高雅，位置在从上往下数的第一、二粒纽扣之间。

（6）手提包

公文包要能体现律师的权威。女性物品琐细，可以放在功能收纳包里，然后再放入公文包，但不要把包塞得满满的。如果个子较矮小，包则不宜背太大的。

（7）手表

女律师不宜佩戴奢华抢眼的珠宝表或可爱的卡通腕表，要尽量选择与衣着相匹配的高档名牌手表。

（8）腰带

宽度宜2.5厘米，色彩与服装相协调，质地与其他配件相呼应。

（9）香水

香水是女律师不可缺少的配饰，律师在工作场合适合用淡香型香水，可以喷洒也可以以点带面在身体不同部位涂抹。不宜直接涂抹于衣物或阳光直射的身体部位，宜涂抹于手腕、耳后、头发、腰部、衣领、袖口或裙摆处。应当考虑季节气候等因素的影响，夏天或气温高的天气适合淡花香、茶香或果香；冬天或气温低的天气，应选择典雅的香气。

（10）围巾、丝巾

围巾和丝巾可作为饰品使用，与衣服相衬，既能搭配色彩，又可以遮挡颈部缺陷。

女律师着装"四不"：

（1）不允许衣扣不到位，呈现不雅。

（2）不允许不穿衬裙，露出内衣勒痕或颜色。

（3）不允许随意搭配，套装不能与牛仔服、裙裤等搭配。

（4）不允许乱配鞋袜，鞋袜样式、颜色和谐，工作场合不穿露脚趾的凉鞋。

女律师着装"五忌"：

（1）忌露，着装不能露出双肩、乳沟、肚脐、腋毛等。

（2）忌透，透出内衣颜色或勒痕等。

（3）忌紧，尺码过小导致衣服变形、缝线崩开等。

（4）忌异，颜色搭配、衣服款式、饰品等怪异。

（5）忌乱，卷袖子、敞扣子，衣服脏皱、不烫不熨等。

## 五 律师应有的基本形象

（一）男律师

1. 发型长短适中，头发干净整洁，无头屑，不抹过多的发胶。

2. 剃干净胡子。

3. 涂些护肤膏，不要让脸上皮肤太干涩或过于油光。

4. 耳朵内外清洁干净，鼻孔内外清洗干净。

5. 衬衣领口整洁，纽扣扣好。

6. 领带平整、端正。

7. 衣、裤袋口整理服帖，不要塞东西造成鼓鼓的感觉，可用手提公务包把所需物品装起来。

8. 衬衣袖口可长出西装外套的5—10厘米。

9. 常洗手，连手腕也要清洗干净，要保持袖口的整洁。

10. 指甲剪短并精心修理，没有多余死皮，保持指缝干净。常用热水清洗，并涂抹护手霜，保持手的湿润与柔软。

11. 裤子要熨直，折痕清晰，裤型合身，长及鞋面。

12. 鞋底与鞋面同样保持清洁，鞋面要擦亮，不要留有脏污。

13. 不要忘了拉裤子前拉链。

14. 选择淡香水或古龙水。

（二）女律师

1. 头发干净整洁，自然有光泽，不要过多使用发胶。发型大方干练，前发不要遮眼遮脸。

2. 化淡妆，施薄粉，描轻眉，唇浅红。

3. 服饰端庄，不要太薄、太透、太露。

4. 领口干净、衬衣领口不宜复杂花哨。

5. 可佩戴精致的小饰品，如点状耳环、纯色项链等，不要戴太夸张太突出的饰品。

6. 如果胸前佩戴有公司标志，则要把私人饰品移开，不能并列佩戴。

7. 指甲精心修理，指甲油可用白色、粉色、裸色，不要太浓艳。

8. 工作中着裤装或齐膝一步裙，裙子不要太短、太紧或太长、太宽松。

9. 衣裤或裙的表面不能有过分明显的内衣勒痕。

10. 鞋面洁净，款式大方简洁，中跟为好，跟不能太高太尖。

11. 随时捏走挂在衣服上的头发。

12. 丝袜割破后及时换下，随身包里要常备一双丝袜。

# 第三节　得体雅致的仪态

## 一　稳重的仪态

陈某于两年前取得律师资格证，但一直以来案源都不是很好，也会出现谈不拢的情况。几经周转来到一家知名律师事务所后，考虑到案源问题，陈某决定从一名授薪律师开始做起。由于之前的工作经验丰富，陈某对新工作适应很快，但部门主任却对他颇有微词，经常提醒他不要含胸驼背，又说他在接待客户时言谈举止做得不到位，这让陈某很不满。他认为这些小事情并不重要，只要专业工作做好就行了。一次团队照集体形象照，陈某拿到照片后恍然大悟，才知道自己耸肩驼背的体态跟其他昂首挺胸的律师的英姿相去甚远。

由此可见，仪态可以展现出一个律师的精神状态、心理活动、文化修养及审美情趣。优雅的举止、洒脱的风度最令人羡慕和称赞，也最能给人留下深刻的印象。

## 二　站有站相

正确的站姿落在四个点：头部、胸部、腰部和腿部。具体来说就是昂首挺胸、身体端正、腰部挺直、腿部自然。男律师站姿稳健，女律师站姿优雅，要体现挺拔笔直、舒展大方、精力充沛和积极向上的职业印象，不应显得过于拘谨和呆板。男律师站立时应将身体的重心放在两脚，双脚平行分开，两脚间距离不超过肩宽，以 20 厘米为宜。两只手叠放在背后或交叉放在体前，一般为右手握住左手，也可以一只手持公文包，另一只手自然垂放。女律师可两脚并拢或两脚尖略展开呈"V"形站立，身体微侧呈 45°，面部朝正前方，将右脚跟前置于左脚内侧呈"丁"字步。站立时若非拎包、持物，两手最好自然并拢，大拇指交叉，一手放在另一手上，轻贴腹前。

站姿注意事项：

（1）手不宜插在腰间或抱在胸前。

（2）不宜双手插于裤袋中。

（3）站立时双腿不要叉开过大。

（4）忌腿不停抖动，或用脚打拍子。

（5）忌脚在地上不停划弧线等下意识动作。

（6）忌缩肩驼背，或者倚靠墙边。

## 三　坐有坐相

无论是开庭辩护、伏案工作，还是参加会议、会客交谈，律师都离不开坐，古人要求"坐如钟"，即身正、腿直，呈现静态美。对于律师而言，坐姿也尤为重要。

（一）女律师标准坐姿

前伸式：在标准式的基础上，两小腿前伸一脚的长度，左脚向前半脚，脚尖不要翘起。

重叠式：右腿叠在左膝上部，右小腿内收并贴向左腿，脚尖自然下垂。

（二）男律师标准式坐姿

正坐式：上身正直上挺，双肩正平，两手放在两腿或扶手上，双膝并拢，小腿垂直落于地面，两脚自然分开呈45°。

重叠式：左小腿垂直于地面，右腿在上重叠，右小腿向里收，脚尖向下，双手放在扶手上或放在腿上。

斜身交叉式：两小腿交叉向左斜出，上体向右倾，右肘放在扶手上，左手扶把手。

前交叉式：在正坐式的基础上，将小腿前伸，双脚踝部交叉。

（三）坐姿注意事项

1. 正式场合一般不应坐满座，通常坐椅子三分之二位置。

2. 一般应从座位的左边入座。入座要稳要轻，不可发出过大声响。

3. 女士着裙装入座时，应当双手拢平裙摆再坐下。

4. 男士可将双手放在两条大腿上或座位两边扶手上，女士只扶一边显得较为优雅。

5. 落座后上体自然挺直，绝不可把手夹在两腿间或双手抱在腿上。

6. 正式场合双手不应放在身前的桌面上。

**四 蹲姿优雅**

蹲姿在工作场合中用得不多，所以最易犯错误。蹲姿看似简单，但其实很有讲究，律师们有必要稍做了解。律师在大众面前是一个严肃认真的形象，适时的弯腰下蹲可以让客户改变对律师傲慢的偏见，从而产生亲切感。蹲式分为高低式、交叉式、半蹲式、半跪式。

律师在工作中拿取较低的物品或拾起落在地上的东西时，使用下蹲或屈膝的动作可以避免弯上身和翘臀部，尤其是穿套装的女律师，若不用蹲式而弯腰的话，背后上衣自然上提，露出腰、臀皮肤和内衣很不雅观。

律师给予客人必要帮助时，比如客户的东西刚好掉在离你很近的地方，可下蹲为他拾起。

律师在自我整理装扮时，比如鞋带开了，或脚边、小腿的某个地方没有整理好，特别是女士的丝袜、裙子等往往容易出状况，也可采取下蹲及时整理，但最好在没人的地方，比如洗手间。

蹲姿切忌的事项：

（1）突然下蹲。

（2）距人过近而下蹲。

（3）方位失当下蹲。

（4）毫无遮掩地暴露一些不雅细节的下蹲。

（5）不要蹲着或者靠在墙边休息。

## 五　行走自信

站姿、坐姿和蹲姿属于静态美，而行姿则体现一种动态美，稳健优雅的行姿能自然流露出自信稳重的精神状态。

头部要正：抬头，目光平视前方，抬头挺胸，精神饱满。

上身挺直：挺胸收腹，重心向前倾，双肩平稳。

双臂自然：双臂自然下垂轻轻前后自然摆动，手指自然弯曲，手臂外开不超过30°，前后摆动的幅度为30—40厘米。

膝盖伸直：行走时应伸直膝盖，前足着地和后足离地时膝部不能弯曲。

步位要直：抬脚时脚尖应正对前方，不能偏斜。

步幅协调：步幅一般标准是一脚踩出落地后，前脚跟离后脚尖的距离恰好等于自己的脚长，身高超过1.75米步幅约一脚半长。

男不扭腰，女不扭臀。男士步履雄健有力、潇洒豪迈、步幅稍大，展现阳刚之美。女士行姿应轻盈飘逸、典雅端庄、步幅略小，展示阴柔之美。

特别提醒，女律师上下楼梯时：

（1）上楼梯时注意气息交替，一般节奏为一阶一呼，一阶一吸，这样才不至于上楼梯后气息调节不均，产生很强的疲劳感；

（2）如果裙摆很长，上楼梯时可轻轻捏起长裙，避免踩到裙摆；

（3）下楼梯时脚尖先着地，步伐尽量慢而缓，这样不容易出状况，也会给人一种很稳重的感觉。

## 六　手势达意

罗马政治家西塞罗说："一切心理活动都伴有指手画脚等动作，手势恰如人体的一种语言，这种语言甚至连野蛮人都能理解。"法国画家德拉克洛瓦则指出："手应当像脸一样富有表情。"美国知名非语言研究专家莱杰·布罗斯纳安也认为"手势实际上是体态语的核心"。由此可见，手势是无声的语言。俗话说"举手投足百媚生"，"媚"在这里换成"魅"便更能体现恰当的手势对于律师职业魅力的价值。位置、力度得当的手势可以起到醒目的效果，律师运用恰当的手势也能增强表情达意的效果，并给人以感染力，加深印象。

在国外，律师在法庭上辩论时可以来回走动，用肢体、语言、手势，来说明事实、引用判例论证。而在中国，律师在法庭不允许随意走动，但在庭审中适当的使用手势会达到事半功倍的效果，可以增加法官、当事人对律师的信任度。在接见客户时，如果手势使用得当，也会增加律师个人魅力。

律师的手势运用要规范适度，给人一种优雅、含蓄和彬彬有礼的感觉。在谈到自己时，不要用大拇指指向自己，而应用右手掌轻拍自己的左胸；在谈及别人、介绍他人或请对方做某事时，手指要自然并拢，将掌心向上，以肘关节为轴指示目标，同时上身前倾，以示敬重，切忌伸出食指来指点。

律师执业过程中，常用的手势有自然搭放、递接物品、为人指引、与人握手、表达观点等。自然搭放在面谈或谈判时，女律师的正确坐姿是双手自然微微搭放于腿部，靠近小腹的地方；男律师则可以选择两腿平行分开，双手分开放于大腿两侧。另外，若谈判双方是面对桌子相向而坐，那么身体靠近桌子，尽量挺直上身，双手放在桌子上时可以分开、叠放或相握，不要将胳膊支起来或是将一只手放在桌子上，另一只手放在桌子下。

递接物品最常见的便是为客户端茶倒水，另外还有律师和客户之间彼此接递名片。递接物品时用双手为宜，不方便双手并用时，也要采用右手，用左手通常被视为无礼；若递交之物附有文字，则应将有文字的正面面对对方；若将带尖、带刃或其他易于伤人的物品递给客户，切勿以尖、刃直指对方。

表达观点律师在交流沟通与法庭辩论时配以手势可以强化观点的表达。主要包括：形象手势，用来模拟状物；象征手势，用来表达抽象意念；情谊手势，用来传递感情；指示手势，用来指示具体对象。

（一）手势礼仪的重点

1. 大小适度。上界不应超过对方视线，下界不应低于自己的胸区，左右摆范围不要太宽，应在自己胸前或右边。

2. 自然亲近。多用柔和曲线的手势，少用生硬直线的手势，以拉近心理距离。

3. 恰当适时。手舞足蹈会令人感觉轻浮不稳重，过于死板又让人压抑，适度适时为宜。

4. 简洁准确。手势要适度舒展，不要过分单调也不要过分繁杂。

（二）律师手势禁忌

1. 在执业过程中，应当避免出现搔头、掏耳朵、抠鼻子、擤鼻涕、拭眼屎、剔牙齿、修指甲、咬指甲、玩笔等动作。

2. 忌敲击桌子或其他过分的动作。

3. 忌高兴时拉袖子等不雅动作。

4. 忌用手指点他人。

5. 忌交谈时指手画脚、手势动作过多过大。

## 七 表情友善

表情运用讲究自然、亲切、和蔼、友善。表情，在律师沟通中占有很重要的位置。在丰富的表情之中，眼神和微笑的运用最具有礼仪功能，也是律师礼仪的基础。

眼睛是心灵的窗户，目光是心灵的语言。用眼睛说话，用目光的交流传递相互间的信息，故所谓"眉目传情"。但凡炯炯有神的目光，都会给人以感情充沛、生机勃发的感觉：而目光呆滞麻木则给人以疲惫厌倦的印象；目光凶相毕露，交流必然难以持续。眼睛是律师的重要沟通工具，目光是非言语交流的重要手段，目光应该随时保持坦然亲切，和蔼有神。与客户沟通时，以祥和的目光注视对方会让客户感受到关心之情；如果眼神飘忽不定，则会让对方没有安全感且会认为律师没有可信度。在法庭发表意见时，若目光坚定，在场的人便会感受到专业和权威。

律师在各类民事诉讼的交流活动中应该注意以下几点。

（一）迎接的目光

与人见面时，无论是陌生的还是熟悉的，无论是偶然相遇还是如期约会，都要目光有神，注视对方，面带微笑，显现喜悦和热情。

（二）交谈的目光

与人交谈时，不要总是眨眼，眼神飘忽；也不要怒目圆睁，目光呆滞；忌目光盯住对方或逼视、斜视、瞟视。

（三）注视的时间

与他人交谈时，为使对方感到舒适，目光的接触要有度，太长时间的凝视会显得无礼，太短时间凝视又会显得对话题不感兴趣。若向对方表示友好，注视对方的时间占全部谈话时间的三分之一；若向对方表示关注，则注视的时间占全部谈话时间的三分之二左右。

（四）注视的区域

在与他人交谈时，目光落在对方身体部位要有所区别和调整。通常应将目光局限于上至对方额头，下至对方衬衣第二颗纽扣以上，左右以两肩为准的方框中。在洽谈业务和工作时，要用公务的正式眼光凝视，注视区域在对方的双眼和额头之间。公务凝视显得严肃认真、有诚意，也能使律师把握谈话主动权和控制权，具有权威感。

（五）眼珠的转动

眼珠转动的频率忌太快或太慢，眼睛转动快表示有活力，但太快则表示不真诚，太慢又会显得缺乏生机。

（六）眼光的变化

随着话题和内容的变换，目光也应做出及时恰当的反应，或喜或惊都可用目光会意，这样会使整个交谈融洽有趣。在交谈结束道别时，目光抬起且要表现出惜别。

（七）送别的目光

当对方洽谈完离开时，眼神要目送对方，等到对方转身并走出一段路后，再转移目送的视线。在送对方上电梯时，则应等电梯完全关上后再转移目送的视线。

（八）演讲的目光

演讲之前要用目光环视全场，表示"请注意，我要开讲了"。

（九）代理时的目光

庭审代理时，律师对谁发言都应当与对方有目光交流。在发表代理观点时，律师对旁听席也要有目光交流，与法官要保持目光交流，表示尊重。律师在发表意见时，目光应当坚定；在提出代理意见时，对对方的一些人性化内容目光应当柔和。

（十）目光的禁忌

1. 忌责怪的目光。

2. 忌冷漠的目光。

3. 忌面无悦色的斜视，这是一种鄙夷。

4. 忌看完对方突然一笑，这是一种讥讽。

## 八　微笑时时到

微笑，可以表现出真挚友善的礼貌态度，可以彰显自信乐观的良好修养。微笑，是一种人际交往的润滑剂，"Smile Smile Smile 等于成功"。作为一种令人感觉愉快的面部表情，微笑展示着个人的诚意，象征着友善。英国诗人雪莱说："微笑，是仁爱的象征，快乐的源泉，是亲近别人的媒介。"律师的微笑，能够即刻缩短律师与客户的心理距离，也能为沟通和交往营造出一种和谐的氛围。

（一）微笑的方法

1. 微笑应当是上翘嘴角，双颊肌肉上抬，不露牙齿，眼神中有笑意。

2. 微笑要真诚，符合礼仪规范，应当笑到、口到、眼到、心到、意到、神到、情到。

3. 微笑要适度得体，笑不出声、不露齿，充分表达友善、真诚、和蔼、融洽等美好的感情。

4. 微笑要适宜，注意场合、对象。在打破沉默前先露出笑容，可以拥有一个良好的氛围。

（二）微笑的禁忌

1. 忌虚情假意、假模假样、露出机械式笑容。

2. 忌冷笑、傻笑、干笑、苦笑、皮笑肉不笑。

3. 忌随心所欲咧嘴大笑，笑声不加节制。

4. 忌故意掩饰笑意，压抑内心。

# 第四节　富有魅力的语言表达

　　王律师在从事律师行业前是一名考古学研究者，学识渊博的他几年前攻读下民商法学硕士学位并成功通过司法考试。但长期对古文的热爱使他在平常的交流中不自觉地便会引用古文，一板一眼地说问题，而且每次与客户的交谈中都是抑扬顿挫，这让很多委托人难以习惯，经常难以理解他所说的意思。很多客户称，张律师话一出口就很难停下来，常常忽略客户的提问和需求，让他们感觉十分不受尊重。

　　事实上，部分委托人在向民事诉讼代理律师求助时的心情往往比较复杂，这让他们在整个谈判中都无法放松下来，十分煎熬。此时，律师除了给予专业的法律问题解答，还应辅以语言安慰。语言交流能力是人类社会现代文明的重要体现，也是人在职场重要的基本职业技能之一。语言表达是律师的重头戏，无论是与客户洽谈，还是与当事人或司法人员沟通，或者是出庭代理都离不开语言的表达。语言表达也是律师个人修养与才智的体现，主要包括言谈的方式、速度、声调、音色和内容等。语言感染力与律师的整体形象息息相关，律师文雅的谈吐是学问和修养的流露，也是一种气质的来源。律师的口才是律师才华的外在表现，在律师职业生涯中，是否能说、是否会说以及是否具有言谈交际的能力，影响着律师业务的成败。"话不投机"会让律师失去很多机会，而"金口才"则会让律师在口吐珠玑的同时攀折成功的桂冠。律师作为一个靠语言执业的群体，善于表达，善于说服别人，善于向别人传递令人信服的论点是律师应当具备的基本素养。律师的举手投足、语言、形体，在律师参加执业过程中起着举足轻重的作用。

## 一　律师语言表达的基本要求

### （一）态度真诚

　　真诚是言谈的基础，只有诚心待人，才能换取对方的信任和好感，才能为进一步的交谈创造融洽的气氛，为商谈的成功奠定基础。真心实意的交流是自信的象征，是信任别人的表现。发自肺腑的语言才能触动别人的心弦，引起对方感情的共鸣，言谈才能取得满意效果。

（二）用语礼貌

礼貌用语体现了一个人的素养，与他人沟通时律师要多用礼貌语，且要适当使用敬语、谦语。见面时应礼貌地说"您好"，告别时应客气地说"再见"，多用"请问""对不起""谢谢"，出庭代理发言时用"尊敬的审判长"。

（三）称呼得体

任何夸大其词、词不达意的表达都会影响沟通。例如，在见到律师同行时必称"大律师"，对法官称"老王""老李"等，这些都是很不恰当的称呼，要根据对方的身份和地位使用恰如其分的称谓。

（四）用词文雅

在大众心里，律师就是温文尔雅的知识分子，在交谈中对客户的一些要求使用"可以理解""尽力而为"等委婉语，既可以给自己留有余地，也能让对方感到十分体面，乐于接受。

（五）吐字清晰

在律师工作中应当使用普通话，这是一种尊重，也体现了律师的职业性。在接待客户的过程中使用普通话显得正式，在开庭时使用普通话显得庄重。

（六）内容有逻辑

律师的语言特别强调逻辑性，多用"第二""第三"，或"首先""其次""再次"这样的表达方式，这会让听者感觉到层次分明，便于抓住谈话重点。除此之外，律师还应当掌握丰富的格言、成语等，增强说话的艺术效果。

（七）表达流利

流利是口语表达的首要条件，语言表达流利是说话成功的必要条件。在说话时，要尽可能少用长句和复合句、古语等不利于他人理解的语言。

（八）专业人士多用法言法语

与司法人员沟通，成在法庭辩论时，律师要用专业语言，体现律师的专业性。

（九）技巧配合功底才能发挥最大功效

即使语言技巧再娴熟，如果没有过硬的专业，也是绣花枕头。专业度传递的不仅是深厚的学识，还有丰富的办案经验。专业的表达才能真正影响案件达到的效果，让客户信任。

### 二 游走在专业和通俗之间的语言翻译

在洽谈中，律师对客户的问题要提供有针对性的专业意见。在谈及一些专业名词时要进行解释或最后统一说明，让客户更易理解，比如"不可抗力""侵权责任""违约责任""共同担保""抗辩权"等。这类专业名词的解释不仅能够体现律师的专业程度，也能彰显律师的善解人意。

### 三 语言表达的几个关键

（一）音量的控制

声音大小控制适度，以声音洪亮但不刺耳尖锐为宜。另外，声音悦耳怡人也是律师营造亲和力的方式。

（二）语调的控制

律师会遇到一些意外情况，如遭遇客户的嘲笑、不满，与司法人员沟通时受阻，在法庭上发言被打断，这些情况下要从容自如，沉着应付，不可让说话的语调和态度发生突然性的变化，从而导致沟通失败。

（三）语速的控制

律师在工作中应掌握控制语速的技巧，中速说话，能体现语言表达的节奏感和音乐美。

（四）重音的使用

律师在发言时，要根据表达的需要掌握好重音技巧，起到强调重点、提醒对方注意的作用。

（五）停顿的技巧

说话掌握好停顿技巧，可以更好地表达言外之意，给听者留下领会、思考、回味的余地。

（六）配合好态势

除了有声语言，还要擅长借助面部表情、手势动作、身体姿势等无声的手段来帮助表达。

### 四　语言表达的几个禁忌

**（一）辩论不是争吵**

在与司法人员沟通和在法庭辩论过程中要尊重对方，表达观点时实事求是，不抬杠。

**（二）不挖苦讥笑对方**

台上是对手，台下是朋友。在任何情况都不要对司法人员或律师同行口出恶言。

**（三）法庭忌大白话**

在法庭上不使用大白话的语言，多用专业术语来表达意见。例如，在法庭发言时，律师如果用"我来说两句"开场便有失水准。

**（四）不要抢着说**

说话要想着说，不要抢着说，抢话说显得没有自信和底气，也显得没有教养。

**（五）忌玩弄语言**

律师的最大职业病——说得太多。在工作和生活中，律师切忌"玩弄"语言。认真聆听是一种修养，善于说话是一种天性，常言道："善言，赢听众；善听，赢朋友。"

良好的语言表达是塑造律师亲和力和专业度的重要方式，说话冷静从容，嗓音富有磁性，音调从容不迫，如此和谐的谈话带给人的就是信任感；而那种尖嗓、快语，则很容易让人感觉轻浮，产生不可靠之感。从另一个角度来看，律师胜人一筹的说服能力，正是赢在这些细枝末节上。掌控好说话的音量和音调，控制好表达的内容，能够全面地展现出一个具有说服能力的专业律师形象。

此外，法庭的语言表达是律师赢得诉讼的关键一环。在法庭上，心直口快不适于法庭辩论，气势汹汹有失律师风度。律师在法庭上应当要有风度、有气魄、不卑不亢，始终保持彬彬有礼的学者气质。另外，要论点鲜明、论据充分，结束语能概括重点，一语中的、柔中有刚，语言与肢体的融合统一，让法庭清楚地了解律师观点。

# 本章小结

本章围绕律师的职业形象，分别从律师的仪容、仪表、仪态及语言表达四个方面作了全面的介绍，这些方面反映了律师的修养和内涵，它既是一名律师的必备要求，也是赢得客户和法官认同的重要手段。因此，律师要注重自身严谨的职业形象，并进而推广至所经办案件的每一个方面和细节。

# 第 二 章

# 律师接案的方法与技巧

律师注重职业形象，为接受案件奠定了基础。律师怎样接受案件和怎样与客户交流，关系到律师能否取得案源。本章分别从这两个方面进行介绍。

## 第一节　律师怎样接受案件

律师接受案件，通常有传统方法和现代方法。

### 一　律师接受案件的传统方法

（一）公布自己的律师身份

做律师后，要在第一时间向亲属、好友、同学、老乡分享你已开始做律师的信息，多发名片，多走访，多交流感情，并保持良好的联系和问候。对于他们的咨询要表示重视，并予以耐心解答。这是很重要的一个圈子，别人对你的充分信任是你成功的基础，你的第一个客户可能就从中产生。

（二）善用传统的口碑营销

律师一定要认真负责地办理每一个案件，赢得客户的称赞。当客户遇见有需要聘请律师的人时，原客户自然成为老客户。老客户介绍的新客户，一定要认真热情对待，并提供最佳的法律解决方案。无论成功与否，一定要第一时间联系并感谢你的业务介绍人，告知他是否办理了委托，解决了哪些法律问题等。这既是一种最原始、最传统的营销方式，也是最有效的营销方式。

（三）认真对待律所同事介绍过来的案件

俗称"捡漏"。很多小案件，由于标的小、收费不高，律所的资深律师由于精力有限，忙不过来，不愿意去处理。但是对于青年律师来讲，这些案件是可以去做的。办理案件的过程，就是学习、积累的过程。刚入行的律师认真负责地办好每一个小案件，才会获得经验办理大案件。

（四）参与案件代理或者担任法律顾问

律师要有"工匠精神"，积极参与同事案件的代理，这是业务来源之一。如果律师担任某单位的法律顾问，顾问单位也会有很多延伸新业务，一些业务会源源不断地出现，工作认真的律师就有了更广阔的用武之地。常言道："认真负责是律师的生命。"

（五）参与律师协会的各种专业委员会、专门委员会的活动，在某一领域成为权威、专家

作为律师，专业水平必不可少，这是律师生存最依赖的基本功。律师在达到一定工作年限以后，要积极参加律师协会的各种专业委员会、专门委员会的活动。律师经常参加活动，可以在短时间内提升自己的专业水平，拓宽视角，并提高自己的社会美誉度。

（六）巧用传统媒体（电视、电台、报纸、杂志）以及新媒体（网络媒体、个人网站、律师所网站、微信公众号、微博、博客）的营销

传统媒体因其历史原因，在宣传方面的强大优势不可忽视，所以青年律师要充分利用传统媒体，对自己进行全方位的、专业方面的宣传。如果一个律师能做到"报纸上有名字、电台里有声音、电视上有出镜"，这是一种很好的互动宣传。

（七）参加各类沙龙、培训、研讨会、交流会、聚会、商会、座谈会

律师应当成为社会活动家，积极参加各种社会活动，多结交朋友，进行大胆演讲、发言。高质量的发言总能给别人留下美好而专业的印象。有一位律师在参加交流会、座谈会以后，由于表现出色，立刻就接到了两单法律顾问业务，这样的社会活动，值得参与。全国各地抱团发展的商会、同乡会非常多，如能以适当的机会融入，如担任商会志愿律师、免费法律顾问等，往往会接触到更多的企业资源。

（八）参加总裁班、MBA、各类技能资格培训班

市场经济环境中，人脉是宝贵的资源。参加各级高级培训班、进修

班、研修班，能学到很多专业知识。而且，同学素质很高，有很好的资源和很多的业务合作空间。参加总裁班、会计师、税务师、心理咨询师等各种技能、资格培训班学习后，不仅能丰富知识构成，还能收获精英人士的友谊，这些都是案件来源之一。

（九）积极参与社区活动、普法咨询、法律援助、工会法律服务、各级党政机关的法律咨询类活动

这是一种非常好的宣传渠道，无须自己花钱做推广，但媒体在报道这些事迹时，却将你推到了大众面前。参加各种咨询活动也是一种学习过程，因为社会千变万化，各种法律问题层出不穷，律师要不断学习新知识才能解决新问题。社区的各种咨询活动，既接地气，又能宣传自己。

（十）频繁在各类专业杂志、报纸尤其是地域性强、专业性强的报刊上发表专业性文章

律师不仅要多利用报纸发表自己的观点，还要在报纸上发表专业性文章，如法律分析、案例点评等。某律师在执业之初就曾写大量文章，并在《深圳律师》《广东律师》《中国律师》上发表，其中部分案例文章被《上海法治报》整版刊登，极大地提升了他的知名度。

（十一）加入不同行业的微信群，认真回复咨询，并保持高质量的专业性发言

微信群很多，有很多群是行业交流群，大家可能会讨论一些法律问题。比如笔者曾在一个行业群里面，见到有人正对一些法律问题进行讨论，但里面有很多错误的观点，于是笔者就分析和总结了这一行业类似问题的主要特点、近几年来的法院判例、最新的法律规定、容易出现的风险点等，然后持续地输出自己的观点和建议。由于这些观点针对性强，且有法院判例数据支撑，极具说服力。结果，马上就有企业老总要求加好友私聊，并立即就有案件要委托笔者处理。他们称，笔者的发言质量非常高，非常认可笔者的专业水平和敬业精神。

（十二）对自己进行清晰而明确的专业定位，在某一领域研究得精深，成为该领域的专家

要成为某一专业的实战专家，需要3—5年甚至更长时间，但要成为某一领域的专家，却可以在很短的时间内实现。譬如，有人专门做交通事故案件，通过潜心研究，寻找相关判例，并扎扎实实办理每一

起案件，很快成为这方面的专家。如果别人来咨询法律问题，做出尽可能精准的解答，这个过程本身既是学习的过程，也是开拓案源的累积过程。

（十三）寻找一个优秀且资深的律师作导师

一个优秀的指导老师具有较强的执业技能，在他的指导下，你能很快学会与客户进行谈判、与当事人和法官打交道的方法，这样会较快提升业务水准和开拓案源的能力。如果指导老师从不对你进行专业素养方面的培训和指导，只让你做简单、重复的事务性工作，把你当成"流水线的一颗螺丝钉"，建议你重新规划工作发展，否则你将沦为一名上升空间极小的"法律民工"。

（十四）加盟一家优秀的、充满上进氛围的律师事务所

律师事务所规模大小并不重要，律师事务所的党建工作、领头人的胸怀、气质、业务素养和律所工作氛围非常重要。好的环境才能熏陶出好的律师。如果一家律所的党建工作做得好，得到老百姓认可，平日律师们都在努力埋头工作，随时随处可看到律师们聚在一起研讨案件或认真进行案头工作，这会形成一种"共振"，人人争先恐后，形成一股工作上的合力和向心力。

（十五）向社会展示你的专业技能

律师一定要有自己独特的一面，并且这一特质"应当"与法律相关。如果一位律师在某一法律领域有深入的研究，精通某一门外语并能够熟练地使用外语进行工作和交流，能够进行即兴演讲，对外进行培训等，会给别人留下深刻的印象，吸引别人的眼光。当然，最能打动人的，还是律师严谨的思维和令人叹为观止的专业水准。律师不仅要提供好的服务，而且要将服务的过程和结果，以一种可视化的方式提交给当事人，让当事人知道我们做了些什么。任何时候不要欺骗当事人，保障当事人的知情权非常重要。

（十六）将法律服务做到极致，提高客户的满意度和认同感

做到极致，没有一成不变的模式，也没有统一的标准。所谓极致，就是服务不断突破极限，没有做得最好，只有做得更好。当律师将每一个案件做成了精品，让客户满意，自然而然就会收获更多的案件。

（十七）精心准备一份自己的简历（纸质和电子版同步）

很多律师上门与当事人谈案件时，只带名片是远远不够的。律师应当精心准备一份简历，将自己的姓名、工作单位、业务专长、工作经验、联系方式等简要写清楚，同时准备一份电子文档。简历中要扬长避短，将自己最好的一面展示出来。

（十八）积极参加各类公益活动，如当义工联的义工、图书馆志愿者、工商物价监督员等，让社会快速地接受自己

一个能积极参加社会公益活动的律师，一定是有责任心的律师。这是老百姓的普遍观点。笔者刚到南昌市执业之初，趁业务量不大之际，参加了南昌市某义工联，并同时担任了工商物价监督员、食品安全监督员、消费维权义务监督员等，当时并没有想到能获取案源，但参加这些活动，认识了很多朋友，间接地宣传了自己，并收获案源。

（十九）结交一两个记者朋友

记者是一群了不起的人，他们和律师有很多共同之处：热情、侠胆、有责任心等。记者朋友会偶尔让律师上上新闻报道，如"嘉宾律师点评"，扩大你的影响力。与记者交往时，要谦虚谨慎，并凸显你的长处，讲述你的成功案例。

（二十）多到法院、检察院值班，为客户提供咨询服务

当前，有的法院、检察院会邀请律师值班，解答当事人的疑问或困惑。如果律师能到法院、检察院值班，一方面为法院、检察院消除当事人对司法机关的对抗情绪或疑问，另一方面寻找机会为当事人提供咨询服务，如有必要可接受代理。

（二十一）选择公益性诉讼，提高知名度

在日常生活中会有很多数额很小但是又涉及公益方面的纠纷，青年律师可以代理此类案件，为维护公平正义而战，此类案件可以提高自己的知名度，从而为获取新案源提供帮助。

（二十二）义务给企业上课，做内部培训或员工培训

可结合企业需求，义务给企业上课，紧密联系企业的要求设置授课内容，如"民法典（合同篇）对企业的影响分析""企业如何防范和规避法律风险"。如你的授课确实有深度又能解决实际问题，是完全能得到企业认可的。可借此机会与企业建立良好的合作关系，顾问业务、个案

代理等工作机会也就来了。

（二十三）博闻强记、爱好广泛，做一个有趣的人

律师要有广泛的爱好。有广泛爱好的律师，无论办公室还是酒桌，与客户交流完全无障碍，促进关系融合。要避免乏味无趣，让人生厌。如能遇到共同爱好者，大有相见恨晚之意，共同的兴趣爱好可以拉近与客户的距离。

（二十四）学会为人处世、生存之王道

为人处世，各有各的方法。律师既要谦虚谨慎，又要学会尊重他人。要做一个对别人有帮助的人。只有当你对别人有价值时，别人才会与你交往，并一次又一次地付费聘请你。记住别人的好，忘记别人的不好。心怀感恩，舍得付出，你将收获更多。

（二十五）参加律师与律师、律师与公安、检察、法院等司法系统的体育比赛

俗话说，友谊第一，比赛第二。律师可以主动组织体育比赛，可以是本市的律师之间的比赛，也可以是跨省的律师体育比赛，还可以是与公安、检察、法院等司法系统的比赛。通过体育比赛，既锻炼了身体，又增进了友谊。这样，如果有案件需要讨论和交流，或者有新的业务需要办理，他们很自然地会想起你，按照合法的途径引荐你，这样，很自然地增加了案源。

（二十六）专职律师与兼职律师之间互相交流合作

专职律师与兼职律师各有所长，专职律师最大的优势是"时间"，即有充裕的时间从事律师工作，可能接触到各类法律业务，但专职律师或忙不过来或在有些法律问题上拿不准，希望与兼职律师交流。而兼职律师通常在高校或研究机构，他们通常案源相对较少，但理论性和前沿性知识较强。专职律师和兼职律师的交流，可以促进合作，并取长补短，相得益彰。

（二十七）力争参加地方及全国立法活动，做一个制定标准的律师

做到这一点其实也不难，目前立法机关立法非常民主，通常会通过网络平台发布某一部法律或者条例的征求意见稿，我们要多关注，并适时发表自己的意见和观点。这可以提升我们对某一法律的理解和认识。同时地方立法活动比较频繁，律师要多关注民生和社会热点，多留意立

法信息，并积极参与其中。如能有机会担任市、区人大代表、政协委员，案源问题就不会困扰你了。

## 二　律师接案的现代方法

### （一）搜索引擎推广

搜索引擎推广方法又可分为多种不同的形式，常见的有登录免费分类目录、登录付费分类目录、搜索引擎优化、关键词广告、关键词竞价排名、搜索排名、网页内容定位广告等。

### （二）建立律师的个人网站

有独立的域名，此种律师推广方法优点是能更好地掌控律师网站内容，更全面地介绍律师本人。但是律师要结合自身的优点、利益点、兴趣点、专业领域强项、特长、弱项等进行全面分析。要准确寻找自己未来长期的定位，千万不要终身都是一个"万金油"律师。

### （三）开设与运营各大自媒体账号

开设包括但不限定于微信公众号、新浪微博、企鹅、网易、头条、知乎、博客、百家号等各大自媒体账号。律师需要营销，更需要有目的、有针对性、有规划的营销。律师通过内容营销塑造品牌开拓案源是大势所趋。如果您选择内容营销，那么内容的创作和传播是两大核心环节。从传播渠道选择而言，微信公众号、头条、企鹅、网易、微博、博客、百家号等传播已经越来越受到众多法律从业者的喜爱，特别是微信公众号，对于刚入行的律师，没经验、没资历、没人脉、没资金，利用各大自媒体进行内容营销更是提升知名度的好机会，往往会被搜索引擎青睐，会有不错的排名，对于推广有一定帮助。

### （四）争取上电视，参加公益普法节目

新闻媒介都有很多的公益活动需要律师介入，这就要求律师养成阅读报纸、看电视的习惯，当看到有关信息后主动与编辑联系，毛遂自荐。但一定要记住：不要主动和记者、编辑谈报酬，要以公益之名来打造自己的公益大使形象。平时还要主动参与新闻媒介报道的社会热点案件、公益诉讼案件，哪怕只是在报纸上说上三五句点评或者在电视上露一张小脸，都是积累与财富。

（五）朋友圈晒判决书与开庭传票等

律师在朋友圈晒判决书和开庭传票，这也是宣传的一种手段，可以说是零成本，这样可以让朋友圈的人知道，您最近在忙什么样的案件，证明您是有案源的，可以胜任该类型的案件。时常在朋友圈刷刷存在感，借此来打响自己的知名度，以便日后大家遇到类似问题第一个想到的人是你。

（六）建立或加入普法微信群

QQ 与微信可以作为一种对外宣传和联系的工具，因为大家对一个人的认知度都是先从言行举止开始的，特别是互联网时代给大家带来了便利，通过互联网传播自身的信息。准确定位一些自己擅长的专业群：比如你擅长金融法律的，就去创业群、金融群，里边有大量需要投融资、股权、私募、上市需求的潜在顾客，他们一定会有相应的法律问题；如果你擅长婚姻家事案件的，就多泡一些妈妈社群；如果擅长公司法、劳动法的，就去泡一些管理社群、HR 社群等。

（七）入驻大型的法律咨询平台

入驻大型法律咨询平台，特别是一些大型的付费法律咨询平台，真正把知识变现。笔者建议入驻付费法律咨询平台的理由如下：律师行业卖的服务是知识加时间，愿意为知识付费的客户虽然不一定是大客户，但一定是尊重知识，并且质量相对好的客户，而付费法律咨询平台的作用就是帮您筛选这种有质量的客户。

（八）撰写律师成功办案的著作或主编相关法律教材

社会在向前发展，党中央在努力推进法治中国建设，各种媒体对法治的宣传日益深入人心，各个单位都要加强普法教育，人们的法治素养也在日益提高。人们日常生活中会不时地谈及法律问题。如果律师能出版法律方面的著作或主编相关教材，可以有效提升自身的知名度。

（九）经常参加企业高端论坛，多认识一些公司领导、各业界大咖

律师是正义的代表，随着社会经济的不断向前发展，各种矛盾和纠纷日益增多。律师通过参加各种高端论坛，可能会偶遇大型企业的领导或法务，相互之间取长补短，这样可为拓展案源提供便利。

# 第二节 律师接待当事人的方法与技巧

民事案件的第一步是接案。如上所述，律师接案前要注重职业形象，并注意每一个细节，俗话说"细节决定成败"。律师接案前通常是律师与委托人之间有面对面的接触。怎样接待当事人呢？如果在接待过程中，当事人对律师不满意，那么，当事人可能不委托该律师。因此，接待当事人有方法，也有技巧。

律师行业是法律服务行业，销售的是自己的专业法律知识。和销售有形产品一样，作为供应方的律师，必须清楚作为接受服务方的当事人的真正需求。明白当事人所思所想要贯穿于整个接待过程。营销有两个层次：初级营销是发现客户真正的需求并满足他，高级营销是针对自己具备的产品而挖掘客户需求，就是"把梳子卖给和尚"的能力。当事人的纠纷可以有很多解决方法，当其走进律所并不代表就已经决定通过诉讼解决或者借助律师参与调解。而律师要做的是在职业道德的范畴内给当事人灌输律师参与解决纠纷的必要性。这就是必要的"讼棍精神"。而在当事人确定要请律师参与解决后，就需要落实这个律师是你而不是其他律师的问题了。具体的方法就是询问，观察判断当事人的忧虑：是怀疑你的资历，还是为律师费发愁，抑或是担心判决的公正性。律师必须在第一次谈话时消除客户的真正担忧。而其真正的担忧，他不一定讲出来，比如觉得你年轻。你一定要去深度挖掘，并针对自己的优势和劣势准备好公式性的说辞。如果你通过第一次接洽而连当事人的担忧都没有解决甚至不清楚的话，应该承认它是失败的。而基于律师不能"反追"的特性，也就宣告你基本上流失了一个准客户。

## 一 律师接案前的准备工作

在开始谈判前，需要做些准备工作，对客户事先有一个初步的了解，为接下来的谈判奠定基础。

（一）作为一名律师你必须在穿着上像一个律师

以貌取人是人的劣根性。当事人绝对不会容忍一个律师看上去很猥琐。长相是天生的，但衣着是可以由自己决定的。律师是正义的代表，是当事人合法权益的维护者，一套得体的服装可以为你赢得不少当事人的信任。因此，如第一章所述，律师在仪表上要给人专业、稳重、强势的印象。

（二）要了解洽谈的对象

在正式谈判之前，我们最好跟客户有所接触，有一个相互了解的过程，最起码通过电话了解到一些基本情况，通过网络查询到一些基本信息，或者通过其他渠道探究出我们要面对的洽谈对象更多的信息和情况，这对进入正式谈判是非常有利的。

要了解洽谈客户的情况包括：（1）要洽谈的人是谁。要了解他的基本信息、背景、所处行业和领域；他的企业规模、他的知名度怎么样；他以往的信誉怎么样；他以往是否有购买律师服务的经历；跟你谈判的这个人是什么人，他是否有决定权，他的性格怎么样；（2）客户需要律师做什么。需要我们提供哪一类的服务或者什么性质的服务，比如是诉讼还是非诉，客户的业务涉及哪些领域，客户的案件是一审、二审还是再审，客户有什么样的目标，能否事先提供一些背景资料或者一些即将委托事务的资料。

在对客户初步了解的基础上做些专业方面的功课：（1）查询相关法律法规，比对类似判例，了解相关司法实践；（2）做好如何报价的准备，还要了解其他律所、同行的收费标准。同时了解潜在客户的支付能力、信誉、经营状况，这是为了在收费方式上有所衡量。

根据以上的信息，确定谈判的策略。其实谈判策略是非常灵活机动的，最关键一点就是要确定你谈判的底线。确定了底线之后，在谈判之前，格外需要注意这样一个问题：如何获取谈判的动力。这个问题非常重要，因为你会见客户的动力对你谈判成功与否非常重要。这个动力应该是你渴望通过洽谈来获得委托，来获得新的客户，并通过不断重复这一过程，来增加你稳定的客户群，进而实现或者渐渐接近你的职业理想，这是你最根本的渴望所在。一个成功的人，他一定要对成功有所渴望。

**二 律师接待客户的方法与技巧**

约好与客户的见面时间后，一些细节性的工作提前要做好。

（一）选择一个合适的接待环境

首先要选择一个安静整洁的办公场所，最好是一间独立无打扰的办公室，这样让客户谈起案情来思想上没有太大的顾虑。律师切不可主动或被动地到客户确定的地点或单位谈判，这样会降低律师的地位，谈判成功的概率会大大降低。因此，谈判的场所应该选择在律师事务所或者律师指定的地点，这样律师就占了主动地位。

（二）律师要注意合适的座位

与客户见面时，在做完简短的自我介绍后，握手就座。在就座时要注意位置的把握，尽量让客户坐在你的左手边。研究表明，从人的习惯和心理来讲，转脸向右边的人说话会觉得比较随意和亲和，易于向人表达，而转脸向左边的人说话时难免觉得有一些别扭，人总不愿意先扭头跟左边的人说话，所以要尽量让客户转右边向你说话，这可以让他开诚布公地向你叙述案情，加深你和客户之间的沟通。如果条件允许的话，请内勤接待人员倒杯水，送到客户手中，当客户接到这杯水的时候，他会有一种亲切的感觉，你在他的心目中的印象就不简简单单是个讲礼貌的人了。

（三）善于倾听当事人的陈述

作为一名优秀的律师，善于倾听是必要的。学会倾听对方陈述，尽可能不要打断客户的陈述。既要有耐心去倾听，还要学会"倾听—询问—再倾听—再询问"。询问就是引导，引导对方回到正确的方向上来。还要学会找到对方谈话中一些背后的信息，所谓"话中有话、弦外有音"。所以，要学会倾听，善于倾听，听出谈话中的"弦外之音"。

倾听完毕要进行信息确认。通过"倾听—询问—再倾听—再询问"这样一个过程，包括在这个过程中和这个过程结束之后很短的时间内，要准确地把听到的信息进行整理、归纳、要点概括，对信息进行确认，这叫作律师对陌生信息的处理能力，这非常重要。

确认哪些信息？客户需要帮助的是什么事项，他的主要目标是什么，客户的要求、情绪和期望值等，这些都是需要我们确认的。

1. 客户遇到了什么问题——他怎么了？

假如客户谈的是一个诉讼案件，假如他被诉成为被告，就要了解这是一个什么性质的案件，涉及哪个专业领域。要把基本案情提炼出来。

要知道这个案件处于什么阶段，假如他是在答辩期，要提醒他一些期限，在此期间内的一些权利我们要提醒到并注意到，如果是一个二审案件，要把握客户是上诉人还是被上诉人，这个案件的性质是什么，由此明确客户的状态。

2. 客户的主要目标

谈判过程是一个相互交流的过程，应该把握住客户来律师事务所聘请律师希望达到什么目标。这个目标包括主要目标和次要目标。主要目标一般包括两个：案件的目标和客户支付的律师费。如果是二审案件，有的被上诉人的目标有两种：一是希望在实体判决结果上赢得诉讼，驳回或者部分驳回诉讼请求；二是拖延时间，为自己筹款支付提供更宽裕的时间。

3. 对待当事人的态度要冷热结合

在接待当事人时要热情，但涉及专业内容时，你就是绝对的不苟言笑的权威。当事人是带着拜访"救星"的虔诚态度来到律师事务所的，此时，他们特别需要"救星"温情地接待，不要对当事人的不幸丝毫无动于衷。要把你的真诚关切和同情表现出来。但是，你不能站在当事人的立场意气用事，如果当事人的不理智还可以理解的话，律师的大喜大悲绝对不是职业的表现。你必须在当事人面前保持足够的冷静，不能和当事人一样乱了阵脚。

对当事人要以退为进，欲擒故纵要有解决办法。年轻律师也许会有这种感觉，你视当事人为上帝，对其很热情，解答很真诚，而一些大牌律师对当事人态度极其傲慢。而结果是，当事人选择的并不是你而是傲慢的大牌律师。其实，这是中国消费者的消费习惯，体现在直销的不幸，例如，同样一双鞋子标价50元卖不出去，而标价300元则很快脱手。你要知道，适度的傲慢是气度的象征，因此，要树立你是当事人的"救星"而不是相反的效果。这需要把握好其中的度，这很微妙，如果处理不好会弄巧成拙。

（四）在接待当事人的过程中要表现出充分的自信

只有自信的律师才能赢得当事人的信任。自信，不但是对法律知识的熟练、专业，还要把这种自信通过语言、神态等传递给当事人，让当事人对律师产生信任感，如遇到"救星"一般。当然这不是盲目自信。

自信，具体来说有三个层面。一是对法治的信仰；二是对自己能力的自信；三是对当事人案件的驾驭。三个层面有各自的表现：第一，律师必须对法治有信仰。要知道大多数当事人是相信司法才会诉求诉讼的，才会向人民法院提起民事诉讼，而如果律师都表现出对司法公正的怀疑和不屑，那怎么去说服你的当事人；第二，律师在接待当事人时，必须表现出对自己能力的绝对信心，给当事人以不可替代性。这是因为当事人也会货比三家。对自己没把握的法律，就要学会打太极，过后再去弥补；第三，就是对当事人的案件表现出信心。律师需要具备回天之术，当事人要找你解决的事情都是尽自己所能无力的棘手事情，更是很明显就会取胜的事情就不会劳驾你了。胜负是相对而不是绝对的。当然，对当事人不合理的要求或者期望绝不要承诺，但当事人通常都会让你给下一个结论，你只有晦涩地去回答了。

（五）表明自己能驾驭案件

如上论述，当事人来找律师，是在迫不得已的情况下，已经穷尽了自力救济手段。这时律师就不必说让当事人先协商，协商不成再与自己联系。律师可以表明自己的态度，事情已经成为纠纷，本律师有能力承办此案件，律师要能确定案件的焦点并依法依规点明案件的问题在哪里，自己有经验有时间，能够驾驭该案件。

（六）接待过程中，要多谈实体，少谈程序

在倾听完当事人的陈述后，律师可以而且通常必要给当事人做一个法律上的判断和分析，要说到的内容：①把案件的争议焦点准确地总结归纳出来；②分析目前的优、劣势：首先指出案件的难点，然后指出突破口。当然对案件的法律分析不能太详尽。对程序问题就更要少谈了，因为，很多当事人利用大多数律所咨询不收费的特点，逐个询问，询问多了，他就大致判断出自己的案件处于何种状态。但程序上的东西，是很难一下子通过看书等方式就可以操作的。但如果律师对程序说得太多，就会最终造成帮了别人亏了自己的结局。具体说到什么样的程度，需把握以下尺度：①既要指出他面临的困难，又不要让客户觉得你在夸大其词、小题大做；②既要提出解决办法，又不能让客户抛开你直接操作；③既要展示你的专业能力，又不能让客户感觉到你在自我吹嘘；④既要诚恳地表达出你有接受委托的愿望，又不能把自己降低到所谓的"贱子跪自陈"的程度。最后，要以谢客的方式结束咨询，表示你还是一个很忙而不是把当事人当作救星样的成功律师。

在交谈的过程中，律师面对的当事人很可能已经走访了多家律所。如果当事人问及律师的工作能力及其他方面的问题的，律师职业道德要求律师不能吹嘘自己，压制贬低同行。但是当事人难免会提出类似的问题，怎么回答呢？如果说及同行的话语，不仅要遵守职业道德，也要遵守做人的原则，最好回避关于对同行进行评价的话。对于自己，肯定是要展现自己最精干的一面，但是可以不露痕迹地通过事实来证明自己的工作能力，不要夸夸其谈。比如，如果没有其他同事在你附近，你可以向当事人出示一些你的获奖证书，口气平淡地叙述一些你的成功案例。如果有同事在场的话，就诚恳地向当事人表示，你一定会遵守职业道德，全心全意地投入案子之中，努力为委托方争取合法的权益。尤其值得注意的是，当事人与法律无关的问题不是都要解答的，你觉得不好回答的，可以轻描淡写地回避，推说下次再交流。

接谈的终极目的是在合理的范围内签委托合同。但应该停于当停之时，恰到好处，戛然而止，余音绕梁。这时律师要掌握主动权，可以直接切入律师费的问题。

（七）代理费的交谈技巧

案件咨询完毕后，有些客户会主动询问如需委托，代理费是多少，表明愿意委托的意愿。而有些客户还会打破砂锅问到底，尽量将自己现在不懂和将来也不懂的问题全问完，这时候，不要崩溃和不耐烦，笔者的做法是尽量用简短而准确的语言将客户的问题耐心地回答完，并且在回答中提示这些事情都属于律师的业务范围，切忌解答问题时遮遮掩掩。如果客户觉得你是在有意回避他的提问时，你在他心目中的印象就大打折扣了，以前所做的工作就付之东流了。笔者认为，不管案件的代理成功与否，都要坦诚相待每一个客户，诚恳信用不仅是接待客户的宗旨，同时也是做律师的根本宗旨。

案件代理费的协商，是接待中的关键环节，前期所做的工作完善与否都在这里有所体现，一些方法和技巧的掌握也十分必要。案件咨询完成后，可能有的客户就会当场办理委托手续，而有的客户需要回去考虑一下才能决定是否办理委托，这时要注意留下客户的电话号码或相互加微信，不要有"客户没有委托意愿，留不留电话微信都无所谓"的心理。实践表明，一个在客户心目中留下好印象的律师，即便这次与这个客户没有建立起委托关系，但是以后当这个客户的朋友有事情的时候，他会毫不吝啬地把你介绍出去。

律师费的要价要适当，入乡随俗，特别是刚出道的执业律师。天天盼案子，想案子，甚至想做个免费的法律援助案件也能增长点经验。但是案件真的来了，要价又过高令当事人望而却步。年轻律师要抱着学习的心态来接案办案。必要时可以先收个前期费用，哪怕是几千元（因地区而异）。一旦案件接到手，当事人一般不会再换律师，因为如果换律师，这意味着他还要把前因后果和来龙去脉重讲一遍，这是许多客户都不愿意的。特别是当事人如有痛苦经历，一般不愿意反复地揭开伤疤，所以可以分阶段收费。例如，律师与客户约定接受委托时交多少，立案时交多少，判决书下来交多少，执行后交多少，或者律师介入协调成功交多少，不成功退多少，进入诉讼阶段另行收费等。律师可以做一个收费价目表，把不同阶段、不同项目的收费标准详细地列份清单，在与当事人谈论律师费用时让当事人过目，这样会让当事人认为你是一个收费公平合理的诚信律师，而不是一个信口开河、漫天要价的无良律师。另外，分阶段收费要写清付费条款，而且律师要对风险有个准确的评估。否则，律师帮当事人维权后，再给自己维权，就成了笑话。律师本来是解决问题、解决矛盾的，弄到最后反而把自己牵扯进去，浪费时间，又很生气，很不值得。

律师在报价时需要考虑的几个因素：（1）案件的难易程度、标的额大小、支付方式是否与结果挂钩（一般代理还是风险代理）、客户的期望值和对服务的要求。（2）客户的经营规模和所处的地域。（3）企业的决策者对律师服务的重视程度。（4）律师的成本和利润预期。（5）同行的收费标准。

综合以上因素，报出来的价应该留有砍价的余地，但又不能有太大的余地。律师报出来的价要有依据，你要让当事人在跟你讨价还价的过程中更加坚定地选择你。

例如：在某报价实例中，在给客户写报价说明的时候，报价参考以下几个因素：（1）企业的注册资本和投资总额；（2）案件的复杂程度；

（3）仲裁委所收的仲裁费；（4）前一个案件的律师费；（5）这个案子虽然看起来没有标的，但如果胜诉了你会得到多少利益，如果败诉了你会丧失多少利益。

需要注意的是，如果与企业有权决定的人谈，律师直接提出一个报价风险不大，如果与无权决定的人谈，律师如果直接提出一个报价，风险特别大，因为他上报的时候，把你的理由要么故意省略，要么表达不全。所以，笔者通常的办法是，如果是跟无权决定的人谈，我们不在初次见面的时候提报价，而是回去后给他写书面说明。但是，如果无权决定的人一定要让律师报出价，律师报出后，马上起草书面说明传过去。

律师在报价时要讲究技巧。在报价时律师要给一个明确的报价或者底价，让当事人心里有数，不要模棱两可。很多人买东西时，就喜欢进明码标价的场所。否则，特别对钱包不鼓的人来说，会产生怯场，连门都不敢进了。报价时底气要足，要体现出对当事人的理解和让步。不管你实际让步与否，你要给当事人这种感觉。也就是说，你一定要给当事人诚信的感觉；不管报价如何，一定要给当事人占了便宜的感觉。当然，笔者不提倡虚伪，只是在讲接案技巧。

同时，律师在报价时还需要注意以下事项：（1）尽可能的情况下，自己不要先报价，但通常客户让我们先报价。在第一次报价的时候，要给自己留有余地。如果客户先开价，正好在我们的底线之上，我们即使接受也不要表现得太兴高采烈。（2）在谈判过程中，我们要拒绝时，尽可能不要使用"不行"等生硬字眼，我们要用其他委婉的表达方式替代，比如我们可以说："能不能这样"，"如果可以的话，可不可以考虑这样一个方案"。这样更容易让人接受，不容易使谈判陷入僵局。这不仅仅在收费谈判中，包括我们在跟客户合作过程中，其实很多时候类似的拒绝、坚持都需要技巧。（3）在判断、了解客户性格的基础上，你要确定如何跟他沟通，用他能接受的方式去沟通。如果跟客户原本就比较熟，就可以灵活一点，在谈判过程中可以诉诉苦、调调侃。

此外，不管案子的标的有多大，你一定不要流露出兴奋和急迫的神态。当事人喜欢稳重的律师，不喜欢轻浮的律师。如果感觉到当事人的诚意不够大，那么既要表现出你的认真负责，又要表现出自己的见多识广。

### （八）把握时机，赢得客户

在谈判即将结束时，律师要抓住时机，把客户签下来。对不同的当事人，律师要区别对待，有的放矢。当事人在律师眼中应该是众生平等的，但在接谈时应该有不同的方法。从心理学上说，人的性格分为胆汁型、理智型、犹豫型等。胆汁型当事人做事情易冲动，律师分析案件时，要以情理为主，法理为辅。需要在情感上和其保持共鸣感，当事人对你会马上"产生感觉"。但这种当事人的缺点是情绪化，一回头就忘了刚说的一切。所以，对其应"快刀斩乱麻"，趁其激动时把合同签了，免得夜长梦多。而理智型当事人倾向对案情做非常周密的分析，所以需要满足其需求，对案情做综合的解剖，需要注意详略得当。犹豫型当事人前怕狼后怕虎，喜欢追求不存在的完美方案。这就需要律师为其决策，当然在表现方式上要给其是自己做主的感觉，也为律师自己留了退路。另外，当事人有素质高低之分，对文化素质高的当事人的咨询更要慎重，对自己不熟悉的知识点，宁迂回而不能硬忽悠，如果被其抓住一点瑕疵，对律师的形象将是致命的损害。

# 本章小结

本章以律师接受案件的方法与技巧为核心，梳理了律师接受案件的二十七种传统方法和九种现代方法，目的是帮助律师选择适合自身的方法宣传自己、推销自己以及增强与其他律师和律师事务所的相互合作，赢得客户的认同。同时，本章还详细介绍了律师和客户交往与交流的方法与技巧，为律师承接案件提供了依据和参考。

# 第 三 章

# 律师与客户交流的方法与技巧①

前一章讲述的是律师接受案件前应该把握的方法与技巧。本章介绍的是律师接受案件后，与客户的正常交流。这个交流过程，既解答客户的疑惑，又维系与客户的关系，并通过客户拓展相应的案源。

## 第一节 律师为什么要与客户交流

有的律师认为，客户既然委托了律师，在授权范围内，律师怎么做与客户无关。律师只要告诉客户委托事项的处理结果即可，结果满意即代表一切。但是，事情并不是那么简单。例如，一个诉讼案件，原告提出 3 项诉讼请求，最后有两项得到法院的支持，这是否算胜诉？客户对判决结果和律师的工作是否满意？在关于交易事项的谈判中，客户最终与交易对方达成了协议，但是所花的代价和成本超出预期，客户对交易结果和律师工作是否满意？可见，对于什么样的结果算是满意，往往含有很大的主观因素。况且，律师工作是解决人与人之间的关系。其中，不仅涉及交易双方或争讼双方之间的关系，而且还有律师与其委托人之间的关系。因此，客户对律师办理委托事项的结果和服务的满意程度，与律师与其交流有着直接的关系。归纳起来，律师与客户保持交流主要基于以下几方面考虑。

原因之一，客户往往比律师更能准确地感知自己的目标和问题所在，至少客户对其问题和目标的感性认识更强。因此，律师与客户保持交流，

---

① 本章参考刘瑛《律师的思维与技能》，法律出版社 2006 年版，第二章、第三章。

有助于律师完成代理事项。这一点在律师与客户公司内部法律顾问的交流中尤为明显。客户内部的法律顾问作为公司员工,比外部律师更知道该客户关于委托事项的目标和需求,同时,由于客户公司内部法律顾问具有一定的法律专业知识,因此,他们也具备另外一种能力,即在法律准则和公司需求之间找到平衡点,而且能够以更容易被公司内部接受的语言、方式处理问题。他们对于律师了解客户的目标起着至关重要的作用。而且,律师与客户内部法律顾问的交流有时可以一定程度上缓解律师的工作压力。律师可能有这样的体验,当客户的目标不具有法律可行性或不为法律认同时,如果向非专业人士解释,律师往往得不到理解;但是,如果向客户公司内部法律顾问说明则是一件相对容易的事情。如在一项企业发行债券的业务中,律师要进行尽职调查,对发行人的主体资格、发行程序及方案的合法性以及发行文件进行审查,并据此出具法律意见书和律师工作报告。

但是,主管发行事项的发行人的业务人员认为,律师只需要出具两份文件,对其他文件的审查纯属多此一举。甚至认为律师是为增加收费而制造工作量。为减少工作量,该公司主管发行的人员建议:"法律意见书和律师工作报告可以不涉及这么多事项,可以少写一些,并且仅就发行人提供的文件发表意见就可以。"客户的内部法律顾问也认为,律师只要按照公司的要求出具法律意见书和律师工作报告即可。但是,在律师解释"法律意见书和律师工作报告应包含的事项不是由发行人自己决定的,而是有特定的要求"之后,发行人的公司内部法律顾问对于律师工作的内容及其必要性就有了了解。这时,再由公司内部法律顾问向非法律人员解释就相对容易一些。

原因之二,交流便于客户清晰地了解自己的处境,因此可以降低客户的焦虑与等待。律师让客户知道委托事项的进展,可以减少客户的心理不确定性。当然,有时情况恰恰相反,客户对于工作过程的了解可能会加剧其紧张,因此,如何交流要取决于客户的风格和要求。

原因之三,交流使得律师的服务更加人性化。如同病人不希望自己仅仅是医生的一个病例,客户也不希望自己仅仅是律师代理的一个案例。交流使得法律服务更加人性化。另外,由于交流,客户也不至于对律师工作产生这样的疑问:"我的律师在干什么?他是不是在干我的事?"特别是在支付律师费或在决定下一期的委托合同是否签署时，客户往往认为律师的实际工作量远远少于客户支付的律师费。此时，如果客户的脑海里甚至回想不起上一次律师和他交流的情形或时间，那么，他就有可能会觉得自己的钱白花了。

原因之四，客户的目标不是一成不变的，交流有助于律师随时动态、全面、准确地跟进客户的需求，并适时调整工作方案。某律师代理某国有企业以诉讼方式追讨一笔欠款。在统计债权数额时，该企业的财务人员告诉代理律师债权的数额为950万元。律师在逐笔收集、整理证据时发现，该企业拥有债权的准确数额为953.5万元，多出3.5万元，律师考虑既然客户没有主张，故以客户确定的950万元作为诉讼标的起诉。在审理过程中，律师出具了相关的证据，涉及的金额共计953.5万元。法院在判决中做出如下处理：债务人尚欠债权人953.5万元，但是，债权人只诉求950万元。这是当事人对自身权利的处分，并不违反法律的规定。最终，法院判决债务人向债权人偿付950万元。看到这样的判决，对完全可以主张的多出来的3.5万元的处理，该企业的管理层非常恼火。于是，委托人认为律师工作不负责任，没有将诉讼标的确定准确。

假设是另外一种情形，律师在发现问题后及时与客户交流，或提示客户关注，或建议客户重新确定债权数额，或要求客户对坚持950万元的诉讼请求做出说明。总之，律师这些措施可能降低客户的损失，又使律师免责。

原因之五，律师与客户交流有助于减少律师工作的差错，降低执业风险。一方面，无论是客户还是公众都不能接受律师也会出错的事实。但是，不得不承认，实践中律师出错还是不可避免。基于此，在完善工作的同时，律师要尽可能地将错误的危害结果降低。而客户的积极参与能够在危害结果发生前避免错误。比如通过与公司内部法律顾问的交流，可以使问题尽早暴露而避免损失。另一方面，我们会发现，客户在对处理结果满意的情形下，可能会忽略律师的工作过程。一旦处理结果不尽如人意，律师的工作过程会被委托人格外关注。

A公司拖欠B公司的工程款，B公司委托律师诉讼追讨。律师在代理案件时发现A公司的财务状况不佳，可能没有现实的偿债能力。但是，律师发现，A公司有一家全资子公司X和子公司Y。律师认为，A公司为

了逃避债务，以改制的名义将优质资产成立 Y 公司。因此，律师建议 B
公司将 A 公司和 Y 公司作为共同被告。B 公司采纳了律师的建议。但是，
通过案件审理，一审法院认为 Y 公司不是 A 公司改制而设立的企业，因
此，对于 B 公司要求 Y 公司与 A 公司承担连带还款责任的诉讼请求不支
持，于是只判决由 A 公司承担还款责任。B 公司遂上诉。二审法院进一
步查明，Y 公司是 X 公司改制而设立的企业，而 X 公司是 A 公司的子公
司。查明这一事实，对于案件的结果可能并没有影响。但是，客户 B 公
司对一审律师没有搞清案件基本事实极为不满，由此，律师工作的其他
细节也被客户放大了。

# 第二节　律师与客户交流什么

　　律师在提供法律服务中，应当就以下内容与客户交流。其一，就客
户目标进行交流。这种交流既包括律师在接受委托伊始就客户的目标的
交流，也包括法律服务进展过程中，对于阶段性目标的调整、律师工作
方案的修正等问题的交流。如前所述，这些交流有助于律师动态、完整、
准确地把握客户的需求，实现客户的目标。其二，就律师提供服务进行
交流。这种交流包括对律师的工作方案与思路梳理阶段、案件或谈判进
展等事项进行的交流。因为客户不可能时时和律师在一起工作，但是，
客户需要知道并感受到律师在为他工作。这些交流有助于客户理解并感
知律师的工作。其三，就委托事项处理结果或律师服务结果进行交流。
律师提供的是法律服务，在对服务性行业的工作进行评价时，既有一定
的客观标准，如诉讼案件中的胜诉，同时，评价也具有很大的主观性。
律师与客户的这些交流，是律师善始善终服务的重要方面，也便于律师
今后改进服务。

## 一　交流中的盲区与误区

　　虽然不同的人对律师与客户交流的内容、频率、方式等看法可能不
同，但是，在竞争激烈的法律服务市场，几乎没有律师意识不到与客户
交流的必要性和重要性。但是，这并不意味着在对交流的认识和做法上
就不存在问题。比如，有的律师只是在收费时才出现，有的律师则误以

为自己是凌驾于委托人之上的官僚机构，有些律师虽然知道也重视与客户交流，但是，还是会因为交流不当引起客户反感或不舒服；有些律师则把交流庸俗化了，把交流等同于吃吃喝喝、不择手段地拉关系。这些都属于交流的盲区或误区。虽然客户的爱好与忌讳各有不同。但是，在交流问题上，下列现象是客户普遍不愿意看到的律师。

（一）只有在竞争委托事项以及收费时才出现的律师

假设你是客户，假如你的脑海里有关你的律师的画面仅限于两个场景——最初从你这里争取业务的时候，以及收取律师费的时候。那么，你的感受如何？

法律服务具有极大的个体差异性，即使在同一家律师事务所，律师个体的服务水准也有着较大的差异。这种情况下客户往往希望由其筛选后确定的、特定的律师或相对固定的团队为其提供法律服务。但是，客户常常发现事与愿违。一种情形是，律师事务所或律师向客户承诺的法律服务名不副实。律师事务所在争取某项业务阶段派来的律师或承诺的律师团队在拿到业务之后就基本消失了，取而代之的可能是该律师的助理甚至实习律师或律师事务所的其他律师。这种情形下如果实际提供法律服务的律师的工作能让客户满意还好，否则，客户会有被欺骗的感觉，结果是对承诺提供服务的律师和实际提供服务的律师均表现出不满，最后当然是对该律师事务所的不信任。为避免这种情形，首先，律师事务所和律师在主观上不能有这种念头；其次，在具体操作细节上也要注意。比如，面对错综复杂的法律服务事项，往往可能需要不止一名律师完成，这样在以工作小组或律师团队完成委托事项时，律师起码应当按照当初向客户承诺的团队和人员提供服务，并在承诺时说明小组或团队各成员的分工，特别是负责联系的律师，以便与客户交流。另一种情形是，在委托合同签订后，律师总是以各种各样的理由不去顾及委托人的事项，或者即使处理委托事项也是敷衍了事。对于诉讼业务，由于具有相对严格的法律程序，立案、调查取证或质证开庭等环节不可或缺，所以这一问题似乎还不明显。而对于非诉讼业务，由于缺乏法定的流程或步骤，律师的敷衍可能会让客户更加感到不舒服，由此也就成为客户是否满意律师的一项非常重要的指标。律师是以其拥有的专业知识提供服务的，在专业性问题以外，客户往往关注律师的服务是否及时、有效，沟通是否便捷、充分。前面我们已经谈及，对于律师工作，在客户对事项的处理结果满意的情况下，一些过程性的工作相对容易被忽略，但是，一旦事项的处理结果不尽如人意，律师任何一点在程序和过程中的瑕疵都可能被"放大"，甚至被当作结果不满意的"替罪羊"。从律师风险层面看，凡是与客户存在沟通障碍、沟通不充分的律师往往也容易出现收费争议甚至受到客户的投诉的情况。

（二）把客户当作案例或代理事项的律师

可能没有哪个病人愿意医生把自己当作病例和标本。客户也需要律师把自己当成活生生的人，而不仅仅是一个案例或代理事项，更不是律师眼里的一桩生意。为此，律师首先要树立一个正确的客户意识。在交流中体现在下列细节中：

守时，遵守承诺。在公众眼里严谨的律师都会守时，有的律师并不认为守时有多么重要，甚至为了表示自己的地位而有意迟到。事实上，守时不仅是一种专业精神的要求，还反映了一个人的素养以及对他人的尊重。

及时反馈、联系客户。律师如果未能接听客户的电话，应及时回电；对于客户以微信或电子邮件方式的联系律师也要及时反馈与沟通。

专注。律师在与客户谈话时不能频频接听电话，或被其他人和事打断，甚至把客户放在一旁忙别的事情。

关注客户的需求和感受。律师回答客户问题时不仅仅要说那些律师认为有意义、有用的事，而是客户觉得有意义、有用的事；与客户交流时的表达（无论口头还是书面）不能满足于自己说过，而且要确认客户已经完全理解。

在办理委托事项的过程中尽量降低客户的焦虑感。事实上，客户找律师有时不仅仅是解决问题，有时还是为了降低自己的焦虑情绪。

（三）凌驾于客户之上的律师

律师与客户之间是平等委托关系。律师事务所不是官僚机构。律师不能凌驾于客户之上。在个别律师身上可能出现这种现象，有的律师甚至会乐于追求这种高高在上的体验。事实上，从大多数客户的需求看，客户聘请律师是希望律师提供实在的法律服务，而不是为了让律师给客户壮胆或装门面。在"聘请"律师这一用词上，律师既要看到"请"更要看到其中的"聘"字。律师在保持独立性的同时要意识到，客户对于律师的价值远远超过律师对于客户的价值。律师是否尊重客户往往可以从细节中反映出来。如从律师给客户回电话或微信的速度上可以看出端倪。当客户联系不上律师时，可能是因为律师在开庭、开会、出差、恰巧不在座位等。但是，客户并不了解这些。因此，律师错过电话或微信后应尽快回电，让客户感受到其委托事项受到承办律师和律师事务所的重视。在这一点上只要将心比心，律师就可以体会客户的感受。

### 二　交流的副作用

虽然多数客户希望律师能够与其保持交流，而且这也渐渐成为一种趋势，但是，交流也会产生副作用。其一，交流可能增加律师的时间成本或客户的费用成本。这一点，对于计时付费的客户来讲，也就同时意味着律师费用的增加。而如果采用计时收费以外的其他收费方式，为降低时间成本，律师又不愿花更多的时间与客户交流。为此，律师要提高交流的效率。其二，交流可能反而增加客户的焦虑和不安，加重其心理负担。客户将委托事项交由律师处理，是希望自己能够从该事项上解脱出来，如果交流不适度的话，客户的负担并没有降低，反而增加了。其三，对于律师而言，与客户交流有时会干扰律师的工作。在交流过程中，客户可能会频频"支招"，这也许会使一些缺乏经验的律师感到无所适从。即使不是这样，也会干扰律师的思路。如许多律师都有这样的体验：在代当事人撰写起诉状时，律师本着把基本事实、法律依据和诉求说清楚即可的原则，写出言简意赅的起诉状，可是当事人阅读后总是觉得篇幅太短、意犹未尽，要求律师增加大量的、带有感情色彩或情绪化的语言，几乎把起诉状写成檄文。客户的做法在客观上干扰了律师的工作，对实现客户目标也是不利的。在另一些情况下，由于某些客户自身的企业文化和经营方式，律师会感到相当多的时间和精力都花在与客户的交流和沟通环节，一定程度上也影响了律师的工作效率。为此律师必须在树立正确的交流观的同时，保持一定的独立性。

### 三　律师要提供客户化服务，而不是提供"标准化"服务

笔者曾经和一些律师交流他们对于从事不同业务类型（主要指诉讼

业务和非诉讼业务）的感受。诉讼业务比较多地被律师们看好的一点是，在诉讼业务中，律师的工作相对"容易些"。这是指在案件的代理工作中，由于有严格的诉讼程序要求，律师什么时间应该干什么工作是相对清晰的，律师只要按照法定程序走完相应的步骤，委托人就不会挑出大毛病。至于诉讼结果，如果能够为委托人满意更好，如果不能，律师还可以有各种各样的理由解释或推卸责任。相形之下，在非诉讼业务中，似乎客户对律师的要求以及律师自身工作的难度都会高一些，客户对律师工作评判的标准会更主观一些。这也许是律师的个体感受。但是，恰恰反映出律师提供服务时欠缺的一个重要方面——客户化服务。由于没有法定的工作程序的要求，没有一个可以立竿见影检验律师工作成效的标准，因此，往往会出现这些现象：担任法律顾问的律师很少顾得上顾问；进行尽职调查的律师调查得不够尽职；律师在起草审查法律文件时无关痛痒地修改几处；出具法律意见书时避重就轻（或根本就不知轻重），而且加上连篇累牍的关于律师免责的声明……总之，无论从事哪类律师业务，客户化服务是律师在标准化服务之外给予客户的"增值服务"。世界上并不存在情况完全相同的代理事项，因此也就不存在适用于所有情况的完全安全的策略。如果有的话，那将成为律师的"行为规范"（如果真是那样，客户也就不必花钱找律师了）。在法律服务市场的激烈竞争中，律师们更多地谈论和探讨的是提供"专业化的服务"。但是，专业化并不等于客户化。尤其是对于起步时间不长，业务安排相对宽松的新律师来说，如何在提供"客户化服务"方面下功夫，可能成为律师具有竞争力、赢得客户的重要因素。

### 四　客户化服务需要专注于客户的需求

　　咨询业流传着这样一个"识别资深咨询顾问还是刚入行咨询顾问"的问题。问题是："需要更多的业务还是更多的时间"，对此问题，凡是回答"我需要更多的业务"的是刚入行的顾问；而回答"我需要更多的时间"的是资深的顾问。律师行业情况类似。对于律师来说，要么时间不够用，要么没有业务做。恰当的业务与时间匹配几乎是不可能的。律师似乎也处在"忙愈忙，闲愈闲"的循环中。如果分析客户的心态，客户愿意找那些繁忙的律师。因为，的确，律师的繁忙似乎在一定程度上反映了律师的业务水平，如同门庭若市的餐馆会更加吸引食客，而门可罗雀的餐馆反而令食客望而却步。而每个人都喜欢与成功者同行。但同时，客户——即使是愿意找繁忙的律师提供法律服务的客户也不例外——总是希望自己的事情是律师众多业务中最重要、最优先的那个。因此，对于律师来说，如何在纷繁复杂的业务和每一个委托事项之间找到平衡点，在办理若干事项的同时又能够专注于个别客户的需求，使客户感受到高于标准化服务的客户化服务，甚至是客户化的关怀，则同样是需要律师思考的。客户化的服务首先要求律师能够专注客户的需求。有关客户的需求和目标的话题前面已经谈过。这里突出的是"专注"二字。专注与专业有着一定的关联，笔者认为："专业源自专注，专注成就专业。""因为专注，所以专业。"但是，专注与专业两者并不等同。如某律师可能是处理交通事故损害赔偿的专业律师，而该律师之所以专业，是因为在相当一段时间内专注于学习、研究和办理该类业务。但是，这种专业并不意味着你就能够专注于某一客户的具体业务。所以，律师的专注，除了需要专业，还需要有"委托人意识"。比较而言，律师在刚刚起步时做到专注可能还相对容易些，但是，等到有一定业务量时，专注似乎就是一个比较困难和痛苦的选择和决定。然而，律师必须清醒地做出选择和主动放弃，否则，律师将会面临着客户的选择和放弃。

### 五 客户化服务应当以适合于客户个体的方式进行

律师提供客户化服务的另一个方面是，律师要能够提供差异化服务。可以说，要对客户进行分类几乎是不可能的。律师需要与不同风格、不同组织机构和形态、不同领域、不同文化背景、不同专业背景、不同工作习惯、不同性格的客户打交道。每个客户、某个客户的不同工作人员对律师的服务要求也不一样。律师提供的服务就应当以适合于客户个体的方式进行。为举例方便，在这里做一个粗线条的划分，即按照客户是否具有法律知识对客户进行分类。有的客户具有一定或相当的法律专业知识，如公司内部法律顾问；有的则不具备最基本的法律知识或法律常识。差异化服务在表达方式上表现为，对于公司内部的法律顾问，外部律师可以用一些法律术语或法律有明确定义的概念来描述。如"合同虽然成立但无效""本案是一个侵权纠纷而不是合同纠纷"等。然而，如果不进行进一步的解释，律师上述表达所传递的法律含义和法律后果对于不具备法律知识的客户则会存在理解障碍。而且，由于不知所云，这些客户可能会忽略那些律师认为已经向客户提示过的重要问题或观点，甚至可能误事。因此，仅仅从表达方式这一点看，无论是出具咨询意见，还是日常交流，律师要考虑客户的差异性，以适当的方式提供服务。虽然，律师有一定的风格，但是，面对各式各样的客户，律师要适应客户，而不能要求客户去适应自己。这里谈一点操作体会，在律师执业时，如暂时无法识别客户对法律专业的掌握程度，建议在交流频率上，可以对待公司先把它视为有内部法律顾问这类法律专业型的客户为参照系（公司内部法律顾问由于其专业及岗位职责，对交流的频率往往要求高一些），视情况变化再转为非法律专业型（非法律专业型的客户可能更加关注结果而一般不对过程进行把握）；但是，在表达方式上，则反之，即在不能识别客户类型时，以对待非法律专业型客户的方式开始交流，再视需要做出必要的调整。

### 六　客户化服务要能够感知客户的感受

从某种程度上说，律师提供客户化服务的过程也就是感知客户感受的过程。把律师放在客户的位置上来考察律师，大多数客户是不愿意为一点小事就频频打电话咨询律师的，出于成本考虑客户也不愿意让律师重复地工作。因此，为了提升客户的服务感受，如对于客户的常见问题，律师可以设计一些标准化的表格、条款供客户处理例行事务；在开完会后，律师可以主动整理和归纳会议记录发给客户备查；在与客户业务领域相关的新法规、典型案例出来后，律师主动收集整理提供给客户；律师可以为客户员工进行法律培训；在代理事项完结时，为客户做出案件小结等。绝大多数客户会非常感谢律师能够不厌其烦地告诉他们如何处理日常事务。

但是，有的律师对上面的建议可能感到不理解。他们认为，这样岂不是降低了客户对律师的依赖性，从而减少了律师的工作量和收入。这种顾虑对于许多律师来说都可能有。这是一种短视的看法。律师对客户的法律消费引导和客户的独立性的提高，或许在短期内会减少一些法律服务的需求量。但是，这样做显然利大于弊：第一，可以节约律师的宝贵时间从事更重要的工作；第二，可以获得客户对律师专业精神的尊重和服务意识的认同；第三，使客户更信任地将其他更有附加值的业务交给律师办理。

### 七　客户化服务需要多角色的律师

律师通常的角色有：客户的代言人（如诉讼代理人或谈判代表）、顾问或类似参谋等培训师等角色。在客户化服务的标准下，律师还可能充当更多的角色。事实上，有时客户聘请律师是希望律师能够分担各式各样的压力。如在公司内部法律顾问提出的建议与业务部门的商业方案存在较大分歧时，公司内部法律部门希望借助律师局外人身份给予必要的法律支持。律师的独特身份以及其独立性会使得律师比公司法律顾问更容易表达自己的观点，且这些观点也更容易被公司内部其他部门和人员接受。又如，在应对某些劳动纠纷或房屋拆迁的纷争时，律师作为超脱而冷静的局外人不会令公司的争讼对方产生情绪化，而常常被客户当成挡箭牌。因此，客户化的服务要求律师要能充分理解客户的意图，以适当的态度、角色、语气方式去完成客户交办的事项，而不能一成不变地提供法律服务。

## 第三节　律师与客户在交流中开拓与维系业务

在律师面临的各式各样问题中，既有当事人的问题，也有律师作为当事人的问题。而在律师作为当事人的问题中，业务开拓与客户维系问题关系到律师事务所和律师的生存和发展，并且存在于律师职业生涯的各阶段。业务开拓问题不仅困扰着新律师，也围绕在老律师身边；当律师争取到了新的业务和新的客户，马上又面临着业务和客户的维系问题。总之，业务开拓与维系问题会贯穿于律师生涯的全过程。但是，应当看到，所有的业务问题（即通常所说的案源问题），归根结底是人员问题。这里的人员既指客户也指律师，因为所有业务都是某一具体客户的业务，而所有的业务又都需要特定的律师去办。因此，解决业务问题要从人员问题着手，而且要从客户和律师这两方面着手。

### 一　建立客户信任——业务开拓

如果向律师们开出调查问卷，在诸多有关律师的业务问题中，业务来源问题一定会是绝大多数律师首选的问题。新律师对于那些案源不断、门庭若市的资深律师羡慕不已。有的新律师认为，自己刚起步，没有业务是必然的，干的时间长了、熬到一定的时候自然就会有业务；有些律师把自己没有业务做归结为机遇不佳或运气差。笔者曾不止一次地听到这样的说法："我就是没有机会碰到大客户，否则，我也会有不错的业绩。"或者"上一次那个客户是让××给碰上了，我的运气没有这么好。那么，律师的业务是不是会随着时间的推移自然而然地增长，或者像中彩票一样具有偶然性呢？"

业务来源问题是一个值得深究的话题。就律师个体而言，它不仅取决于律师的执业技能、专业水平、敬业精神、工作态度，而且会涉及更深层次的东西。如律师的价值体系和世界观等。不能否认，业务量的多少与律师执业时间的长短有一定关系，而且，有时的确也与机遇或运气有关。但是，这并不意味着在业务来源问题上律师只能听天由命，或完全指望随着执业时间的推移业务会与日俱增。在业务来源问题上，它还是与律师个体的努力有关系的。在一定程度上，律师是可以把握自己的机遇的。既然如此，我们怎样才能把握机遇呢？这里，我们换一种方式来理解和分析它。首先，既然律师业务总是特定客户的业务，因此，有关业务来源问题也就转化为客户问题。找到客户也就找到业务，如何开拓业务也就是如何赢得客户。其次，让我们再换一个角度，如果从客户的角度看，客户更愿意找什么样的律师？学问大的还是经验多的？名气大的还是闷头干活的？收费低的还是坚持不降价的？"萝卜白菜，各有所爱。"但是有一点可以肯定，就是客户之所以愿意把自己的事情委托律师办理是因为信任律师。从这一点讲，赢得客户的信任是获得业务的前提。

#### （一）客户信任意味着什么

虽然赢得客户信任是赢得客户的前提，但是遗憾的是，律师们对客户信任的认识差距较大。在与客户的交往中，我们会遇到这样的情况：律师事务所派一个团队向某客户提供服务。但是，在具体业务操作过程中，有的律师在客户那里一言九鼎，客户对其深信不疑；而同样是该团队中的律师，有的律师就无法获得客户的信任，对于该律师出具的意见、提供的方案，客户可能还要向其他律师征询。极端但并不少见的情形是，两个律师在观点上可能并没有什么实质性的差异，甚至同样的观点由不同的律师讲出来，客户可能相信甲律师，而不相信乙律师。从现象上看，客户对甲律师充分信任，而客户对乙律师不够信任。对此，有的律师可能不理解。面对类似的情形，曾经有一位律师不解地抱怨："客户怎么会不信任自己的律师？律师又怎么会欺骗自己的委托人？""为什么同样一句话从你嘴里说出来客户就相信，而从我嘴里说出来客户就不相信呢？"在他想来，自己在办理委托人的事务时，不会欺骗自己的委托人；而作为委托人，出于利益和角色等因素考虑，可能会怀疑对方当事人和对方律师的诚实，但是，委托人似乎不应当也没有理由怀疑自己的律师。这位律师在信任与诚实之间画了等号。的确，在许多律师的脑海里，信任只是一个品德问题，而与能力或其他因素无关，更与业务来源无关。

笔者认为，信任的一半是基于一个人的诚实，另一半是基于他的能力。可以结合律师办理的具体业务来理解这一点。在律师接受客户委托进行尽职调查过程中，律师对于客户不是原原本本，而是在"筛选"后向律师提供资料是什么态度？律师当然是希望客户不要把加工过的资料给律师。这时，律师是怀疑客户的诚实吗？绝大多数情况下不是。事实上，律师并不是无端地怀疑客户的诚实，律师只是没有理由也不必相信客户的法律专业能力。律师担心客户缺乏专业的眼光去"筛选"资料。这样我们不难理解上面的情形，客户也不是不信任律师的诚实，只是可能对其能力质疑。

由于客户与律师的处境不同，在选择律师这一问题上，客户是否信任律师在客户对律师的评价中所占的分值将会格外高。客户将某件事情委托律师办理，万一律师处理得不尽如人意，律师最多可能只是失去了一个客户。但是，客户可能会因为律师的行为失去他们的金钱、声望和工作，所以有这样的笑话：某委托人在委托律师前希望律师对案件的结果做出预测，律师回答："可能会有两种结果。一种结果是你和我都赢，另一种结果是我赢。"不同的处境表现在对具体业务的处理上，律师在提出某项建议或方案时往往显得果断而坚决。相比之下，客户的决策则艰难而显得优柔寡断。律师会认为，客户只要现实地付出一点风险就可能在未来获得巨大的回报。而客户则相对"保守"和瞻前顾后，总是追求万无一失或十全十美。我们设想这样的情形：某用户拖欠你的客户的某项费用数月，且没有任何付费的意思，在讨论是否起诉该用户这一律师认为"简单明了"的问题上，律师可能会想到的关键词有"诉讼时效""争议解决方式""管辖法院"和"证据"等。而被欠费的当事人则会考虑得更多，诸如诉讼成本、今后与该用户的关系、欠费用户的执行能力以及舆论等，并且，客户还幻想该用户过些日子会自动补交费用。这样，客户会本能地不愿采取"过激的法律行动"去诉讼。因为，对于客户而言，如果他不采取任何行动，结果可能不会比现状更差，如果按照律师的建议诉讼但结果输了，或者虽然赢了官司但得不到赔偿，那么客户的境况可能会更糟。客户清楚他和律师是在谈论未来的东西。而没有人确定地知道未来在这一点上，由于自身的处境，客户通常会比律师更聪明、更清醒、更慎重。这时，作为律师的你会不理解客户的犹豫不决、患得患失和优柔寡断。现在换个情形，假如被拖欠费用的人不是律师的客户而是律师，面对一个拖欠律师费达一年以上的客户，作为当事人的律师还会不会像刚才那样毫不犹豫、理性而冷静地做出起诉欠费委托人的决定？作为当事人的你和作为律师的你由于角色不同在心理上、判断力上，以及由此表现出来的行动、对问题的处理方式等方面都是会有差异的。因此，律师要充分理解客户的心理和处境。律师要想赢得客户，就首先应当站在客户角度考虑自己，考虑作为律师的你是否获得了客户的信任（至少包括诚实和能力两方面），以及如何获得客户的信任。所以也不难见到这样的情况，一些成熟的客户，特别是公司内部的法律顾问，他们不会轻信那些大包大揽的律师。在委托案件之前，面对众多信誓旦旦、斗志昂扬的律师，客户可能更愿意听到不同的声音。这时，能够给出"低风险"和稳妥方案的律师往往更容易获得客户的信任。

（二）赢得客户信任的准备

"机会总是垂青那些有准备的人。"那么如何准备呢？笔者认为，律师要随时做好准备，抓住身边的机会。

律师要知道，业务从哪里来，哪些人是你潜在的客户？是你的同学、朋友还是你的家人？是你曾经的或现有的客户？

笔者认为，你以前和现在的客户都是你最好的业务推介者。实践证明，通过一个对你服务满意的客户给你带来的业务要比从一个全新的客户那里获得业务容易得多。而且，客户对律师的推介也比律师自我推销有说服力得多。

此外，与你合作过的人，如会计师、评估机构的人员等也是你的推介人。由于工作关系，这些人常常有机会把你推荐给他的客户，而他们本身也可能需要法律服务而成为你的客户。如与律师同时参加公司的注销清算工作的会计师，就可能因为你给他留下良好的印象，在将来有机会时把你推荐给他的客户。

还有，你的同行和竞争对手也是推介人。说到其他律师，在律师大脑里最先出现的词可能是"竞争"，而不是"合作"或者其他具有合作含义的字眼。其实，同行并不一定就是竞争对手，同行也可能成为转介客户的主要来源。一个最浅显的道理是，并不是所有的律师、所有的律师事务所都能够做所有的法律服务业务。因此，律师同行收到一件他们因为这样或那样原因而无法办理的业务时，如果他们与你有良好的信任关系，他们会首先想到你，把你推介给客户。

如此看来，律师身边的任何人都可能成为律师的客户或客户的介绍者。因此，在思想上要树立这样一种意识，在结识每一位新朋友时，把对方当作未来的客户或者是能够介绍客户的来源。同时，在行动上要培养这样一种习惯，要尽可能地做到给人留下良好的第一印象。并且，要把握机会告诉对方自己所从事的律师职业，并鼓励对方提出法律问题。为此，还要对各种提问做充分的准备。当然，你不可能时刻准备好应答问题，因为，你不可能知道不特定的人会问什么问题，而且专业知识的储备也需要时间。但是，在被问及你所在的律师事务所和律师专长这类问题时，如果你能够清晰而简要地说出自己的专长和律师事务所的业务范围，将比笼统地回答"我们律师事务所是一家综合性的律师事务所"，或"我是一位律师"给人印象深刻得多。加深他人对你作为律师的良好印象，以便在今后他们需要法律服务时首先想起你，至少在别人提及你时，他不会因为此前偶然场合对你印象不佳而否定你。但是，请记住"过犹不及"这句老话，如果律师不分场合、不分时机地推销自己，将会适得其反。有的律师挖空心思，甚至不择手段，以违反律师职业道德和执业纪律的方式去开拓业务更是错误的。

### 二　利用律师事务所的平台和资源

由于律师事务所的管理体制和要求不同，律师与律师事务所、律师事务所的律师之间相互联系及业务合作关系不同，有的紧密，有的则松散，甚至还有的律师根本不知道自己所在的律师事务所的其他律师在干什么业务或能够干什么业务以及怎么干业务。但是客户的需求往往不是单一的，越来越多的客户需要律师提供"一站式法律服务"，即由一家律师事务所或一名律师解决该客户遇到的所有法律问题。对于综合性的法律服务需要许多不同法律专业的配合。这样，律师应当熟悉所在的律师事务所的主要业务领域、专长，并利用它们的优点与特长作为吸引新客户的基础，以此提升客户对律师事务所的信心。对于新律师，如果律师事务所有专门的指导律师带你或者在某个专业部门，那么，新律师除了了解指导律师的专长和所在专业部门的业务外，还要适当熟悉律师事务所其他律师和专业部门的法律服务。另外，观察、学习体会律师事务所的其他律师是如何开发业务的，这一点无论对刚入行的新律师还是有过一段从业经历的律师都是很有借鉴意义的。

### 三　勿以善小而不为

业务量和客户也要靠长期的积累。很少有律师一开始就能找到大客户、大业务。因此，不要指望着一蹴而就。而很多业务机会是跟着小业务来的，你未来的大客户可能就是通过你办理的小业务来了解和认识你的。有一点可能大家都不会怀疑，即绝大多数人在意识到别人考验他时都会努力并尽可能表现出色。但是，遗憾的是客户不是公司的人力资源部，也不是学校的老师，也就是说，客户通常是不会在通知律师之后才开始测试律师的，而且，客户也不常会为测试律师而测试律师的（也有例外，如客户对于把某项业务交给哪家律师事务所办理举棋不定时会做出测试）。因此，在处理"小业务"时，律师可能无法识别这仅仅是一个单一的小业务，还是某个大业务的前奏。这样，律师根本没有机会准备。况且，律师对客户的工作态度、服务质量、服务水平不应当有两套方案，不能测试时是一套做法，而得到业务后又换一套做法，也不能"挂羊头卖狗肉"。因此，有效的方式就是建立良好的服务意识、养成良好的工作习惯，并把它作为自己执业的规则，"勿以善小而不为"。另外，有的律师会向客户表示，这次的工作虽然办得不尽如人意，但是如果客户再给律师一次机会，则一定会办好。这是不是一个具有可行性的建议？律师只要设身处地地想一想就会打消这种念头。关于勿以善小而不为，下面是笔者的一次亲身体验。

记得在刚做律师的头两年，笔者也为业务开拓，甚至自身的业务发展方向问题困惑过。一次偶然的机会使得情况有所改变。某天，收到了两页从赣州某律师事务所发到笔者所在的律师事务所的英文传真，内容并不复杂。由于没有写具体的收件人，秘书不知道该给谁处理。询问几位律师，要么正在忙而无暇顾及，要么认为事不关己而推脱，要么不懂英文而无法处理。当时，笔者正在家中，接到秘书的询问电话便让她把这两页纸传真过来。原来，是一家赣州律师事务所代他们的一个客户询问内地律师可否帮助解答一个并不复杂的、有关中国法律的问题。这时，并没有人认为这是一件"值得做的大业务"，于是就由笔者继续办理。事后，赣州的律师事务所按照其客户核定的报价支付了不到 2000 元人民币的律师费。但是，出乎预料的是，此后不久，这个业务衍生为一项收购项目，由笔者配合赣州律师一起办理。作为起步不久的律师，通过当时参加该项目，笔者不仅获得了良好的业务机会，而且多年后回想起这件事，最大的收获是开阔了眼界，得到了锻炼，获得了难得的学习和执业机会。通过这类故事还可以发现，刚开始的机会很多时候会决定律师未来的发展方向。这一点并不难理解，只要想想我们每个人进入某一领域、从事某一专业、对某个职业产生兴趣，不也往往是因为一个偶然的机会或偶然的事件使然吗？

#### 四　用客户的方式去接近客户

律师要了解客户的需求。除了熟悉和客户相关的法律专业知识，还要了解客户或潜在客户行业的专用术语，相关立法、司法动态和热点问题。并且，律师要研究客户或目标客户的资料如其产品、服务、企业架构、经营理念等。不仅如此，律师还要学习或熟悉客户的语言、惯用语，以增加客户的认同感。律师开拓业务至少要做到了解业务了解该业务领域的主要客户，以及了解该客户、该客户所在的领域和行业，甚至要了解该客户的竞争对手。

笔者曾经有过一次失败的体验。某县政府打算利用外资在该县境内建造一座市政固体废物处理厂，并拟由某国 A 公司负责项目的全过程。为此，县政府打算与 A 公司组建项目公司，并在固体废物处理厂建好后的一定时间内交 A 公司运作，在一定的时间后再由县政府收回项目。该县招商局具体负责法律服务机构的筛选工作，并且向包括笔者单位在内的 8 家律师事务所通过提供非常有限的资料进行测试。通过对资料的阅读，笔者列出了其中存在的法律问题，还初步判断该项目是一个 BOT 项目，并且进行该项目的主要依据是《×市城市基础设施特许经营办法》。为此，笔者准备了丰富的专业资料、法律服务方案。但是，在与招商局的官员交谈过程中，笔者发现主谈人员对该项目的法律性质一无所知，并且对律师将提供的法律服务事项也没有概念。因而笼统地认为，这只是要律师对未来可能签的合同条款提提意见。招商局认为，既然都是律师，就都可以提供这些法律服务，因此，筛选律师最关心的问题是律师事务所的报价。在笔者所在的律师事务所提出专业的意见和方案后，发现客户根本听不懂律师的专业分析也就谈不上是否认可了。最终，笔者所在的律师事务所落选。从筛选律师事务所的全部公开过程看，招商局同时接待 8 家律师事务所，并且在不到一小时的时间内要求每家律师事务所介绍情况发表意见。而中选的律师事务所之所以打动招商局的主谈人员，并不是因为在项目专业领域的擅长或准备的方案胜出，而是以招商局主谈人员能够理解和接受的语言表达了招商局主谈人员关注的事项。比如，除了表示认同其他律师事务所的法律专业意见外，着重表示"今天来的各家律师事务所都能够胜任该项工作，因此，主要问题是谁的价格更合理"。在此，笔者无意评论这种竞争的策略，但是，笔者是不是没有用客户的语言表达这一点是值得反思的。而中选的律师事务所则揣摩了客户、用最贴近客户的语言表达了客户最关注的问题报价。

## 五　扩大影响力

说到扩大影响力，大家可能最先想到的是做广告和宣传。很遗憾，由于行业的性质，律师和律师事务所的广告受到一定约束。但是，这并不能成为律师扩大影响力的障碍。律师扩大影响力的方式是多样的，可以有付费的、免费的，甚至还有别人为律师付费的形式。付费的形式如印名片、简介、业务介绍资料等；而免费的机会如参加一些免费的会议、争取在会议上的发言机会、与其他群体和人员的接触等；至于别人为律师付费而帮助律师扩大影响力，最显而易见的例子是，律师在为客户提供服务的同时就是在宣传自己。如同我们前面所说，律师曾经和现有的客户就是最好的业务推介者。另外，律师做出的演讲、发表的论文等也是别人付费的宣传方式。这一点说来很简单，但最容易被忽视。以笔者的体验，有的客户就是通过某次演讲或培训而对笔者留下印象，从而在有问题时找到笔者的。

### 六 扩充新业务或新客户的含义

说到业务开拓，马上能够联想到的可能是某个新客户某个新案件或新项目需要拓展思维。这里不妨对客户和业务做一个简单的界定，即新客户与老客户，新业务与旧业务。所谓新、老客户或新、旧业务都是相比较而言的。我们把某律师或律师事务所曾经和现有的客户称为"老客户"，而把从未提供过服务的客户称为"新客户"。同理，把某律师或律师事务所办理过或正在办理的业务称为"旧业务"，而把从未做过的业务称为"新业务"。这样，会发现业务开拓的机会似乎增大了，律师的业务既有来自新客户的新业务和旧业务，也有来自老客户的新业务（至于老客户的旧业务我们放在客户维系部分）。新、老客户以及新、旧业务之间的关系是相互交融的。

首先，对于从老客户获得新业务。由于律师已经在老客户那里建立了相当程度的客户信任关系（前面提到的"信任"构成的"诚实"部分，和对律师总体业务能力或某项业务能力的认可），这样，律师应当把拓展重点放在向老客户证明你的新"能力"方面；其次，对于新客户的旧业务，由于律师此前在其他客户那里已经有业绩而在一定程度上已经获得了一定客户信任（前面提到的"信任"构成的"能力"部分），这样，律师可以把重点放在新客户对你的"诚实"认可方面。而对于新客户的新业务，律师可能面临多方面的挑战。为此，律师也要找出与自己现状适合的让客户信服的亮点或核心竞争力。

### 专题　开拓业务中的竞争问题

每种产品和服务都有它的定位和客户群，法律服务市场亦然。面对客户对律师的评判和认同标准不一，律师也应当有自己的营销策略，客户选择律师是基于信任。但是，落实到具体的选择标准上，客户关注的问题会有所侧重。有的客户关注律师在某一领域的专业程度，有的客户关注律师事务所及律师的影响力（品牌），还有的客户关心律师提供服务的反馈速度，也有的客户只在意律师收费高低（这种情形往往出现在对律师和法律服务不了解甚至一无所知的客户身上）。即使是对各项指标综合评判上，客户也会有所侧重。律师事务所和律师不可能在各方面都有竞争力。这样律师就需要分析客户的需求、根据自身的状况去寻找能够获得客户信任的"关键点"。有一定业绩的律师，可以主打专业化和经验；但是，对于刚刚起步的律师就不能过多强调这些。但是，在没有业绩同时业务没有那么繁忙的情况下，新律师可以强调提供客户化的服务。因此，应当了解自己的地位、技能和优势，找到不同的竞争方式和竞争角度。在竞争中还要特别注意保持对同行的尊重。不尊重同行的律师是不能获得客户尊重的。

# 第四节　业务开拓中的误区

有的律师可能会这样想问题。

## 一　"我有关系"

这个话题不能回避。"关系"可能是时下某些律师津津乐道的"卖点"。不可否认，客户不可能聘用与自己关系不好的律师，而且，几乎任何一个竞标机会的获得，都是基于律师与潜在的客户之间有某种关系，否则，律师就不会受到邀请参与竞标。因此，可以说关系人人都有。既然如此，关系就不应当被列为律师开拓业务"可圈可点"的选项。况且，即使是与律师保持良好工作关系的老客户，面对其他律师提出的服务，首先还是从自身利益角度出发去比较选择，客户更关心律师的服务质量。

说到这里，还有一点需要关注，律师要避免过于熟悉的客户—律师关系对律师职业化的羁绊。并且，要避免律师个人情感对职业化判断的影响。换句话说，即使对于那些已经熟悉的客户，律师也要以职业化的方式执业。

### 二　"我已经为这个客户服务多年了"

如同其他消费心理和消费习惯，客户消费法律服务（聘用律师）也有惯性。在通常情况下，客户不会轻易更换正在为他们服务的律师以及他们已经习惯的律师，或是与客户有长期合作关系的律师。与新加入者比，正在为某客户提供法律服务的律师对该客户的行业、专业以及企业理念、基本情况、历史沿革、行为习惯等方方面面都比较了解，而客户对律师的信任程度也会相对较高。这些都是双方合作的良好前提和基础，这是任何新的介入者在短期之内不可能具备的优势。但是，这些又都不是不可动摇的。想一下你自己是不是也不安心现有的市场格局，试图从其他律师或律师事务所手里争得一些市场份额？因此，只要法律服务这种竞争存在，客户的习惯就可能改变，律师也就不要幻想自己的业绩和地位不可动摇。

### 三　"我的服务价格低"

的确，有人只关心价格。有的客户认为，既然都是律师，那就看谁提供的服务更便宜，而有的律师也以此为竞争的"撒手锏"。抛开律师服务的差异性不谈，仅就价格来看，在所有竞争策略中，价格战实际是下下策。这一方面是因为，做同样的事情，提供同样的服务，如果只打价格战，免不了导致利润率下降。而且，如果律师或律师事务所不惜以压价作为竞争的招牌，也足以说明该律师或律师事务所可能已经没有其他的优势了（当然，有时价格战也被当成一种短期内挤垮竞争对手、快速占领市场的策略）。因此价格只是决定事情的一部分因素，而且，不应当成为决定性因素。至少理性的客户会这样认为。

笔者认为，上述三个方面都是律师业务开拓中的误区。

# 第五节　保持客户信任——业务维系

### 一　客户信任的建立需要很长时间

但是，没有牢不可破的信任，而且失去这种经年的信任可以说毫不费力。想象一下，让你购买一只声称"我们只因做过一次假账而被处罚过"的公司的股票，或去买一家敢于声称"我们只卖过一栋危楼"的开发商的楼盘。你就可以很容易地理解客户的信任有多么脆弱。从长远来看，保持客户忠诚度的方式只有两种：提高服务质量（包括律师的工作产品）和持续创新。

### 二　提升客户的服务感受增值服务

律师行业服务不能只靠专业化的产品，还要从服务、客户满意度等方面提升服务的附加价值，从而提高竞争力。许多律师认为自己从事的是法律专业，因此，往往重视法律水平而忽视服务水平。有的律师甚至根本意识不到自己在做服务行业，而法律只是服务的专业。因此，提高服务水平、提升客户的服务感受，对于律师开拓和维系客户具有重要的作用。

### 三　律师必须克服自己是个赐予者的错觉

律师的目标是帮助客户解决问题，而不是去证明律师的高智商。律师要提醒自己，在客户所取得的成功中律师的角色是次要的。律师要让客户享受成功的荣耀。在与公司的法律人员甚至非专业的部门及人员打交道时，律师切忌不要嘲笑客户在法律方面的"无知"，更不能当着公司老板或领导或其他职员的面，表现出自己超出公司职员的能力，更不要使客户显得无能。

### 四　律师与客户法律部或内部法律顾问的合作

越来越多的公司设有法律部门或有内部法律顾问岗位。公司内部法律顾问的工作内容多为处理公司的日常法律事务，而外部律师往往被聘请完成某一特定的专业事项或诉讼活动。在公司需要外部律师服务时，通常由公司法律顾问进行筛选和日常联系。由于专业和工作职责的缘故，这些公司法律顾问与一般公司职员是有明显差异的。因此，在客户关系的处理上，外部律师与公司内部法律顾问的合作有别于其他客户关系。为了更好地合作，外部律师需要了解公司法律顾问在公司的职责和地位，了解公司法律部聘请律师的理由，他们与外部律师的分工规则，并经常向公司内部法律顾问了解公司的运营目标、业务着眼点、内部风险控制体系等。同时，外部律师要与公司法律顾问建立良好的沟通机制。另外，外部律师还要充分认识到"外来的和尚好念经"，因此，在必要时为内部法律顾问分担必要的法律责任与风险。

### 五　保持客户信任关系绝不是不向客户说"不"

律师不能一味迎合客户。为了能够对自己说"是"，律师就要能对客户说"不"。对于律师来讲，最可怕的陷阱就是客户要求律师做一些不诚实的事。对于这样的客户或这样的要求，律师往往面临痛苦的选择。如果拒绝了客户的不合理要求，客户会把律师当作不合作的人而记住你并列入名单。但是，如果律师对不诚实的请求让步，律师将总是被当作不诚实的人而被客户记住。即使律师不诚实的形象没有使客户厌烦，律师还是会有麻烦。因为，已经有过了一次不诚实的服务，客户下一次有这种需要时，还会期望律师去实现另一个不诚实的服务。最终，律师丧失的是客户的尊重和信任。因此，一旦给出一个服务，就是对未来服务的承诺。律师的诚实还表现在敢于拒绝客户不诚实的要求。不对客户说谎的巨大优势，在于你通常不必刻意记住你所说过的话。

### 六　律师给客户的承诺要有限度

客户可能记不住律师所说的全部，而只记得他想听到的话。笔者有过这样一次体验。某客户要求律师在其提供的合同文本基础上完善两个合同文本。笔者发现，其中一个合同介绍的业务模式比较清晰，律师在接到客户资料后的次日便完成了这份文本的审查修改工作。看到律师的工作效率，客户询问律师另一个文本何时完成。律师回答："目前，律师见到有关该事项的基础文本对业务事项描述不清晰，律师可能将会在一两天内与您进行电话交流，这样，大约还需要 3 天就可以给出文本。"但是，在此后的一周内，律师若干次电话联系不上该客户，等到一周后，律师电话联系上客户并打算询问存疑的业务问题时，客户表现得极其不合作——问律师为什么没有按照承诺在 3 天内把文本准备出来。客户只记得他关心的事情，他只听到了"3 天"。但是，完全忽略了律师提出的前提条件。因此，不要轻易承诺，即使是律师自己认为那只是有条件的承诺。而且，承诺要留有余地，更不要承诺超出律师能力范围的事。这一点在律师代理民事诉讼案件时尤为重要。律师不能向委托人承诺一定能打赢官司。而推荐一些低风险的方案是建立客户信任的一种方式。从某种意义上讲，律师应当是天生的悲观主义者，他们总是要做最坏的打算和安排。

## 七  律师如何对待和处理自己的错

有一位律师问笔者："如何处理执业过程中所犯的错误？"笔者的答案是："最明智的做法是承认错误，并且在最短的时间内以不低于原来犯错的方式向客户承认错误。"换句话说，律师一旦发现自己的错误，要立即更正并向客户明示。而且，如果原来你是以书面方式犯的错现在也要以书面方式予以澄清或改正。不要指望客户发现不了律师的错误，也不要奢望错误不会产生不良后果。认为灾难不可能发生的想法经常导致不可想象的灾难。如果你试图去隐瞒一个小小的错误，那它将很可能变成一个巨大的悲剧。对于律师而言，隐瞒错误的风险甚至更高，至少关系到客户的生意和律师的声誉。当然，为了避免不必要的错误，律师也要让客户知道，客户委托律师既不是让律师看起来精明，但也绝不是让律师看起来愚蠢。委托事项不是对律师的测试，是律师为客户提供服务。律师需要时间去思考和处理问题。否则，出错对律师和客户都是损害，而且客户的损失可能会更大。

## 八  不能让现有的客户成为开拓业务的障碍

对于那些为某一客户提供长期法律服务的律师来说，在被客户认可的同时，也存在被客户固化的风险。这些律师极易被客户贴上这样、那样的标签，被认为擅长并且只能做某一类业务，这种固化在客户脑海里的东西可能成为你开拓业务的障碍。另外，长期为某个客户服务（往往是所谓的大客户），可能使得律师失去拓展其他客户或其他业务的机会和精力。有时，一个大的订单可能遮住律师的双眼，让他看不到未来，以至于失去这个客户自己就不能生存。因此，不要对客户产生依赖。同时，客户的心理是，希望自己是律师的唯一客户，但是客户却拒绝把律师变成客户的唯一律师。所以，也不要为了赢得某项业务而随意承诺自己将放弃其他类似业务的客户。

### 九　如何化解对客户的不信任、不合作

首先，律师要找出客户不信任、不合作的原因，唯此，才可能对症处理。不信任和不合作一定有其根源，并且还可能具有其合理性。其一，相当比例的客户对律师的不信任和抵制来源于对委托事项不确定性的担心和恐惧。客户希望律师的风险同他们的风险相匹配，但是，客户往往发现自己只是律师的案例之一，律师在委托事项上的风险与客户可能承担的风险不匹配。因此对律师持不信任态度是客户增加律师风险的本能方式。提出低风险的方案，可能是律师化解这种不信任的方式之一。其二，客户的不合作可能来源于"强迫"的服务。如果某个律师事务所或律师提供的服务不是客户认为自己需要的，而是别人强加给他的，那么，抵触和不合作是非常本能的反应。因此，从这个角度讲，律师服务不应当提供"主动"的服务，而是应客户的要求为客户提供。其三，客户对律师的不合作和不信任，还可能来自客户自身的处境以及在事件中的角色。接触客户一段时间的律师可能会遇到这样的情形，客户直接或委婉地表达他们的抵制。比如那些曾经制造或参与制造了问题的人，还可能以这样或那样的方式参与到律师准备或已经开始解决的问题中。造成现在糟糕状况的人可能就是现在的客户，或客户的主管。而如果律师一味谴责对造成混乱状态负责的人，很明显，造成麻烦情况的负责人将对律师怀有一种敏感的情绪。律师任何改变的提议都可能被理解为对其曾经做出的决定的藐视和否定。况且，事后去评判一件事，我们会发现，在当时有合理而充分的理由做出来的事，在今天看起来可能就是愚蠢的决定。凡此种种，律师在提供法律服务时都要妥善处理。要为了解问题而研究问题，而不是为批评或评论而研究问题。如果客户听出律师在批评或在谴责，则会表现

为不合作甚至抵制。还有，律师不要不理解客户的这种不合作或抵制，如果换作律师可能也一样。总之，律师处理问题时的心态和方法非常重要。另外，客户的不合作或抵制还可能是本能的。由于律师角色和工作内容的要求，律师常常不得不扮演不受欢迎的角色。如律师审查客户的宣传方案、业务合同，由于商业操作得不到法律的支持和认可，对于不符合法律要求的商业模式、宣传方案、合同条款等，律师不得不对客户说"不"。

## 本章小结

本章针对律师接受客户的委托后，律师与客户为什么要交流、交流什么、怎样交流及交流的价值进行了全方位的探索。本章认为，律师提供的是"客户化服务"而非"标准化服务"，律师应善于与客户交流，它既可维系关系，又可通过客户赢得新的案源；同时，本章还描述了客户对律师的多种顾忌，为律师提供服务反思提供了依据。

# 第 四 章

# 律师谈判的方法与技巧[①]

前一章，主要介绍了律师与委托人（客户）之间交流的方法与技巧。本章，将介绍律师接受案件后与当事人各方之间的谈判方法与技巧。

我们知道，民事诉讼，又称民事争议，是指平等主体之间发生的，以民事权利义务为内容的一种法律纠纷和社会纠纷，有些纠纷，在起诉前、起诉后乃至执行过程中都可以进行谈判，达到有效化解民间矛盾的效果。笔者认为，形成民事诉讼的主要成因是民事主体对他人的民事实体权利实施侵害，从而使得他人的民事权益蒙受损失，或者即将受到损害，导致民事争议的发生。民事争议可以通过各种方式解决，一是民事争议主体依靠自身的力量解决双方或各方的争议，如自行和解；二是依靠中立第三方，对争议双方或各方进行撮合、劝说、协调，促使争议双方或各方达成谅解与让步，从而解决争议，如调解；三是通过国家法律设置的仲裁机构，从事实上由仲裁机构做出认定，对争议双方或各方的权利义务做出裁决，从而解决争议双方或各方的民事争议；四是通过民事诉讼方式，将民事争议双方或各方的争议交由法院审判，经过一定法定程序解决双方或各方的民事争议。无论是何种解决民事争议的方式，律师都有可能充任争议一方的代理人，参与到民事争议双方或各方的纠纷解决程序之中，尤其是调解（包括和解）、仲裁和民事诉讼更为常见。我国《民事诉讼法》第九条规定："人民法院审理民事案件，应当根据自愿和合法的原则进行调解；调解不成的应当及时判决。"也就是说，在各

---

[①] 本章参考韦忠语、成晓明主编《法律谈判实务教程》，中国人民大学出版社2014年版，第二章。

类民事诉讼案件中，均存在双方或各方当事人基于自愿和合法的原则进行调解或和解的可能性，因此，在民事诉讼中，律师如何参与和驾驭民事诉讼中的谈判是律师必须掌握的一项专门技能。

## 第一节　民事诉讼中法律谈判的价值

关于民事诉讼目的，在民事诉讼理论界的研讨中，由于学者们所持的立场与角度不同形成了很多学说。但从实务法学角度研究，当事人之所以发动民事诉讼，除为了惩罚民事违法行为外，更为主要的是为了通过对民事违法行为者的惩罚，维护自身的民事权益，从而获取更大利益的目标。不容置疑的是，民事诉讼中的法律谈判，就是为了追求更大的利益而发生的，无论作为原告代理人的谈判律师，还是作为被告代理人的谈判律师。法律谈判的价值就在于通过对民事违法行为人的民事违法行为的制裁，为自己的当事人获取更大的利益或者说实现利益的最大化。虽然每一个案件都包含众多因素，没有一个案件与另一案件绝对相同，但大多民事诉讼案件最终都可能通过和解而以相当模糊的结局结束。如同扑克玩家一样，获得最大胜利的方法是谨慎选牌，避免打潜在的输牌，同时最大限度地把宝押在可能取胜的牌上。这种手法也能让律师获益，即放弃一些不堪一击或者疑窦丛生的推测，把精力集中在更有力的论点上，从而获取更多的利益。这是由民事诉讼目的的多元化所决定的。国家设立民事诉讼制度的目的与当事人启动民事诉讼的目的，在宏观与微观上是有所不同的。现代民事诉讼价值的多元论和相对性，决定了民事诉讼目的的多重性。民事诉讼不仅要强调国家和社会公共利益，还要尊重公民的实体权利，同时要重视当事人的程序利益，使得我国社会从义务型社会向权利型社会更好地转变。

民事诉讼中的和解与调解，通常通过法律谈判来完成。如前所述，法律谈判是以非诉讼方式或者以庭外和解的方式来解决争议各方的纷争。基于民事案件的庞杂，当以法律谈判方式来平息纠纷时，其谈判的方式与方法通常也呈现出不同的形态。

## 第二节 不同代理身份的谈判 对象和谈判技巧

民事案件中的法律谈判，如同刑事诉讼中的法律谈判一样，其谈判的基本流程、谈判的基本技巧是一致的。由于民事案件与刑事案件存在区别，在具体的谈判中，也有不同的特点，故笔者仅就民事案件法律谈判中不同的特点进行论述。

### 一 原告代理人的谈判对象和谈判技巧

当律师作为民事案件原告的代理人时，与其进行法律谈判的相对方则是民事案件的被告及其代理律师（包括进行谈判撮合的中间人）。在民事案件的谈判中，无论律师是作为原告的代理律师，还是作为被告的代理律师，都无不涉及法律谈判。

民事性质的法律谈判，通常表现为三种类型：一是交易式谈判，即谈判各方就将来约束他们行为的条件自愿达成共识并努力缔结某种法律关系，如房地产买卖、租赁、商品（货物）的购销和服务行为的确定等。二是争议解决式谈判，即针对各方存在的纠纷与冲突，各方试图自行解决这些冲突与纠纷，如在处理民事纠纷中的谈判。律师作为民事案件原告的代理，通常都是参与争议解决式的法律谈判。三是兼具交易式谈判和争议解决式谈判的特点的混同式法律谈判，如劳动谈判中，通常表现为涉及生产、劳动安全或者工作条件的争议解决和维系劳动关系长期存在的交易谈判。因此，原告代理律师在参与民事案件的法律谈判时，必须对参与法律谈判的类型有一个明确的认识，这是确立谈判目标、确定谈判方式与方法的基本前提。

作为民事原告的代理律师，在法律谈判前同样要确立自己的谈判目标。民事案件的谈判目标就是要尽量通过与谈判对手进行具有说服力的交流，让谈判对手尽可能地接受对你的当事人有利的条款，为自己的委托人获取最大利益。但是由于民事案件的代理律师往往是与风险收费制度相关联的，"不成功不收费"的规则往往会影响到原告代理律师的收费多少，尤其是法律谈判时间的延长，会影响到原告代理律师利益的实现，原告代理律师可能会基于自身收费（利益）的需要，建议委托人接受不足额的赔偿，这就会影响委托人谈判目标的实现。在法律谈判之前确立一个法律谈判目标是十分必要的。委托人的谈判目的或者说通过谈判想要达到的真实意愿，需要原告代理律师准确、完整地确定。要想做到这一点，就要对委托人的目的进行必要的分类，即委托人与对方究竟是交易类的法律谈判，还是争议解决类的法律谈判，或是两者兼而有之。同时，也应对委托人法律谈判目标的主要谈判要点（指委托人希望通过谈判达到的最佳效果）、次要谈判要点（指委托人希望通过谈判达到的而不是必需的，在理想效果不能实现时的效果）进行必要的分类，也就是要把握委托人的法律谈判目标和备选谈判目标（替代性谈判目标）。只有弄清楚委托人的谈判目标或者谈判目的，才能准确地制定谈判策略与运用谈判技巧。

民事案件法律谈判的核心内容就是利益的追逐。尤其是民事原告及其代理律师，在法律谈判中自始至终都是围绕着民事利益（民事权益）而进行的。作为原告的代理律师，无不以实现委托人的利益作为谈判技巧的首要出发点。法律谈判的利益追求是人们所关心或是想得到的东西，利益决定了人们的态度。谈判各方利益的差异当然会把他们带到谈判桌上去。共同的利益能使事情得以迅速解决，使经济上的考虑得以最大化，使关系得以发展或长期保持，或心理上的需要得到满足。因此，对谈判利益的坚守是原告代理律师必须掌握的谈判策略与技巧。

一个简单的案例能够说明作为原告代理律师，在确定谈判目标与进行法律谈判中对委托人利益的追求。某甲被邻居某乙饲养的一条狗咬伤，造成1500元的医疗、交通等费用的损失。某甲起诉到人民法院后，某甲委托律师作为其代理人。审判人员在听取双方当事人意见后，要求双方在庭外进行和解，并告知某甲及其代理律师，某乙愿意在3000元范围内进行和解。某甲及其代理律师经过协商后确立了（1）要求某乙赔偿3000元损失费；（2）赔偿律师费500元；（3）承担诉讼费500元；（4）将狗除掉并赔礼道歉等谈判目标。事实上2500元是能够填补某甲包括医疗、交通、诉讼和律师费在内的全部损失的，这是某甲和解的底线。而作为民事被告的某乙愿意支付3000元进行和解，这是谈判僵局的临界点。因此，原告某甲的代理律师在谈判的过程中应尽力争取赔偿金额的最大化，打破谈判僵局，委托人的利益才能够得到最大满足。当临近谈判僵局点时，委托人的利益满足度就会降低，原告代理律师就应当运用谈判技巧来实现谈判目标。

谈判策略是进行法律谈判达到谈判目标的总体计划。谈判技巧是专门用来促进谈判策略实现的步骤。在民事案件的谈判中，民事原告的谈判律师通常需要经历以下几个阶段：

（一）谈判开局阶段。在此阶段，原告律师需要确定谈判的类型与方式，与谈判对手（当民事被告的谈判者为代理律师时）进行交流，表明自己的态度与优势，从而给谈判对手一种控制局势的感觉。担任主谈判的原告律师就自身确立的谈判目标可以给出较为严厉或者说极端的态度。如在民事索赔案件中，可以给出一个高于预定赔偿金额的数额，以试探谈判对手的真实谈判目标；当然也可采取一种平衡的方式，即提出一个让谈判对手觉得较为公平的方案，以利于谈判进行。在谈判开局阶段，如果能够提供或者设法找到选择性解决问题的办法，并将其作为谈判各方都觉得有"谈判利益"的方案是较为可行的。

（二）谈判磋商阶段。作为民事原告的代理律师，当其作为主谈判者时，无论是基于合同违约的违约金的索取，还是基于侵权赔偿金的追究，通常都表现为一种主动性进攻。谈判者应当就要求民事被告给付违约金或者赔偿金的请求，在事实与法律上给予充分的说明，并以有利于己方的方式表达自己的意愿。民事被告对原告请求与意愿的反驳，将会让原告对他方的谈判目标更为清楚，使谈判各方争议的问题更为明确。在不断的谈判磋商中，谈判各方会对双方期待的"谈判利益"能否获得，或者获得的数额会更加清楚明白。

（三）和解协议达成或谈判破裂。经过不断的磋商与谈判，法律谈判最终可能出现两种结果：一是法律谈判中形成和解，对此代理律师应当尽快将谈判结果的最后细节加以明确，形成法律谈判的最后文件即和解协议；二是法律谈判破裂，谈判破裂意味着双方或各方当事人的争议只能提交审判者裁决，从而实现己方利益，或者使谈判双方得到互利。

法律谈判结果的取得往往是需要让步来完成的。当谈判者充分地感受到不通过让步就无法实现自己的谈判目标；或者谈判各方都意识到必须做出让步，才能避免谈判陷入僵局；或者谈判者提出新的谈判方案，可能会带来各方都能接受的利益；或者谈判一方提出最后通牒，迫使谈判对手不得不接受谈判方案时，都会以谈判中的让步来实现。作为具有进攻性的一方的原告代理律师往往需要采取"谈判僵局"或者"最后通牒"等谈判手段迫使民事被告及其谈判者进行让步。谈判中的让步通常是从次要条款的让步开始的。民事被告的让步往往应当"迁就"民事原告在一些次要条款的要求，最后再一步一步往主要条款"退却"，就是要让谈判对手认为自己已经取得了胜利，你却为你的委托人争取了虽然重要但却不是很暴露的利益。

### 二　被告代理人的谈判对象和谈判技巧

律师担任民事被告的代理人，其谈判目标与民事原告及其代理律师的谈判目标是一致，就是在谈判中获取更多、更大的利益。通常，有以下谈判技巧：

（一）有妥协的让步。当民事被告面临赔偿或支付违约金时，让步是必然的，但应当是有条件的让步。笔者认为，民事被告的让步可以从以下三个方面考虑：一是让步可以分步，最大的让步是什么，最小的让步是什么，即让步不是一次性的全面让步；二是如果在法庭上，法官主张被告做出相应的让步，被告应该予以接受，否则会造成不利的后果；三是让步是否有利于事情的圆满解决，如有利于问题的解决，可以做出必要的让步，如果让步不能促成问题的解决，也可以不让步。

（二）拖延谈判与制造谈判僵局。拖延谈判和制造谈判僵局都是控制谈判节奏的重要谈判技巧。民事被告，尤其是胜算不大的民事被告，采用拖延谈判和制造谈判僵局的方式，可能会给其带来不错的谈判利益。当你的谈判对手——民事原告及其代理律师急于取得一定的赔偿金额时，采用拖延谈判的谈判技巧，让谈判对手的目的不会尽快地实现，从而迫使民事原告降低其赔偿要求。当你的委托人确实拖欠了原告的款项，需要一定时间去筹集资金以了结债务，但又不能过早地暴露你的委托人的难堪或者要维护其在谈判对手心目中的形象，则在谈判中使用谈判僵局之谈判技巧，使谈判陷入停顿状态，为你的委托人争取时间，不失为一种好的谈判方法。

（三）有限授权的运用。基于法律谈判，当事人对其代理律师的授权可以有两种：一是特别授权，即赋予代表其参与谈判的律师有权代表委托人参与谈判的全过程，并代表委托人处置谈判中的各种问题，签署通过谈判而形成的各项协议的权利；二是有限授权，即仅授权律师代表委托人参与谈判，但其不能代表委托人签署对委托人有约束力的各项协议。特别授权有助于代理律师获得更大的灵活性去处理谈判过程中谈判对手提出的各种方案和寻求解决双方争议的办法，但出于对代理律师本身利益的考虑，这降低了代理律师尽可能为委托人争取最佳利益的责任感。有限授权保证了委托人对代理律师较大的控制权，促使代理律师更好地履行谈判中的报告义务。从谈判利益的角度上讲，有限授权给谈判的实际决策者保留了后路。对于代理律师而言，有限授权保护了谈判者（指代理律师为谈判者时），在应付一个要求立即做出决定的攻击性谈判对手时，这是一个合法而有效的办法。比如，在谈判中代理律师通常说"我要问问我的委托人的意见再告诉你""你的和解方案，我需要征求我的委托人的意见""我非常愿意接受你的建议，但我需要征得我的当事人的同意。我敢肯定他是不会同意的，除非你把建议作如下更改"等。民事被告的代理律师在进行法律谈判时，有效地利用有限授权（尽管实际上可能是特别授权），在需要对重大问题做出决策时进行必要的缓冲，无疑是一种良好的谈判技巧。

（四）巧妙运用反诉技巧。反诉是民事诉讼被告的一项民事诉讼权利。当潜在的民事原告采用律师函方式或者委托律师亲自登门向潜在的民事诉讼被告提出赔偿或者支付违约金的要求时，是采取起诉前的和解方式，还是采取起诉后的和解方式，这需要通过对民事诉讼的成本分析来决定。通过民事诉讼经济成本分析，当民事被告与民事原告的诉讼存在胜诉之可能，或者拖延赔偿金有可能给民事被告缓解资金压力，或者有可能通过其他诉讼而形成诉讼对抗等时，则选择反诉方式来拖延谈判时限，从而取得谈判控制权，是民事被告及其代理人可选择的一种谈判技巧。

### 三　代理申请执行人的谈判对象和谈判技巧

民事执行是指人民法院的执行机构依照法定程序，运用国家强制力，保证具有给付内容的生效的法律文书付诸实现的活动。法院判决的强制执行，作为民事诉讼的最终阶段，就是要强迫被告对原告实施一定的行为或放弃一定的行为。如果不自愿执行这些判决，就必须强制执行。执行程序的启动主体是要求将人民法院判决付诸执行的债权人，即申请执行人，而相对的另一方当事人则为必须执行人民法院生效判决所确定义务的债务人，即被执行人。如果债务人的财产在其他人手中，或者被恶意转移于其他人手中，其他人也就成为执行程序的参加人。因此，律师在代理申请执行人，参与执行和解之法律谈判时，其谈判对象是执行的相对方，即被执行人和占有或非法获取被执行人财产的其他人。

民事执行的宗旨是保障债权人依法实现其依法享有的民事债权，促使被执行人自动完成其所应承担的义务，在被执行人不履行其义务时，强制其履行生效法律文书确定的义务。但在我国民事执行程序中，人民法院的强制执行应当遵循"基本人权保障原则"，即被执行人依据宪法和法律所享有的基本人权不因强制执行而受侵犯和剥夺，也就是说在民事执行中被执行人的生活必需费用、生活用品等不能被强制执行。

基于人民法院的生效判决，就执行裁决文书产生的法律谈判，通常可以表现为两种情形：一是在人民法院的生效判决做出后，双方或各方当事人就生效裁决文书进行的和解式谈判；二是在执行程序开始后，基于双方当事人意愿或者人民法院的调解而进行的执行和解。前者是双方或各方当事人对生效裁决文书的自愿履行，但并不排除在自愿履行中对生效裁决文书所做的和解。后者是双方或各方当事人愿意结束执行程序的一种合意，但必须建立在自愿合法的基础之上。

作为申请执行人的代理律师，在执行和解的法律谈判中主要应当把握以下谈判技巧：

（一）通过谈判获取被执行人的财产信息。作为执行标的财产主要分为动产和不动产。动产的执行主要是对被执行人的存款、收入、财产和债权的执行。不动产的执行主要是对被执行人的房屋、土地及其附着物的执行。同时，我国《民事诉讼法》第二百四十九条规定，法律文书指定交付的财物（包括种类物和特定物）、票证（包括有价证券和无价证券）也可以成为执行标的。因此，作为申请执行人的代理律师，在谈判开始前和谈判中对被执行人财产信息的获取，对于执行和解的法律谈判是至关重要的。执行豁免制度是对没有履行能力的被执行人实施人权保障的一项基本制度，如果申请执行人不能发现、获取被执行人的财产信息，人民法院将会适用"执行豁免制度"而使申请执行人的执行申请化为乌有。

（二）合理确定谈判目标，正确甄别非执行标的。在执行和解的法律谈判中，被执行人往往会以被查封、扣押的财产系非执行标的予以抗辩。一般情形下，债务人及其家庭生活和专业经营所必需的财产不能成为执行标的，这是世界各国强制执行法的通例，也是保护公民生存权的普遍原则。我国《民事诉讼法》第二百四十三条、第二百四十四条规定，在查封、扣押、冻结、拍卖、变卖被执行人应当履行义务部分的财产时，应当保留被执行人及其所扶养家属的生活必需费用、生活必需品。作为申请执行人的代理律师，应当事先查明被执行人的家庭状况，防止被执行人以此为借口，逃避债务的履行。在执行和解的谈判中，应注意通过信息交流、陈述与反驳等方式，正确甄别被执行人财产中哪些属于执行标的，哪些属于非执行标的，从而保护债权人的谈判利益。

（三）寻找债务人存放于他人处的财产，通过谈判发现线索。债务人的财产除为自己持有外，还有可能基于保管、无偿使用合同等法律原因而为他人占有，比如汽车无偿提供给朋友使用，或者将其财产交予他人管理使用等。同时也有另外的情形，债务人为恶意逃债，故意与他人签订财产转让合同，使债权人的债权无法实现。作为申请执行人的代理律师，可以在谈判前事先查明债务人存放于他人处的财产，也可以通过谈判过程发现被执行人存放于他人处的财产。当获取这些信息之后，可以依靠双方的和解来实现申请执行人的债权，也可以申请人民法院执行机构向存放债务人财产的其他人查询，然后通知其他人将债务人的财产交给债权人或者实施查封、扣押，直至拍卖，以满足申请执行人追索的财产数额。

（四）使用威胁、最后通牒等谈判技巧，以限制被执行人人身自由相威胁来实现申请执行人的债权。长期以来，我国民事诉讼执行在采取强制措施方面，仅对被执行人的财产实施查封、扣押、冻结、拍卖等强制措施，而从不涉及被执行人的人身方面。最高人民法院《关于限制被执行人高消费的若干规定》第三条、第五条、第六条的规定，突破了传统的强制执行观念，规定对被执行人可以采取一定限制人身自由的措施。

人民法院决定限制高消费的，应当向被执行人发出限制高消费令。限制高消费令由人民法院院长签发。限制高消费令应当载明限制高消费的期间、项目、法律后果等内容，人民法院根据案件需要和被执行人的情况可以向有义务协助调查、执行的单位送达协助执行通知书，也可以在相关媒体上进行公告，以保证申请执行人的实体权利的实现。因此，作为申请执行人的代理律师，对于被执行人可以采取威胁或者最后通牒等谈判技巧，告知被执行人若不履行生效法律文书确定的义务，就可以申请人民法院采取限制高消费的执行措施，迫使其偿还债务。

### 四　代理被执行人的谈判对象和谈判技巧

被执行人往往是生效法律文书确定的债务人，其负有偿还债务、履行生效法律文书的义务。通常而言，在执行和解的法律谈判中，被执行人一般处于被动地位。被执行人的代理律师一般是与申请执行人及其代理律师进行执行和解。

被执行人的代理律师，当作为执行阶段的主谈者时，基于被执行人的被动地位，一般应当采取以下谈判策略与技巧：

（一）主动发出履行生效法律文书的信息，争取在民事执行程序启动之前进行和解，减少自身损失。一旦民事被告败诉，其依法应承担的民事责任在所难免，最佳的方式就是主动寻求和解。如前已述，生效法律文书未经申请执行人的启动，不是民事执行程序的开始。民事被告应向民事原告提出主动和解，提出减免给付金额或者降低利息支付比例和金额，或者采取分期偿还等方式，从而获取谈判利益，把损失降至最低。

（二）当民事原告提出执行申请并启动强制执行程序后，尽量主动争取执行法官的同情，主动向申请执行人提出执行和解的请求。其目的也在于尽量降低被申请人在执行程序中的损失。比如，对于被执行人财产的拍卖，往往会经过多次拍卖而无人竞买，从而导致被执行人财产的变现价值低于其实际价值。而执行和解中的谈判，则可以通过双方当事人的确认，使被执行人的财产以其实际价值甚至以较高的价格用于抵债。

（三）运用"执行豁免制度"，将不属于执行标的的财产剔除在执行标的之外。执行豁免制度是为被执行人（债务人）而专门设立的一项制度。被执行人的代理律师需要充分地运用这一制度，使被执行人的财产逃脱被强制执行的命运。例如，被执行人及其所扶养家属完成义务教育所必需的物品，以及维持被执行人及其家属基本生活保障的必需品等财物，其范围究竟应当如何判定，需要被执行人的代理律师认真研究。如果一个刚年满 7 周岁的小孩，与其父母亲共同居住于一间 100 平方米的房屋之内，该房屋是否属于"完成义务教育所必需的物品"？又如，被执行人及其所扶养家属所必需的生活费用如何确定？如果债务人的收入为该家庭唯一的经济来源，月收入仅为 5000 元，加之其有两个小孩尚在读书，其必需的生活费用是否按照当地最低生活标准判定？以多少年限为计算依据？诸如此类。

（四）充分利用代位执行制度，将债务风险转移给申请执行人。代位执行是指被执行人不能清偿债务，但对本案以外的第三人享有到期债权，人民法院依申请执行人或被执行人的申请对该第三人财产进行强制执行的制度。被执行人可以在谈判过程中将自己拥有的对第三人的债权告知申请执行人，通过将自己长期不能收回或者基于其他因素未能收回的款项（即到期债权）转移给申请执行人，从而将债务风险转移给申请执行人。此外，对于被执行人在其他公司（包括经营实体）有的股份，如果其经营不甚良好的，也可以在谈判中依法转移给申请执行人，借以摆脱经营困境，抵销其应承相的生效法律文书确定的义务之全部或部分，从而实现既了结债务又转移风险的目的。

附：

# 【执行和解协议参考样本】

执行和解协议

甲方：某房地产开发有限公司

乙方：某建筑工程有限公司

甲、乙双方就乙方申请某人民法院生效判决强制执行一案，达成以下和解协议：

1. 甲方依照某人民法院生效判决之内容，于 2021 年 7 月 31 日前将应付工程款及利息支付至某人民法院账户，在乙方协助工程完成竣工之前由法院暂行保管，工程款的利息只应计算至 2021 年 7 月 31 日。

2. 甲方自本和解协议达成之日起五日内向某仲裁委撤回其追究乙方延期交房违约金赔偿一案。

3. 甲方依照本和解协议第一条，将相应款项打至某人民法院账户后，乙方即向某人民法院申请撤销对甲方建设的某二期工程房屋的保全，并同时撤销对查封房屋之评估申请。

4. 在乙方配合甲方完成建设工程的竣工验收，并取得《竣工验收备案证》后，某人民法院依照甲、乙双方的申请，将所有款项支付给乙方。

本协议自双方签字盖章时生效。

本协议一式三份，甲、乙双方各执一份，交人民法院一份，具有同等法律效力。

# 【案例评析】

## 一、基本案情

2016 年 6 月 20 日 17 时许，某小学学生赵某在某市一儿童乐园玩耍时，误入其供电公司设置于内的变电所（门未上锁）不慎触电，经送入医院治疗脱险后，赵某左臂切除。赵某出院后医嘱需要安装假肢。在治疗过程中，赵某花费医疗费 34000 元，护理费 3000 元，住院期间伙食补助费 2200 元，误工费 4000 元等，共计 43200 元。唯有对于赵某因左臂切除而需要支出的残疾用具费、残疾生活补助费和假肢安装费，赵某及其亲属与某供电公司存在较大分歧，未能达成一致意见。2017 年 3 月，经某供电公司与赵某亲属反复协商，双方就分歧事项达成一致协议，并约定由某供电公司就分歧事项一次性赔偿 15 万元。此后，赵某在安装假肢的过程中发现某供电公司支付的费用远不足以支付安装假肢的费用，2018 年 1 月赵某及其亲属遂以双方签订的赔偿协议"显失公平"为由，要求撤销该赔偿协议，并赔偿假肢安装费用 150 万元而诉诸人民法院。受理法院委托鉴定机构做出鉴定结论：安装假肢及其假肢维修费，截至我国平均寿命 74 岁，共需要 97 万元。

## 二、主要问题及评析

1. 某供电公司应当赔偿的假肢安装费用应当如何计算？作为原告的

代理律师，应当如何为委托人争取更多的赔偿数额？

某供电公司对于自己设置于儿童乐园的变电所，因自身的工作和管理失误，没有将变电所的大门上锁关闭，导致赵某误入而受伤，应当承担赵某因触电而伤残的主要赔偿责任。依照最高人民法院《关于审理触电人身损害赔偿案件若干问题的解释》第四条的规定，某供电公司除应赔偿医疗费、误工费、住院伙食补助费、护理费、残疾生活补助费、交通费等外，对于受到伤害的残疾人还应赔偿残疾用具费，并应当按照国产普通残疾用具的费用计算。某供电公司与赵某之亲属达成的残疾用具费用明显低于配制残疾用具的费用标准，除已支付的残疾用具费15万元外，不足部分应当由某供电公司给予赔偿。作为原告的代理律师，当其受委托作为主谈者时，应当按照国家法律的规定，依照人民法院委托鉴定机构做出的鉴定结论，据实计算赵某应花费的残疾用具费，向某供电公司提出索赔要求。

2. 赵某及其亲属已与某供电公司达成了赔偿协议，且领取了一次性赔偿金，是否还有权向人民法院提起撤销之诉？作为原告委托的代理律师应当如何维护原告的诉讼请求？

虽然赵某及其亲属于2017年3月与某供电公司达成了赔偿协议，且已领取了15万元赔偿金，但该费用确实不能满足与弥补赵某因某供电公司的过错而遭受的损失。无论是从"重大误解"（原告认为15万元就能够解决假肢安装费用），还是从"显失公平"的角度，这一赔偿协议都不能填补赵某因此而受到的损失，故赵某及其亲属向人民法院提起诉讼并无不当。且赵某及其亲属于2018年1月即向人民法院提起诉讼，没有超过我国民法规定的诉讼时效期间，故某供电公司与赵某之亲属达成的赔偿协议应当予以撤销，至少是残疾用具费赔偿事项部分应当撤销。某供电公司应当按照赵某实际应花费的残疾用具费数额予以赔偿。

# 本章小结

本章的主要内容有两个，一是民事诉讼中法律谈判的价值和意义，二是不同代理身份的谈判对象和谈判技巧。本章认为，律师参与谈判有利于化解民间矛盾，增进团结，因此，律师参与谈判是民事诉讼中是一个重要方法，应当积极倡导。同时，本章结合实务从执行和解和人身损害赔偿的调解印证了谈判的价值。

# 第 五 章

# 律师代理一审案件的方法与技巧

谈判，不是每个案件都必须经历，律师要根据各个案件的情况，做具体的分析。如果当事人之间谈判不成或者原告直接提起诉讼，案件进入一审阶段，在这一过程中，律师或接受原告或被告的委托代理诉讼。笔者认为，律师代理一审案件，应从审查收案、起诉或应诉、调查取证、证据组织、举证和质证、法庭辩论与法庭调解等多个环节上把握相关方法和技巧。

## 第一节　审查收案

### 一　了解法院是否已立案，即案件是否已经进入诉讼程序

对于法院已经受理的，应对案件进行全面分析，确定案由，初步形成自己的处理意见，并同委托人商定签订委托代理事宜。

对于当事人尚未起诉的，应审查案件是否具有可诉性，即是否符合《中华人民共和国民事诉讼法》第一百一十九条规定的起诉条件。

对符合该条规定的，可以考虑是否接受当事人委托；对不具备起诉条件的，可告知当事人缘由，并建议当事人通过其他非诉途径解决纠纷。

总之，律师在审查案件时，应当围绕主体是否合格、诉讼请求和请求权基础是否明确、合法以及基础材料是否齐备。

### 二　告知当事人人民法院对于相关起诉的处理意见

依据《民事诉讼法》第一百二十四条，对于下列起诉，人民法院的处理意见为：

（一）依照行政诉讼法的规定，属于行政诉讼受案范围的，告知原告提起行政诉讼；

（二）依照法律规定，双方当事人达成书面仲裁协议申请仲裁、不得向人民法院起诉的，告知原告向仲裁机构申请仲裁；

（三）依照法律规定，应当由其他机关处理的争议，告知原告向有关机关申请解决；

（四）对不属于本院管辖的案件，告知原告向有管辖权的人民法院起诉；

（五）对判决、裁定、调解书已经发生法律效力的案件，当事人又起诉的，告知原告申请再审，但人民法院准许撤诉的裁定除外；

（六）依照法律规定，在一定期限内不得起诉的案件，在不得起诉的期限内起诉的，不予受理；

（七）判决不准离婚和调解和好的离婚案件，判决、调解维持收养关系的案件，没有新情况、新理由，原告在六个月内又起诉的，不予受理。

### 三　律师接受当事人委托

律师认为可以受案的，应与当事人订立委托代理合同；告知当事人法律风险；要求当事人签署授权委托书，以确定代理权限。

# 第二节　准备起诉或应诉

律师接受委托后，应对案件事实进行深入了解，并开展相应的工作，如果律师接受原告的委托，可以根据案件情况决定是否先进行调查取证，再撰写民事诉状；如果律师接受被告的委托，也可以根据案件的进展情况决定是否先开展调查取证，再代写民事答辩状。

### 一　撰写民事诉状

如果律师接受原告的委托，撰写起诉状。根据《民事诉讼法》第一百二十一条之规定，起诉状应当记明下列事项：

（一）原告的姓名、性别、年龄、民族、职业、工作单位、住所、联系方式，法人或者其他组织的名称、住所和法定代表人或者主要负责人的姓名、职务、联系方式；

（二）被告的姓名、性别、工作单位、住所等信息，法人或者其他组织的名称、住所等信息；

（三）诉讼请求和所根据的事实与理由；

（四）证据和证据来源，证人姓名和住所。

律师代写民事诉状前，要依据我国《民事诉讼法》有关管辖的规定，确定受理的法院。

### 二　撰写民事答辩状

民事答辩状结构形式与民事诉状基本相同，其特点是具有针对性，即针对原告起诉状的内容进行反驳和辩解。另外，答辩状在一定情况之下还应当包括以下内容：（一）提出管辖权异议。代理律师如发现受诉法院无管辖权，应根据我国《民事诉讼法》第一百二十七条规定"人民法院受理案件后，当事人对管辖权有异议的，应当在提交答辩状期间提出。人民法院对当事人提出的异议，应当审查"。提出管辖权异议；（二）进行反诉。反诉是被告维护自己合法权益的有力手段，人民法院通过对反诉的审理，不但可以保护被告的合法权益，还有利于促进本诉的审理和解决。根据《最高人民法院关于民事诉讼证据的若干规定》（下称民事诉讼证据规定）第五十五条"（四）当事人增加、变更诉讼请求或者提出反诉的，人民法院应当根据案件具体情况重新确定举证期限"，被告在举证期限届满前可针对原告的诉讼请求，向人民法院提出与本诉有牵连的以原告为被告的反诉。因此，代理律师代理当事人提出反诉，应当严格遵守法律规定的期限。《最高人民法院关于适用中华人民共和国民事诉讼法若干问题的意见》第156条规定："在案件受理后，法庭辩论结束前，原告增加诉讼请求，被告提出反诉，第三人提出与本案有关的诉讼请求，可以合并审理的，人民法院应当合并审理。"据此，人民法院将反诉与本诉合并审理。

## 第三节　律师的调查取证

证据在民事诉讼中的重要性不言而喻，这是因为法律事实需要运用证据证明。这里，专门介绍律师的调查取证。

## 一　律师的调查取证权

《中华人民共和国律师法》第三十五条规定："受委托的律师根据案情的需要，可以申请人民检察院、人民法院收集、调取证据或者申请人民法院通知证人出庭作证。律师自行调查取证的，凭律师执业证书和律师事务所证明，可以向有关单位或者个人调查与承办法律事务有关的情况。"据此，律师具有调查取证权和申请调查取证或申请证人出庭作证的权利。

## 二　律师调查取证的原则

（一）围绕委托人主张的权利进行的原则

民事诉讼要解决的是原、被告双方存在争议的事实，而要解决争议，必须靠证据证明。只有调查取证围绕着争议事实进行，由此取得的证据与争议事实具有直接的因果关系，才有证明力。否则，即属于无用证据。

（二）客观、及时原则

由于案件事实是客观存在的，因此，证明案件事实的证据也应当是客观的。作为诉讼证据，必须是客观存在的事实。无论物证、书证或人证，都不能将虚构的事实和推测、假设后得出的言论写成材料当成证据。为此，律师在调查取证过程中，一定要注意收集、调取与争议事实有直接因果关系或者客观关联的证据。

（三）合法、细致原则

1. 合法，是指代理律师收集证据应当依照《律师法》《民事诉讼法》及其他法律、法规的相关规定进行。根据《中华人民共和国律师法》第三十五条规定"律师自行调查取证的，凭律师执业证书和律师事务所证明，可以向有关单位或者个人调查与承办法律事务有关的情况"，代理律师向有关单位或者个人调查取证时，应当向被调查单位或者个人出示《律师执业证》和《律师事务所调查专用证明》，并讲明来意，同时必须告诉被调查人应当如实提供证据。

2. 细致，是指代理律师在调查取证的过程中，要细致认真，不能马虎行事，律师调查过程中既应当收集或者提取到与证明案件有直接因果关系的各种证据，又要从细节上关注到每一个具体的问题，不应带情绪进行调查，从调查中反思在调查前对案件的各种分析和判断是否正确；复制被调查单位的材料，应当交由主管人员签字核实并加盖其单位公章：注明年、月、日，并附调查人（代理律师）的证明；调查和提取物证时，应以原物为主；如果提取原物确有困难，可以提取复制品；对有可能发生变质、毁灭的物证，应采取相应的保全措施。

### 三　律师调查取证的范围

律师调查取证的范围，因案件的不同而有差异，这里列举以下几种。

（一）企业工商登记信息查询

企业工商登记信息可分为两类，企业基本情况（外档）和除企业登记档案基本资料以外的其他企业登记档案（内档）。

1. 外档主要包括内容：企业名称、注册号、住所（注册地）、法定代表人、注册资本、实收资本、公司类型、经营范围、营业期限、成立日期、状态、年检情况、登记机关、股东或出资人情况等。对于企业外档查询，可以在"全国企业信用信息公示系统"网站上查询到基本的信息，个人持有效证件（身份证）也可到工商部门查询。

2. 内档包括：

（1）企业开业登记材料：名称预先核准通知书、企业设立登记申请书、章程、合同、委派书、聘任书、房屋租赁协议、验资报告（验资证明）、董事会（股东会、监事会）决议等。

（2）企业变更登记材料：变更登记申请书、修改后的章程、股东会或董事会的决议或决定等。

（3）企业注销登记材料：注销登记申请书、法院破产裁定书、股东会或董事会的决议或决定、清算组织及清算报告等。

（4）企业年检材料：年检报告书、资产负债表、损益表、审计报告等。

（5）监督管理材料：行政处罚决定书、企业限期整改通知书等。

对于企业内档查询，需委托律师进行，由律师持律所介绍信和本人执业证申请查询。对"企业年检材料：年检报告书、资产负债表、损益表、审计报告等"的查询，律师须另持法院出具的立案受理通知书或法院委托律师调查令。

（二）银行账户信息查询

根据《行政诉讼法》《民事诉讼法》的规定，只有公安机关、法院、检察院、税务机关、国家安全机关才有权调查公民个人的储蓄存款和单位存款情况。调查银行账户信息主要依靠法院来进行（诉讼案件），律师应当注意的事项：

1. 注意银行通知被调查人

实践中，律师到金融机构查询存款时，一般依法院协助调查令进行。在调查时需要注意，个别金融机构工作人员出于本单位利益，往往以登记或领导签字方能查询存款为由，争取时间为被调查人通风报信，造成被调查人存款被转移。针对这种情况，律师可以明确拒绝，并要求金融机构工作人员立即办理查询手续，否则将承担相应的法律责任。

2. 注意各类银行账户

查询存款账户时，应要求金融机构工作人员对被调查人所开设的活期存款账户、定期存款账户、定活两便存款账户以及一本通等存款账户一一查询；对于企业当事人，应查询其基本存款账户、一般存款账户、专门存款账户和临时存款账户。金融机构从为客户保密的角度出发，或者为了取悦大客户，一般是不情愿向律师提供查询信息的。在实践中某些金融机构往往只向法院人员提供被调查人活期存款账户或定期存款账户，以逃避存款的查询和冻结。

3. 留意账户存取明细

申请法院调查银行存款情况时，要写明申请法院打印自银行账户开户以来的存取款明细（银行流水单），因为法院一般只要求银行打印储蓄余额，而不涉及取款的历史记录，有可能使得对方在法院查询之前取走的存款被隐蔽掉。当然查询银行账户信息还有一些自查的方法，如在以往同债务人交易票据中查找债务人银行账号。包括债务人提供的支票、本票、汇票等票据及合同、收据、公司宣传材料、名片等，都可能发现其银行账号；向与债务人有业务关系或经济往来的其他人查询。包括供水、供电公司等，供货商及为其发布广告的广告公司等，通常与债务人用支票等票据结算相关费用和款项，因此可以发现其银行账号。实践中，还有通过银行内部查询当事人存款途径、聘请商务调查公司调查的途径，但因此类途径涉嫌违反《商业银行法》《民事诉讼法》的有关规定，因此，律师不建议当事人通过这些途径调查取证。

（三）股票账户信息查询

1. 申请法院调查令到中国证券登记结算公司上海或深圳两个分公司调查取证，打印有股票交易的资金对账单；

2. 根据资金对账单查找对方开户的证券公司及证券营业部；

3. 申请法院调查令到该证券公司或证券营业部调查取证，打印所有的股票交易明细及银证出（入）资金。

调查取证前与目标证券公司的营业部联系，问清楚除了律师证、调查令是否就可以调查取证，有些证券公司的营业部还需要提供介绍信和律师本人身份证原件。问清楚是否需要两名律师前往。

（四）房产信息查询

1. 查询房屋产权信息

律师可到房产所在区的不动产中心进行查询。可查到以下 10 类登记簿信息：房屋、土地、异议、房地产抵押、预购房屋及抵押、建设工程抵押、房屋租赁、房地产权利限制、地役权、文件。

2. 查询房屋购置情况

当离婚案件中涉及房产分割时，当事人查询配偶在本地或外地的购房情况。

（1）当事人只知道配偶购买房屋的小区或楼盘的名称，不清楚具体坐落位置（门牌号码）。在不想通过法院调查取证的情况下，可以私下通过所知小区或楼盘的物业公司或房地产公司询问配偶购买房屋的具体坐落位置。律师持执业证和律师事务所的介绍信（调查函）到物业公司或房地产公司调查，物业公司或房地产公司不一定会配合。如上述途径无法得知房屋的坐落位置，则申请法院开具调查令或申请法院直接进行调查。一般对于法院的调查令，房产公司和物业公司还是会配合的。在清楚房屋的具体坐落后，即可到当地房产交易中心查询房屋的具体信息。

（2）当事人不清楚配偶购买房屋的具体位置。我国目前还不可以通过提供被查询人的名字而得知被查询人名下所有的不动产信息（以人查房），只可以通过提供不动产的具体位置而查到该不动产的所有权人（以房查人）。在这种情况下，建议可以尝试从配偶资金流向上着手，如配偶的账户上每个月都有固定数额的资金支出，就有可能是其缴纳房屋贷款或水电物业费用；配偶的账户在可能购房的某个时间点上有大额的资金支出，那有可能是支付到房地产公司。

（五）婚姻档案信息查询

1. 婚姻当事人可持身份证件（身份证和户口本等），查阅本人的婚姻登记档案。

2. 婚姻当事人因故不能亲自前往查阅的，可以办理授权委托书，委托他人代为办理查询自己的婚姻档案，委托书需要经过公证机关公证。

3.《婚姻登记档案管理办法》规定律师及其他诉讼代理人在诉讼过程中，持受理案件的法院出具的证明材料及本人有效证件可以查阅与诉讼有关的婚姻登记档案。但实践中，查询机关的具体操作要求不一，有的需提供律师执业证、律师事务所介绍信（调查函）、婚姻当事人的授权委托书即可；有的需提供委托人（婚姻当事人）的身份证原件、律师执业证；有的需提供受理案件法院出具的调查协助函（调查令）、律师执业证。

4. 其他单位、组织和个人要求查阅婚姻登记档案的，婚姻登记档案保管部门在确认其利用目的合理的情况下，经主管领导审核，可以提供。

5. 如果婚姻登记档案已经移交到地方国家档案馆，婚姻登记机关应告知当事人，由当事人到当地档案馆查询。

（六）出入境记录查询

根据公安部的规定，出入境记录查询分为因私查询和因公查询：因私查询，仅限中国公民（含香港、澳门、台湾居民）查询本人近5年内的出入境记录。因私申请查询出入境记录，应由公民本人申请办理，提交《查询出入境记录申请表》，并交验本人的出入境证件或者居民身份证原件。未满16周岁的，由监护人陪同申请办理，交验申请人的出入境证件或者户口簿原件、监护人的身份证件及能够证明监护关系的材料。查询出入境记录必须本人到场，不接受委托查询。

因公查询，出入境边防检查机构和地（市）级以上公安机关出入境管理部门受理县级以上公安机关、国家安全机关、人民检察院、人民法院、纪检监察以及审计、海关、税务、军队保卫等部门因公查询出入境记录的申请。如想查询诉讼案件中对方的出入境记录，则需要向法院提出申请，由法院调取或者开具委托律师调查令查询、复制出入境记录资料。

（七）电话详单信息查询

对本人电话详单的查询，可以到电信运营商的营业厅或网上营业厅查看打印。对诉讼中有关当事人的电话详单查询，需要申请法院调取，但在实践中法院工作人员到电信运营商处调取被调查人电话详单时，电信运营商也不一定会配合，已经有多起电信运营商拒绝向法院提供电话详单而受到法院罚款的案例。

（八）增值税专用发票的抵扣情况查询

需要申请法院到税务机关调查增值税专用发票的抵扣情况，如法院出具协助调查令给律师，则律师也可持该令、律师证、律师事务所介绍信到税务机关调查，但有的税务机关不一定会配合，如果程度机关不配合调查律师可申请法院调查。

（九）户籍人口信息查询

针对户籍人口信息的查询，目前各地公安机关的规定不一。就上海市而言，根据上海市公安局发布的《公安派出所户籍人口信息查询工作规范》规定，律师因职业需要查询户籍人口信息的，需提交律师事务所介绍信和律师执业证。建议同时带上当事人的授权委托书为妥。

（十）涉案当事人病历信息查询

涉案当事人的病历信息一般需要申请人民法院调取。有部分医院接待律师，可以持律师证、律师事务所介绍信、法院调查令查看、摘抄病历信息，但拒绝复印、拍照，且摘抄的病历信息上医院不会做出任何签署证明。以该途径取得的病历信息有得到法院认可的案例。

（十一）机动车档案信息查询

律师因办案需要查阅机动车档案的，需提交档案查询公函及授权委托书、律师个人执业证复印件；机动车所有人查询本人的机动车档案的，提交机动车所有人身份证明。

**四　律师在调查取证过程中应当把握住的六种情形**

（一）合法使用法院调查令

当事人及其诉讼代理人在民事诉讼中因客观原因无法取得自己需要

的证据，经申请并获人民法院批准，由法院签发调查令给当事人的诉讼代理律师向有关单位和个人收集。申请条件是：（1）申请人必须是法院已经立案受理的案件当事人或经当事人委托的诉讼代理人；（2）申请人应当向人民法院递交申请书，说明需要收集的证据和所要证明的待证事实，以及无法取得上述证据的原因；（3）持令人是案件当事人的诉讼代理人，仅限于两位取得有效律师执业证书的律师。调查令内容的主要包括：（1）持令人的姓名、性别、律师证编号、律师事务所全称；（2）被调查人姓名或单位全称；（3）向被调查人收集、调查证据的范围；（4）持令人需要证明的待证事实；（5）调查令的有效期；（6）被调查人不能提供持令人所需证据的原因；（7）调查令签发人签名。签发日期及院印。

（二）申请人民法院调查取证

当事人及其诉讼代理人因客观原因不能自行收集的证据，可申请人民法院调查取证。这些证据包括：（1）涉及可能损害国家利益、社会公共利益的；（2）涉及身份关系的；（3）涉及民事诉讼法第五十五条规定诉讼的；（4）当事人有恶意串通损害他人合法权益可能的；（5）涉及依职权追加当事人、中止诉讼、终结诉讼、回避等程序性事项的。除此之外，人民法院调查收集证据，应当依照当事人的申请进行。

（三）申请人民法院就查明事实的专门性问题申请鉴定

律师在代理民事诉讼过程中，如发现就查明事实的专门性问题，可以由委托人（当事人）申请人民法院鉴定。委托人申请后，由双方当事人协商确定具备鉴定资格的鉴定人，协商不成的，由人民法院裁定。如果当事人未经法院而自行委托有关单位出具的报告，如《咨询报告》或《检测报告》，不具有鉴定意见的证据属性。在建设工程合同纠纷案件中，最为常见的是工程造价鉴定（含索赔鉴定）、工程质量鉴定，罕见情形为工期鉴定。①

（四）律师应该把握无须举证的情形

通常有以下三种情况：（1）在诉讼过程中，一方当事人陈述的于己

---

① 周利明：《解构与重塑：建设工程合同纠纷审判思维与方法》，法律出版社2009年版，第534页。

不利的事实；（2）在诉讼过程中，对于己不利的事实明确表示承认的；（3）在证据交换、询问、调查过程中，或者在起诉状、答辩状、代理词等书面材料中，当事人明确承认于己不利的事实的。

（五）律师应该把握"自认"

下列情形属于自认。（1）一方当事人对于另一方当事人主张的于己不利的事实既不承认也不否认，经审判人员说明并询问后，其仍然不明确表示肯定或者否定的；（2）当事人委托诉讼代理人参加诉讼的，除授权委托书明确排除的事项外，诉讼代理人的自认视为当事人的自认；（3）当事人在场对诉讼代理人的自认未明确否认的；（4）普通共同诉讼中，共同诉讼人中一人或者数人做出的自认，对做出自认的当事人发生效力。其他共同诉讼人既不承认也不否认，经审判人员说明并询问后仍然不明确表示意见的，视为全体共同诉讼人的自认。

（六）律师应该把握"控制书证"的证明要求

《最高人民法院关于适用〈中华人民共和国民事诉讼法〉的解释》第一百一十二条规定："书证在对方当事人控制之下的，承担举证证明责任的当事人可以在举证期限届满前书面申请人民法院责令对方当事人提交。申请理由成立的，人民法院应当责令对方当事人提交，因提交书证所产生的费用，由申请人负担。对方当事人无正当理由拒不提交的，人民法院可以认定申请人所主张的书证内容为真实。"当事人根据这条申请人民法院责令对方当事人提交书证的，申请书应当载明所申请提交的书证名称或者内容、需要以该书证证明的事实及事实的重要性、对方当事人控制该书证的根据以及应当提交该书证的理由。下列情形，控制书证的当事人应当提交书证：（1）控制书证的当事人在诉讼中曾经引用过的书证；（2）为对方当事人的利益制作的书证；（3）对方当事人依照法律规定有权查阅、获取的书证；（4）账簿、记账原始凭证；（5）人民法院认为应当提交书证的其他情形。这些所列书证，涉及国家秘密、商业秘密、当事人或第三人的隐私，或者存在法律规定应当保密的情形的，提交后不得公开质证。控制书证的当事人无正当理由拒不提交书证的，人民法院可以认定对方当事人所主张的书证内容为真实。

此外，《最高人民法院关于适用〈中华人民共和国民事诉讼法〉的解释》第一百一十三条规定"持有书证的当事人以妨碍对方当事人使用为目的，毁灭有关书证或者实施其他致使书证不能使用行为的，人民法院可以依照民事诉讼法第一百一十一条规定，对其处以罚款、拘留"。律师应当把握住如果控制书证的当事人存在这种情形，可申请人民法院认定以该书证证明的事实为真实。

### 五　律师在调查取证过程中应注意的问题

笔者认为律师在调查取证过程中应注意以下几个问题。

（一）要注意调查活动的合法性

律师在民事案件的诉讼活动中是以当事人的委托代理人身份出现的，是在当事人的授权范围内活动的。因此，首先必须有当事人委托这一先决条件，并且经过律师事务所统一受案后持"律师调查专用证明"方可进行调查取证活动。当前，我国律师工作制度规定，律师不可私自接受当事人的委托受理案件，更不能以律师的身份在诉讼中进行超出办案范围的活动。

这就要求必须是在律师事务所接受当事人委托统一受案后，指派律师承办某项案件。在办完委托手续后，持律师事务所出庭函及调查所用证明到法院查阅案卷材料或进行必要的调查访问，这便是律师调查活动的前提条件合法。

（二）要把握调查内容的客观真实性

人民法院审理案件，关键在于查明事实，确定双方当事人与本案的真实关系，然后才能根据实体法的有关规定，对双方当事人争议的法律关系做出正确的判断，这就要求赖以定案的诉讼证据必须客观真实。律师在调查取证过程中一定要把握住这一点。

证据，必须是客观存在的事实，不能有任何主观随意性，不能为任何人的主观意志所左右，任何推测、假设、想象的情况，都不能作为证据。民事纠纷及经济纠纷是民事法律关系设立、变更和消灭过程中，以及争执过程中形成的情况，必然为当时的见证人所耳闻目睹，或者以某些书面材料、物体的外形和特征所记载和表现出来。如医疗赔偿所引起的诉讼中，被侵害人的医院诊断、病历证明、治愈情况，案发的原因及当时的打斗场面，双方当事人的平素关系，必然为其邻居、亲友及医生护士所亲眼看见或用书面材料所证明。

因此，律师在调查时，一定要注意案件发生过程中人或物一定的联系，留下的痕迹、物品、书面材料的印象，客观地去收集证据。同时，还必须排除委托人本身有时为达到目的而故意歪曲事实的陈述和提供的某些不真实的证据。说服委托人证据只有真实客观，才能在法庭上经得起对方的质证，达到委托人的诉讼目的。

（三）要认识到调查范围的广泛性

不同的民事案件及经济纠纷案件，有不同的证明对象，但大体上不外乎两种，即当事人主张的法律事实和当事人主张的程序性质方面的事实，律师的调查取证，就应根据具体的情况来确定证明对象的范围，并根据每一种证据的特点，恰当地提供。

# 第四节　律师如何做好证据组织工作

接案过程中当事人给律师提供的证据大多是繁杂的，没有任何条理的，有些是对当事人有利的，有些是不利的。律师通过调查取证后，案件材料显得较为繁杂。因此如何对证据进行整理归纳是一个很重要的问题。

## 一　证据组织的误区

（一）误区一：资料＝证据；排列＝组织

律师在与当事人沟通的过程中，当事人可能会交给律师大量的材料，但充其量只能称为资料，因为这些材料必须通过律师整合和剖析后才能成为真正意义上的证据，才具备呈献给法官的形式。另外，将证据简单的排列并不是证据组织，组织是一种有思维的排列，是将证据整合在一起，通过一种逻辑的方式表述出来。如果仅是在形式上对证据做了一个排序，那必然是达不到证明效果的。我们组织证据，必须有一条清晰的逻辑主线，沿着这条主线将证据进行编排和筛选，方能使证据成链，达到证明目的。

（二）误区二：证据组织是单独的环节

证据的组织其实是贯穿始终的，不能切割为一个环节。律师在向法官阐述事实的过程，无非是在把各个要件的证据做一个展示。其实逻辑也很简单，律师的工作是要还原事实，但是当事人阐述的事实不可能是一次性清楚完整地呈现告知给律师，律师必须通过后期的证据搜集和整理，才能将整个案件脉络梳理清楚，而一个案子的任何要件事实都需要通过与之对应的证据支撑，因此，证据的组织也应该是贯穿整个案件的，需要不断地调整、编排、推导、重构。

## 二　证据组织的意义

### (一) 对法官的意义

律师组织证据其实就是给法官看的，并且书面的材料被接受的程度远超过口头的表达。法官对双方当事人在事实方面的"善恶"之断，除了庭审上的观察，贯穿法官决策的基础还是来源于证据层面的内容。人们都希望裁判者确信自己提供的证据能达到证明的目的。可能不少律师都经历过这样的窘境，有时提供了大量证据，或者对证据进行了大量说明，但是庭审笔录里却只截取了一小部分，并且删减了律师自认为比较关键的证据。法官会对律师提供的事实基础进行裁剪，从而得到他认为正确的价值判断，如果律师的证据组织做得不够好，则可能让法官偏离律师想表达的事实。

### (二) 对律师的意义

当事人在陈述的时候，更多的时候是站在非法律层面，主观上对律师的引导很容易让律师也陷入感性的认识。因此，律师在证据组织的时候，其实也是在向自己梳理案情的脉络。通过反复查看已有证据，能够剔除对本案无关或者无益的证据，并且清楚地知道目前尚欠缺的证据时，说明律师已对案情了然于心。同时，将证据编辑成册的过程，也可以清楚地证明你的观点是否成立，是否能经得住庭审法官询问，因此，证据组织对于律师重构思路、检验观点及出庭代理都有不可估量的意义。

### (三) 对当事人的意义

当事人提供的材料在他们看来能证明的东西可能很多，但是站在法律层面，往往相去甚远。律师通过证据的编排和整合，再传达给当事人，能让当事人有一个更为理性的认知，从而将之前过高或者过低的期望值拉回到可能发生的判决中，对当事人来说，一个通过律师提供的材料得知的结果，会比他们之前主观臆断结果带来的落差要小得多，这样也能增进当事人对律师的信赖。

此外，律师将证据编辑成册后，当事人看到的更多是法言法语和法律事实，这样或多或少能让当事人接触到法治相关的知识，从而增强自身的法治意识。对于长期合作的单位或者个人，再碰到诉讼案件时，基于对律师工作的了解，也会培养搜集证据的意识，因此，证据组织对于当事人合理预期案件结果、法治教育以及了解律师工作都有重大的意义。

### 三　证据组织的方法

根据证据是否能作为庭审证据提交，可以制作《证据目录》《备用证据目录》和《补充证据目录》，立案时，一般只提供证明主要案件事实和支撑诉讼请求的主要证据即可，《补充证据》则在开庭时使用。《备用证据》帮助律师进一步了解案件事实，可要可不要（或者对自己不利），当然，也不排除在诉讼中会使用，做到知彼知己。

当然，证据目录的制作也是非常值得注意的。一是可以根据时间顺序来制作证据目录。一个案件，总有从先到后的时间顺序，律师在组织证据时，应按证据发生的时间进行排序，这样能给法庭一个案件的发生、发展和结局的清晰认识。二是可以按照争议焦点来制造证据目录。开庭时并不是要将所有的证据都要出示的，只要提交与案件有关联的、对自己有利的、与争议焦点有关联的。有些证据虽然与案件有关，但不一定与争议焦点有关，有的证据虽然与争议焦点有关，但是不利于己方，就可以省略了。三是按照证据规则要求做证据目录。一份好的证据目录，不仅应有形式，还应当有内容，不能徒具形式。

一份像样的证据目录要具备这样几个要素：（1）序号；（2）证据名称；（3）证据简要内容；（4）证明对象；（5）证据来源；（6）备注。从形式上看要具备这几个要件，但目录里面要有内容，不能略而不表，框架里要有内容。除了有充实的内容之外，有时还需要根据证据的情况对证据进行分组，每一组证据集中证明一个焦点问题。

比如《上海法院民事办案要件指南》中载明：

违约纠纷的双方当事人应围绕下列要件事实举证：（一）当事人间是否存在有效合同；（二）当事人是否有违约行为、抗辩事由；（三）违约责任的承担方式是否符合合同约定或法律规定。套用在一起民间借贷纠纷中，律师在编排证据的时候就要围绕 3 个要件，第一是双方是否存在有效的借款合同；第二是出借人是否实际履行借款义务，借款人是否逾期未还等；第三是逾期利息是否约定过高，已超过年息 36%。不同的案件有不同的主线，但是不便的宗旨就是能帮助自己和法官掌握案件事实。

### 四　证据组织的过程

这是最关键的一个环节，这是整个诉讼形成一种"打法"的过程，而律师思维的载体就是这本证据册。证据的组织主要包括三个方面：证据组织的思维、要件事实的证据搜集以及证据检验。

证据组织的思维要根据裁判思维的变化而更新，当律师需要组织一份证据去支撑案件事实的时候，其思维的主轴是哪个具体的层次取决于裁判者的思维。

律师应全面搜集与本案相关的证据，但并不是一概提交给法官。证据最初步的分类基于证据的利弊，有利证据进行进一步整合，不利证据用来全面了解案情、预测对手策略，进而准备应对方案。在此过程中，我们可通过筛选证据，对案件局势做出一个基本判断。如果我方在法律上有利但支持主张的证据不足，律师要及时告知当事人并协助补充证据。

此外，律师需要进一步考虑不利证据，对对手可能的诉讼策略做出全面预估。通过对不利证据的梳理，需要及时调整诉讼主张、发现新的待证事实、完成必要的证据补充并为开庭做更充足的准备。

### 五　证据呈现

笔者认为，呈现证据的载体，是最能直观反映服务品质的加分项。律师在编排证据目录的方式无非有两种，文字式和表格式。文字式的格式简单，但是语言更分散；表格式的逻辑集中，但是格式复杂。那么如何取舍这两种方式，或是哪种方式更适合呢？笔者倾向于准备两套证据目录，表格式的提供法官查阅，因为表格式的证据目录条理性更强，对于一个经验丰富的法官，很容易从表格中找到关键信息，从而节约时间和精力。文字式的证据目录更适合于书记员和当事人，书记员在录入证据信息的时候，通过文字版的操作起来更加便捷，对于当事人来说，文字版的证据目录则更有可读性，在不具备法官丰富断案经验的时候，当事人通过阅读文字版的证据目录，更有利于助其梳理案件事实。

证据目录中需要列举的元素：分组与序号、证据名称、证明目的、页数。

除非每份证据都能独立证明一事实，否则建议将证据分组，并编排至二级编号（如2.1、3.2）。证据的名称最好采用原始名称，同名的证据则通过日期或者其他数字加以区分。

分组与序号、证据名称、页数都是相对客观的反映，证据目录中，证据目的才是最核心的部分。那么，如何写好证明目的？正确的证明目的应涵盖以下三点：要件事实，即证明目的中的内容必须跟案件的要件事实相对应；对法律后果明确指出。比如说一张截图，是某公司官网上的信息，那么在证明目的上就要清晰载明证据来源于何处，会带来哪些法律后果；直接引用证据中的重要内容。比如什么人说了什么话，说这话的目的能证明什么。

# 第五节　法庭调查中的举证

法庭调查的核心内容是举证和质证，在上述收集证据、组织证据后，在举证应注意下列问题。

## 一　举证方法

（一）向人民法院提供证据，应当提供原件或者原物。如需自己保存证据原件、原物或者提供原件、原物确有困难的，可以提供经人民法院核对无异的复制件或者复制品。

（二）以动产作为证据的，应当将原物提交人民法院。原物不宜搬移或者不宜保存的，当事人可以提供复制品、影像资料或者其他替代品；以不动产作为证据的，应当向人民法院提供该不动产的影像资料。

（三）以视听资料作为证据的，应当提供存储该视听资料的原始载体。以电子数据作为证据的，应当提供原件。电子数据的制作者制作的与原件一致的副本，或者直接来源于电子数据的打印件或其他可以显示、识别的输出介质，视为电子数据的原件。电子数据包括下列信息、电子文件：（1）网页、博客、微博客等网络平台发布的信息；（2）手机短信、电子邮件、即时通信、通信群组等网络应用服务的通信信息；（3）用户注册信息、身份认证信息、电子交易记录、通信记录、登录日志等信息；（4）文档、图片、音频、视频、数字证书、计算机程序等电子文件；（5）其他以数字化形式存储、处理、传输的能够证明案件事实的信息。

（四）提供的公文书证系在中华人民共和国领域外形成的，该证据应当经所在国公证机关证明，或者履行中华人民共和国与该所在国订立的有关条约中规定的证明手续。中华人民共和国领域外形成的涉及身份关系的证据，应当经所在国公证机关证明并经中华人民共和国驻该国使领馆认证，或者履行中华人民共和国与该所在国订立的有关条约中规定的证明手续。向人民法院提供的证据是在香港、澳门、台湾地区形成的，应当履行相关的证明手续。向人民法院提供外文书证或者外文说明资料，应当附有中文译本。

（五）双方当事人无争议的事实若涉及可能损害国家利益、社会公共利益的，律师要告知人民法院责令当事人提供有关证据，这是人民法院的权利，同时也是当事人的义务。

（六）对提交的证据材料逐一分类编号，对证据材料的来源、证明对象和内容作简要说明，签名盖章，注明提交日期，并依照对方当事人人数提出副本。

## 二　举证的技巧

### （一）及时举证

要在法庭调查阶段及时举证，切忌"留一手"，企图在法庭辩论时用此证据作为驳倒对方的"秘密武器"。

### （二）按序及时举证

在证据目录中对每一份证据材料的证明内容（指向）应当予以详细表述和说明，必要时要对证据材料中与待证事实密切相关的主要内容进行摘录，并作说明；在证据目录中还应当标明每一份证据材料的来源；证据编号同时标注在证据材料文本右上角空白处，并且必须与证据清单上列出的证据页码保持一致。

（三）举证的误区

切忌将所有收集到的证据不分种类、不分主次地全部送交法庭，以致"淹没"最重要的证据，影响证据的效力。把握好举证中心。律师在打官司时不能漫无目的、漫无边际地向法院提供证据，而应紧紧围绕自己的诉讼请求及陈述的事实进行举证，这就是举证中心。偏离此中心，就会适得其反。

（四）疑证不举

举证的目的，是使己方证据得到法官的肯定与认可，以及得到有利的判决结果。诉讼实践中，收集的"似是而非"的证据，这些证据有利于己方的证明价值，又有利于对方的证明价值，甚至对方的证明价值高于己方。对于这类证据在诉讼中应尽量少举或不举。

切忌举出对己方不利的证据。

（五）彼证我用

由于各种原因己方当事人将重要证据灭失，或原始证据在对方保存。由于举证不能，会在诉讼中处于非常被动地位。如何处理？

1. 通过对方的起诉或答辩时的疏忽和遗漏，及时申请法庭要求对方举出相应的证据，为我所用。

2. 通过对对方当事人证据的质证，去伪存真，彼证我用。

3. 提供证据证明证据在对方，举证责任倒置。申请法庭调查取证，对方若不出示，法庭将推定对方妨碍举证。

（六）以攻为守

如果处在举证不能或无证可举的情况下，怎么办？最好的防守是主动进攻：

1. 从对方陈述的事实中寻找"蛛丝马迹"。

2. 从对方提交的证据的客观性、关联性、合法性入手，寻找"蛛丝马迹"。

3. 通过发问，否定对方及其证人不利的陈述或证据，将对己方有利的回答或证据为我所用。如与案件事实相关的时间、地点、物证的大小、价格等方面发问。

# 第六节　法庭调查中的质证

### 一　质证方法

（一）按法定顺序进行质证：（1）原告出示证据，被告、第三人与原告进行质证；　（2）被告出示证据，原告、第三人与被告进行质证；（3）第三人出示证据，原告、被告与第三人进行质证。

（二）以书面形式发表质证意见。当事人可以以书面方式向人民法院发表质证意见，人民法院认为有必要的，可以准许。人民法院应当及时将书面质证意见送交对方当事人。

（三）对书证、物证、视听资料进行质证时，当事人应当要求出示证据的原件或者原物，并围绕原件或原物的证明对象进行质证。但有下列情形之一的除外：（1）出示原件或者原物确有困难并经人民法院准许出示复制件或者复制品的；（2）原件或者原物已不存在，但有证据证明复制件、复制品与原件或者原物一致的。

（四）对人民法院收集的证据进行质证。此类证据包括两类，一是当事人申请人民法院调查收集的证据，二是人民法院依职权收集的证据。审判人员向当事人进行说明后，对前者由提出申请的当事人与对方当事人、第三人进行质证，对后者由人民法院听取当事人对证据的意见。

（五）对证据做真实、完整的陈述。作为诉讼代理人的律师如代理权限为特别代理，应当就案件事实做真实、完整的陈述，如律师的陈述与此前陈述不一致的，应当说明理由，也可以要求当事人本人到场，就案件的有关事实接受询问。

（六）证人出庭作证。如待证事实与其年龄、智力状况或者精神健康状况相适应的无民事行为能力人和限制民事行为能力人，可以作为证人。当事人一方可在举证期限届满前向人民法院书面申请证人出庭作证，接受审判人员和当事人的询问。申请书应当载明证人的姓名、职业、住所、联系方式，作证的主要内容，作证内容与待证事实的关联性，以及证人出庭作证的必要性。证人在审理前的准备阶段或者人民法院调查、询问等双方当事人在场时陈述证言的，视为出庭作证。在法庭调查阶段，律师对证人提问应有礼貌，心平气和，诘问时不应过分使证人难堪，即使证人的陈述不真实，亦只能指出其不实之处，促其反省，不可对其进行人身攻击，否则只会加剧证人的抵触情绪，造成双方心理冲突，使证人坚持虚假陈述。在交叉询问中，律师在必要时应让证人对提供的证词作详细说明，以支持和增强证据的可信性，或使虚假证词显现漏洞。

律师还可以要求证人就其作证的事项进行连续陈述，并有权对证人的询问与待证事实有关，并对证人不存在威胁、侮辱证人或不适当引导等情形。

（七）律师对鉴定人质证的方法。鉴定通常是专业技术性的问题，鉴定人应当就鉴定事项如实答复当事人的异议和审判人员的询问。如鉴定人拒不出庭作证的，鉴定意见不得作为认定案件事实的根据。律师向鉴定人的提问，应当围绕该鉴定结论的科学依据进行提问，以证明鉴定是否科学的效果。以医疗纠纷为例，其一，要将拟出庭的鉴定人作为该领域的专家来对待，多数鉴定人具有所涉领域的知识背景；其二，涉案证据材料要研究透彻，对各个诊疗细节了然于心，尽管此前已多次阅卷并做有笔录；其三，针对要反驳的鉴定意见中的关键问题进行汇总，对所涉及的专业性问题进行研究、查证，找到支持己方观点的学说论述和诊疗规范，找到鉴定意见中没有科学依据和诊疗规范依据的部分观点；其四，设计庭审发问问题及顺序，并预想鉴定人可能回答的内容，如有不利己方之处该如何应对；其五，预想对方向鉴定人发问及可能提出的问题以及鉴定人可能给出的答案。

律师应把握住不得公开质证的情形。涉及国家秘密、商业秘密、当事人或第三人的隐私，或者存在法律规定应当保密的情形的，提交后不得公开质证。控制书证的当事人应当提交书证：（1）控制书证的当事人在诉讼中曾经引用过的书证；（2）为对方当事人的利益制作的书证；（3）对方当事人依照法律规定有权查阅、获取的书证；（4）账簿、记账原始凭证；（5）人民法院认为应当提交书证的其他情形。

（八）对有专门知识的人进行质证。因案件审理的需要，当事人有权向人民法院申请的有专门知识的人参与诉讼并进行对质。有专门知识的人不得参与对鉴定意见质证或者就专业问题发表意见之外的法庭审理活动。质证方法可参照律师对鉴定人的质证。

### 二　质证技巧

律师在质证过程中，应该注意听、看、问。（1）听的技巧。①聚精会神，边听、边记，做到不遗漏、不误解；②不被对方情绪性词语所干扰；③注意对方的语气、语调、语速等，要善于听音辩调，注意对方的言外之意。（2）看的技巧。对法庭上出示的书证、物证、视听资料等证据材料，要仔细辨别、辨认，这是对该类证据最主要的调查手段。（3）问的技巧。出庭前准备发问提纲，在法庭调查时依据庭审调查情况变化，再适当调整。主要审查：已经清楚的问题，不必再质问；比较清楚的但还有些不足的问题，要变换角度发问，以免"重复发问"之嫌；对根本未涉及的或不够清楚的问题应有计划地发问。

律师还可以采用下列方式质证：（1）单一质证，即一事一证一质。即将对方当事人所举的证据和法院调取的证据逐一加以质证，并提出反驳证据或意见；（2）一组一质证，即阶段质证，即一事一证，一证一质；（3）分类质证，即对证据或诉讼请求依据一定的标准先进行分类，确定几条线索，再加以质证；（4）综合质证，即对全案待证事实和所有证据进行集中认证。这四种质证方式，在审判实践中可以单独运用，也可以交叉运用。

此外，质证前律师做好充分的准备，质证过程中做好开庭记录，对每份证据的"三性"均发表质证意见，如果证据存在较多瑕疵，为了防止书记员遗漏记录律师的质证意见，可以在庭审结束后向法庭提交书面的《质证意见》，切忌一概否认对方的证据。不仅如此，律师在质证时遵守法庭秩序，不随意插话，注意用词，不搞人身攻击，都是必要的方法与技巧。

## 第七节　法庭辩论的方法与技巧

法庭调查结束后，进入法庭辩论阶段。法庭辩论技巧指各方当事人及其代理人在庭审诉讼活动中，为保自方合法权益，达到预期目的或效果，在依据事实和法律的基础上，就自己的诉讼主张所做出的全盘计划和实施的方式、方法及谋略。对律师业来讲，亦称"庭辩艺术"。由于民事诉讼辩论是为了针对双方争议的焦点（事实、法律适用）展开辩论，便于人民法院查明事实，为做出正确判决（裁定）及进行调解提供依据。因此，律师应当明确三个问题：一是民事诉讼法庭辩论与法庭调查的关系。法庭调查是为了查明事实，法庭辩论是为了更好地查明事实，并对法律适用问题展开争论。因此，前者要解决的是事实问题，后者要解决的是事实和法律适用问题。二是法庭辩论是人民法院做出裁判的依据。裁判的依据是事实和法律，从目前的民事诉讼法来看，特别重视法庭调查阶段查明的事实。因此，法庭辩论应当把工作重点提前到法庭调查阶段。三是民事诉讼的辩论原则。在民事诉讼中，原告、被告及第三人相互进行反驳和答辩，以争取对自己有利的诉讼结果，维护自己的合法权益，人民法院则通过辩论查明案件事实。

### 一　辩论原则的意义

（一）辩论权是当事人的一项重要的诉讼权利，即当事人也包括第三人对诉讼请求有陈述事实和理由的权利。有对对方当事人的陈述和诉讼请求进行反驳和答辩的权利。当事人借此维护自己的合法权益。

（二）辩论原则贯穿于民事诉讼的全过程，包括一审、二审和再审程序。可见，辩论原则所指的辩论并不完全等同于法庭辩论。法庭辩论仅指当事人在开庭审理过程中进行的辩论，是一种口头辩论。辩论原则所指的辩论包括法庭辩论、法庭审理程序以外程序中进行的辩论。

（三）辩论的表现形式可以是口头形式，也可以是书面形式。口头辩论又称"言辞辩论"，主要集中在法庭审理阶段，是最集中最全面的辩论，也是辩论原则最重要的体现。

（四）辩论的内容既可以是实体方面的问题，也可以是程序方面的问题。首先，凡与案件的事实和适用法律无关的问题不是辩论的内容。其次，虽与案件的事实和适用法律有关，但双方没有争议的问题也不属于辩论的内容。辩论的内容主要是双方争议的实体问题，即民事权利义务关系本身，如一方当事人提出的民事法律关系发生的事实主张能否成立，基于某一事实主张的民事权利请求有无法律上的根据等。辩论的内容也可以是双方争议的程序问题，如当事人是否符合条件，受理案件的人民法院有无管辖权等。

（五）人民法院在诉讼过程中应当保障当事人充分行使辩论权，也就是说人民法院的判决必须经过和基于当事人的辩论而做出。这就要求：人民法院的判决必须形成于法庭辩论之后；人民法院对案件事实真相的判断必须充分考虑当事人辩论的结果。只有这样，辩论原则才能发挥人民法院判断案件事实真相和确保诉讼公正中的作用。也只有这样，当事人才能通过行使辩论权达到证明自己的主张，维护自己的实体权益的目的。

### 二　法庭辩论基本功与操作技巧

人的思维只有通过表达，才能达到影响他人的作用。表达的好坏取决于表达的内容，但表达技巧也是关系到表达成功与否的关键所在。一个称职的律师，不仅要有好的文字组织能力，还应具有准确、简洁、清楚、生动的语言表达能力。

（一）文字表达技巧

综合案情，理顺辩论思路，写好代理词、辩护词，是每一位律师在庭前必做的一项基础工作。材料的组织必须做到：第一，字斟句酌，用词准确；第二，调配语句，合理布局；第三，篇章衔接，环环相扣；第四，结构严谨，条理清楚；第五，重点突出，详略恰当。

（二）语言表达技巧

综观每位成功的律师，在出庭辩论、代理时，都具有驾驭、支配辩论形势的能力。庭审制度改革为每个律师在这方面能力的发挥提供了广阔的空间。在庭审辩论中，律师应当做到：

1. 脱稿发言。在设计这方面的语气和选择言辞时必须达到的效果是：（1）立即抓住整个法庭的注意力；（2）传达案件的严重性或表现出对本案的真诚；（3）表明对本案的信心。

2. 控制语速，并吐字清晰。有了好的辩论内容，还需有好的表达方式。律师在庭审辩论时，应做到口齿清楚，发音准确，音调和谐，快慢适度。力争达到声调上的抑扬顿挫，以提高论辩感染效果。

3. 善于入情入理。语言可以伤人，也可以感人。用辩论语言伤人，对于律师职责来说是不道德的。但律师的辩论语言以情感人，则是可取的。使用这一语言情感时，必须注意以下几个问题：（1）具体案件的辩论语言感情色彩，要有与案情相适应的基调。（2）绝不能带有当事人的感情色彩。律师操作的情感就是经过理智语言处理过的辩论情感、法律语言情感。（3）情感措辞应是发而不露、放而不纵、委婉、曲折、含蓄的中性语言。

（三）形象技巧

除了文字表达、语言表达技巧，律师还应具有良好的体态语言表达技巧。有声与无声、语言与体态的融合统一，才能体现律师精湛的表达能力。

1. 柔中有刚，举止大方。律师在庭审辩论中要有风度，有气魄，不卑不亢，不趾高气扬。在辩论得势时，不忘乎所以，轻视对方；在失利时，不惊慌失措，手忙脚乱。发言必须权衡，切不可轻率发表无准备、无水平的言辞。在任何情形下，都应举止大方，沉稳有序，言而有据。律师应具有这种刚柔并济、以静制动、以稳求成的形象。

2. 善于控制情绪。法庭辩论情况也常常如此。律师在庭审中可能遇到事先没有预料到或已预料到的非正常的阻碍、干扰、发难等情况。这就要求律师控制自己的情绪，怒而不暴跳如雷，惊却能声色不露，即时采取有效措施，平息、安定、排除意外，做到应变自如，稳中求胜。

3. 注意区分第一轮辩论以及随后的第二轮、第三轮辩论的区别。第一轮辩论可以事先准备，而在后面的多轮辩论则应视法庭辩论情况随机应变，应针对对方上一轮的观点进行有的放矢的驳斥，但不应一味重复己方已经充分阐述过的观点。

### 三　法庭辩论谋略及具体运用

（一）先声夺势法

此法系法庭辩论一方对另一方可能提出的问题避而不谈，而对己方极有利的问题，先在论辩发言中全面论证，以达到先声夺人，争取主动的庭辩战术。实践中，应用此法须在庭审前做好充分准备，且在庭审调查阶段对己方有利的事实、证据逐一认定。然后根据事实和证据，针对对方不正确的观点主动出击，进行反驳，以期掌握辩论主动权，夺取制高点，促使对方陷入被动。

（二）避实就虚法

庭审辩论中，对方的弱点往往是对方力求回避的地方，甚至对方会采用偷换论题、偷换概念、答非所问的方式，企图达到转移己方视线、扰乱视听的目的。因此，运用此法首先应善于抓住对方之"虚"，选择其薄弱环节连连进攻，一攻到底，直到把问题辩论清楚为止。

（三）设问否定法

律师在设问时要把辩论的目的深藏不露，绝不能让对方察觉设问的真正意图。尤其是第一问，一定要让对方在尚未了解发问意图的情况下予以回答，只要回答了第一个问题，下一个问题就由不得他不回答了。等到对方察觉难以自圆其说时，后悔也来不及了。这种使对方处处被动、自打嘴巴的战术，不失为一种极有效的辩论手段。其结果只能是让对方在不自觉中接受律师（或设问方）的观点，出其不意而令我方辩胜。

（四）间接否定法

是指在辩论中不直接把矛头指向对方，而是若无其事地将辩论对手的错误观点搁在一旁"置之不理"，郑重地从正面提出自己的独特见解，并充分论证。运用此法应注意两点：（1）己方所持观点应与对方所持观点势不两立。（2）己方观点应有理有据，绝不能牵强附会，哗众取宠。

（五）以退为进法

它是形式逻辑的归谬法在法庭辩论中的使用。己方先将对方提出的论题（或观点）假设为真，然后从这个假设为真的命题推导出一个或一系列荒谬的结论，从而得出原论题为假的辩论方法。此法是一种辩论性、反驳性很强的法庭辩论方法，因而推导得出的必然性结论，容易被接受，从而获得较好的辩论效果。

（六）后发制人法

先发制人可以产生优势；后发制人则可以变被动为主动。由于后发，自方可以知道对方的基本观点，发现矛盾和弱点，然后以自己掌握的材料有针对性地集中进行反驳，有时可以导致对方措手不及而险象丛生。运用时应掌握：第一，暂避锐气，不仓促应战；第二，精听细解，等待时机；第三，抓住破绽，全力反攻。

#### 四　法庭辩论最大限度地利用终局辩论

庭审辩论时间是十分宝贵的。当相互辩论接近尾声时，律师作为辩论一方必须具有控制收场的能力。通常做法是：

（一）提出要求。当对方在整个辩论中已受到了辩论的影响，此时提出合理的要求，对方容易接受，也易为法庭认可，以促成双方和解结案。

（二）提出问题。以提出问题为结尾，进一步深化自己的辩论主题，让审判人员去甄别和思考。

（三）概括主题。用简洁明了的语气将自己辩论的全部内容概括成几句话，易加深审判人员对自方辩论观点的印象。当然，在法庭辩论最后阶段，如发现对方纠缠不休、死不认账等情况，律师作为一方辩者还应掌握善于拒绝无味辩论的技巧。所谓拒绝无味的辩论，一是不重复说；二是当对方抓住一些无碍案件处理的枝节问题不放时，则应采取"对这个问题不予辩论"或"发言到此结束"的办法。这种近似于沉默不辩，不仅在一定时机和法庭上有巨大的震动力，而且在辩论技巧上戛然而止，干脆有力，听上去似乎退了一步，实质上却是进了两步。庭审辩论技巧，不仅是一门口才辩论艺术，更是律师参与诉讼活动的基本技能之一。人们在诉讼活动中期望能请到一位高明的律师作为自己的代理人，律师的辩论技巧应成为其高明之处的一个重要表现。

#### 五　民事诉讼辩论的技巧

（一）紧追不舍，迫其吐真

在庭审中，律师常常请求合议庭允许他事先调查过的有利于自己的证人出庭作证，但由于种种原因，证人有时会改变自己已向律师提供的真实证言，或含糊其辞，或作虚假陈述。如果证人的证词很关键，无疑将会影响到案件的判决结果。

在这种情况下，律师必须引用先行采集的调查笔录，追问证人，迫使其客观作证。例如，在一法人型联营合同纠纷案件的庭审调查中，由于几位重要证人均系原先派至联营企业的干部，所以，他们在作证时，有的含糊其辞，有的则作虚假陈述，将亏损及停产的责任全推到被告身上。十分明显，他们在庭上所作的证词，与事前向被告方律师提供的证词不尽相同，甚至完全不同。他们所作的虚假证词，直接影响案件的处理。

为此，律师在征得审判长同意后，立即向证人发问道：你是糖厂的生产车间主任吗？

答：是的。

问：你们车间在生产管理理上正常吗？

答：正常。

问：既然是正常的，那么你在 3 月 10 日跟我们说，原料质量粗劣，而且任意加减原来配方，这算不算正常呢？

答：我说的是一般情况，以前讲的情况也是有的。

由于被告律师采用这种追问法，几位证人都证明了原告在管理联营企业生产方面存在的问题，因而也就间接地证明了证人庭上证言虚假性和庭前证方的真实性，从而为自己辩论阶段的论辩观点奠定了坚实的事实基础。由此可见，在证人证方不稳的情况下，利用证人首次做出的客观证言，刨根问底，无疑是可以奏效的。当然，提问要得当，同时要避免审问式的发问。

（二）提示矛盾，争取主动

在同一案件中，证据与证据间可能会存在矛盾，这些矛盾只要认真细致地研究案卷材料，是完全可以发现的。但有时由于粗心疏忽，往往等到法庭上出示有关证据时才发现这个问题，而这个问题又会影响到案件的处理。

此时，律师应针对出现的新情况，迅速做出反应，提示矛盾，争取案件处理的主动权。

（三）调整思路，集中出击

如何根据庭审情况，把握好论辩中一轮、二轮或三轮的时间和内容，也是论辩技巧问题。一般来说，可在一轮论辩时把论辩观点处理得原则些、简练些，在以后几轮论辩中再进行阐述、发挥。但也有需要灵活处理的例外情况。例如，在一起经济纠纷案件中，由于案情复杂，出庭证人众多（司法会计鉴定人和技术鉴定人也到庭陈述），故法庭辩论开始，原告方律师虽持有大量有利证据，但在发表代理词时仅提出原则性意见，被告方两位律师预计合议庭会在当日结束庭审，三轮辩论时间将会很短，甚至没有，因而必须调整原定路，将火力集中在一轮辩论中。于是，两位被告代理人轮番上场，用较长时间充分论证了原告对于纠纷的发生也负有一定责任这一观点，给合议庭和旁听者留下深刻的印象。发言结束后，审判长稍加评议本案，即宣布终止法庭辩论，在征得双方同意后，指挥庭审转入调解。此时，原被告双方律师已无机会答辩，被告方律师由于及时调整思路，采取集中火力出击，案件最终以有利被告的调解协议结束。

　　上述内容是一些民事诉讼法庭辩论技巧，虽然我国没有规定庭审时辩论一定要是律师，但是由于庭审辩论时参与人需要具备相应的法律知识和随机应变的能力等一些要求，若是没有一定的法律知识积累和经验，庭审时很难取得好的效果，当事人最好能聘请律师代为庭审辩论。

# 本章小结

　　一审是民事诉讼的重要环节。本章从一审阶段律师从事的主要工作进行了探索，包括民事诉状与民事答辩状的撰写要领、证据的收集方法、证据组织、证据呈现、举证和质证以及法庭辩论的方法与技巧，重点突出了证据收集、举证与质证的方法与技巧。

第六章

# 律师代理二审案件的方法与技巧

律师代理一审案件后，有的客户不服一审判决，在法定上诉期限内提出上诉，由此案件进入二审阶段，这一阶段是"两审终审"的终局阶段。律师在这一阶段既可能接受上诉人的委托，也可能接受被上诉人的委托，成为上诉人或被上诉人的诉讼代理人。律师怎样代理二审案件，这直接关系到客户的实体权益，也关系到客户对律师承办案件的满意程度。因此，律师必须高度重视二审的诉讼代理。

## 第一节　律师应把握住民事诉讼一审二审的联系与区别

### 一　民事诉讼一审与二审的联系

一审程序、二审程序是民事诉讼中独立的审判程序。一审程序是二审程序的前提和基础，二审程序是一审程序的继续和发展。二审程序不是人民法院审理民事案件的必经程序。一审程序中，当事人对一审判决和裁定在上诉期限内不上诉，或一审案件经调解达成协议，以及依照法律规定实行一审终审的案件，均不会发生二审程序。

### 二　二审程序虽然与一审程序一样是基于当事人行使诉权而产生的，但两者却存在以下区别

（一）审级不同。一审程序是案件的第一审法院适用的程序，而二审程序却是第一审法院的上一级人民法院审理第二审案件适用的程序。

（二）审判程序发生的原因不完全相同。一审程序的发生是因为当事

人行使了起诉权，二审程序的起因是当事人行使上诉权。起诉权与上诉权虽然同属诉权，但其直接目的是不同的。行使起诉权是要求人民法院查明案件事实，正确运用法律，以保护自己的合法权益；行使上诉权的直接目的是请求上级人民法院审查一审法院认定的事实及适用的法律，以改变一审裁判，从而达到维护自己合法权益的终极目的。

（三）任务不同。第二审程序除完成同一审程序的相同任务——解决当事人之间的纷争以外，还担负着检查、监督下一级法院审判工作的任务。

（四）适用的程序不同。人民法院审理第一审民事案件，既可以适用普通程序，也可以适用简易程序；而审理上诉案件，只能适用二审程序，二审程序中没有规定的，应适用普通程序中的相关规定。

（五）审理期限不同。一审审限：根据我国民事诉讼法的相关规定，适用简易程序审理案件的审限为 3 个月，不能延长，若 3 个月内不能审结，转为普通程序继续审理（由简易程序转为普通程序审理的案件，审限从法院正式立案的次日算起）。人民法院适用普通程序审理一审民事案件的审限为 6 个月；有特殊情况需要延长的，由本院院长批准，可以延长 6 个月；还需要延长的，报请上级法院批准。二审审限：人民法院审理二审民事案件一律适用普通程序，审限为 3 个月，特殊情况由本院院长批准延长；针对裁定的上诉案件，审限为 30 天，不能延长。

（六）裁判的效力不同。二审法院对第二审案件做出的裁判宣告后立即生效，为终审判决；而一审案件的裁判有生效与不生效之分，允许当事人在法定期限内行使上诉权。

## 第二节　律师应该把握住二审代理的程序性细节

### 一　收到判决书后的工作

（一）了解当事人是否收到裁判文书，征求当事人意见是否需要提起上诉、启动二审程序；

（二）根据当事人要求，办理委托手续，二审、再审律师工作参照一审；

（三）律师可以根据当事人的请求，代其书写民事上诉状或民事上诉答辩状，并在法定期间提交法院；

（四）没有参加一审诉讼的律师担任二审代理人，应通过到法院查阅案卷，与一审律师取得联系等方式，全面了解一审情况；

（五）律师应根据一审情况，做好证据补救工作，收集新的证据。

### 二　上诉期的确认

律师要算清楚的第一件事情是上诉期到哪天截止，绝对不能耽误当事人的上诉。律师必须以书面笔录的形式确认当事人收到判决书的准确日期，并将逾期不能再上诉且一审判决生效的后果书面告知当事人。律师同时还需注重以下问题：

第一，如果当事人不能准确回忆签收一审判决的日期，律师可采取以下几种方法确认：让当事人查找签收的 EMS 单据；让当事人向一审代理律师确认；打电话给一审的法官或书记员确认。

确认一审判决的签收日期，是当事人的责任。二审代理律师，要明确告知当事人逾期的法律后果，记录当事人的签收日期，并让其签名确认，就已尽了合理的谨慎义务。

如果当事人始终无法确定具体的签收日期，律师又决定接受委托，必须在笔录中记录相应的情况，当事人承诺后果自负。

还有一种最保险的办法，在判决书的落款日期的十五天内提起上诉，这样肯定不会超过上诉期。不过如果判决书的落款日期与送达日期相去较远，留给律师的工作时间就会被压缩。

第二，上诉请求的确定。上诉请求是至关重要的，要特别注意一点，即使一审法院驳回了某项诉讼请求，关于此项的上诉请求，未必与起诉时完全一致。比如涉及具体的金额，有可能当事人在起诉时认识错误、计算错误、等等，律师应与当事人共同核实金额。某些情况下，当事人也可能放弃或减少某项请求。上诉请求有哪几项，应该如何表述，律师应该作为上诉状的第一重要考虑，并与当事人书面确认。

第三，与上诉当事人的会谈笔录。该会谈笔录中应当至少包括几个内容：当事人及其一审律师签收上诉状的具体日期；当事人决定提起上诉的意思表示；上诉请求的确认；上诉人承诺在规定期限缴纳上诉费。

若律师觉得有必要，可在会谈笔录中增加以下内容：

当事人针对一审判决存在问题及错误的意见和理由；律师对案件和一审判决的法律分析；律师建议补充提交的证据等。

当然，这些内容可以体现在上诉状和补充证据清单中，所以不一定要在笔录中写明。

会谈笔录应由当事人在每一页上签名，落款签名写日期，律师保管好原件。

第四，上诉状的签署。当事人签署起诉状和上诉状时，律师应亲眼看着当事人亲笔签名，并且最好让当事人捺指印，让当事人在每一页上面都签名，最后落款写日期。

但律师出于规避风险，应让当事人在证据清单上签名或盖章，至少以微信或邮件等书面形式，证明经过当事人事先同意才提交证据。

第五，上诉状的提交。建议不要在上诉期的最后一两天才提交上诉状，一方面避免当事人把签收日期弄错，超过上诉期；另一方面留出时间，万一发现问题，还可以在上诉期内处理。

提交上诉状前，先跟一审法官或书记员沟通好，确认是将上诉状交给一审书记员还是交给诉讼材料收转中心。

让书记员在系统中查询，确认未超过上诉期。

确认是否在提交上诉状的同时可以拿到上诉状收据以及上诉费缴纳凭证。

第六，上诉费的缴纳。律师从法院领取上诉费缴纳通知书后，必须第一时间交给当事人，或者以拍照、扫描的形式发给当事人。

必须特别注意，上诉费缴纳期限是在领取了上诉费缴纳通知书的七日内，而不是在上诉期内，该期限有可能短于上诉期，也有可能长于上诉期。

为了避免遗忘或意外，律师应要求当事人尽快缴纳。笔者的当事人都是在一两天内缴纳的。

律师还应提醒当事人将缴费凭证如银行回单保管好。

如果当事人是通过扫描缴费通知书上的二维码缴费的，律师应提醒当事人必须填写好缴费正式凭证的寄回地址，并留意接收、保管好寄回的缴费凭证。

律师对当事人的上述风险提示必须以会谈笔录、微信文字等书面形式记录。

## 第三节　律师代理二审案件的工作重点

（一）没有参加一审诉讼的二审代理人，应及时到法院查阅案卷，并复制有关案卷资料，必要时应与一审律师取得联系，尽可能地全面了解一审情况。在查阅一审案卷时，可对以下几方面作重点审查。

1. 一审认定事实是否清楚、完整，有无前后矛盾。

2. 一审证据是否充分、确凿，有无未经质证的证据作为判决裁定的依据；有无不该采信的证据采信了，该采信的却没有采信；证据相互之间有无矛盾。

3. 一审认定的事实与判决、裁定的结果是否具备必然的逻辑联系。

4. 一审适用法律是否得当，适用的法律条文与案件性质、主要事实是否一致，有无适用已经废止的行政法规、地方性法规及司法解释。

5. 一审程序有无影响案件正确判决的违法情况。

（二）对当事人在一审中已提出的诉讼请求或反诉请求，原审法院未作审理判决的，或判决结果超出诉讼请求范围的，应当请求二审法院调解或发回重审。

（三）在二审时，原审原告或有独立请求权的第三人增加诉讼请求，或原审被告提出或增加反诉请求，应当建议二审法院调解或发回重审。

（四）律师应根据一审情况，及时做好证据补救工作，尽量收集支持本方主张，反驳对方主张的新证据。

（五）二审案件开庭审理的，律师参加庭审的规则与一审相同；二审案件不开庭审理的，律师应及时提交书面代理词。

（六）二审期间发现新的重要证据，或者有理由说明作为一审判决依据的主要证据不能成立，或者出现其他可能直接影响案件结果的情况，可建议二审法院开庭审理。

## 第四节　律师代理二审案件的方法

（一）复盘。要从反复研读判决书开始，找到一审败诉的原因，重点关注审判程序、事实查明和判决说理部分，要读懂每个程序、每个文字背后的潜台词。比如，笔者所在团队曾二审代理淘宝网就一起网上店铺转让案，该案核心争议是：私下转让网店能否对抗运营商平台规则。当时，我们研读一审判决书捕捉到三个信息：（1）一审代理律师抗辩的主攻方向是转让合同无效；（2）一审法院仅适用简易程序就审结了此案；（3）裁判理由认为，网店转让方与受让方私下转让店铺虽有不妥，影响淘宝网的信用管理体系，但淘宝规则约束的是转让方，而受让方一直诚信经营，未损害淘宝公司利益，故本案可作为个案处理，淘宝网应协助受让方变更店铺的后台实名认证信息。由此，我们找到了淘宝网一审败诉的原因。其一，未充分阐述网络店铺与实体店铺的差别，以致裁判结果将网络店铺转让简单等同于现实世界的店铺转让；其二，法官和一审律师都未充分注意本案法律适用的复杂性以及处理结果将对网购平台、商家、消费者产生的示范效应，以致法院仅适用简易程序审理，并毫不避讳地称"本案系作为个案处理"，犯了"倒果为因"的错误。

（二）重新构建诉讼策略。有律师认为，坚持就是胜利，故在二审中重复一审的观点，白白浪费了二审的陈述机会。事实上，除非一审发生明显错误，否则在二审重复一审观点，往往"事倍功半"。原因在于，我国司法实践中，二审的裁判观点往往对一审的审判方向起着强指引的作用，也许一审法官的裁判观点正是前一个案子二审法官的观点，那么，二审中再说一遍的意义何在呢？因此，二审中，代理律师必须构建逻辑更加深入、层次更加丰富的进攻、防守体系，即使没有找到新的理论支撑，也要尝试换个角度说服法官。上述淘宝网店案件中，我们在二审时对诉讼策略做了如下调整：（1）对网络店铺转让进行精确定义，其实质是网店经营权、网店信誉等级、网店平台服务协议、网店支持商（如支付宝）服务协议等的集合转让，基础是网店平台服务协议的转让，根据民法典规定，合同权利义务的概括转让必须得到合同相对方（即淘宝）的同意。（2）论述淘宝平台规则的合理性，网络店铺设立灵活，成本低廉，但也缺乏企业所具有的责任财产，信誉等级制度起到类似公示的作用，是有效监管的必要手段，也对消费者明明白白购物起到指引、保护作用，因此淘宝禁止网店私下转让有其现实基础。（3）猛攻一审裁判的"个案说"，强调本案的普适性，将处理结果提高到涉及"公共利益"的高度，促使法院采取更为谨慎的态度处理涉及互联网交易规则的案件。

（三）争取委托方更强力的支持。一审败诉，既是风险，也是机遇。委托方在风险压力下，会调动更多的资源投入案件。代理律师应争取委托方的支持，比如在涉及商业模式、经营数据、技术等方面，应由委托方专业人员作为专家证人或是代理人共同出庭陈述。还可以通过第三方阐明立场、观点、态度，比如专家论证会等，以提高二审法官对于案件的关注度。

# 第五节　律师代理二审案件的技巧

## 一　律师应明确努力的方向

（一）事实、实体法和程序。美国律师界有句格言："当法律对你方有利，则敲响法律；当事实对你方有利，则敲响事实。如果法律与事实均对你方不利，就敲响桌子。"这句格言对律师代理二审案件同样适用。即如果能找到新的法律判例支撑，无论是最高院或上级法院新的判例、指引，还是法学家新的论著，抑或是律师的灵光闪现，请敲响法律；如果发现新的证据，或发现原审遗漏重要事实，导致定性发生变化，请敲响事实；如果两者都不存在，或者敲响程序（严重违反程序的情形，比如合议庭组成人员与裁判文书具名人员不符、不当剥夺辩论权利等），或者敲响桌子（利益显著失衡，社会效果不佳）。

（二）永远把最有利的观点放在第一位。对代理律师而言，提出二审上诉观点往往是个两难的问题，一方面委托人基于风险考虑，要求罗列观点、面面俱到；另一方面逻辑上要自成体系、避免观点混乱。但是，最重要的是，无论如何，要把最有利的观点放在第一位，如果逻辑上没有办法放在第一位，请以醒目的字体展示，以确保法官第一眼看到，因为二审法官一般都有"密集阅读恐惧症"，这都是比比皆是、长篇大论、观点混乱的上诉状或代理词"惹的祸"。

（三）勿以利小而不为。有时，律师会遇见这样一种情况，即一审裁判在一个很小的点存在错误，但在大是大非问题上没有明显错误。有的律师会把火力全部放在涉及重大权益的判项上，而忽略对小问题的关注。但是也许正是这小小的疏忽，会导致丧失扭转全局的机会。因为，对于可改可不改的案件，二审法官基于司法权威的因素，一般倾向于维持一审判决。但如果案件有"硬伤"必须改，二审法官反倒是会一并考虑其他判项合理性问题。

总之，诉讼案件代理犹如"平地起高楼"，一砖一瓦，来不得半点马虎。如果一审不利，律师当殚精竭虑，追根溯源，扬长避短，抓住战机，或坚持到底，或因势妥协，以为委托方争取最大的权益。

### 二　法律文书的撰写技巧

律师在二审诉讼代理开始，代写民事上诉状和民事上诉答辩状的撰写是一项重要的工作。

（一）民事上诉状写作技巧

民事上诉状，是民事诉讼当事人对地方各级人民法院做出的第一审民事判决或裁定不服，按照法定的程序和期限，向上一级人民法院提起上诉时所提交的法律文书。

技巧一：掌握民事上诉状的六个部分

1. 标题：写明"民事上诉状"。

2. 首部：必须分别写明上诉人和被上诉人的相关情况。是公民的，写明姓名、性别、年龄、民族、出生地、文化程度、职业、工作单位、住址等；是法人或其他组织的，写明全称、住所地、法定代表人及职务等。

3. 上诉缘由：上诉人因与被上诉人××纠纷一案，不服××人民法院×年×月×日（××××）×民初字第××号民事判决（裁定），现依法提出上诉。

4. 上诉请求：一般是要求"撤销"原判决（裁定），进而要求"驳回诉讼请求"或"驳回起诉"；或要求"发回重审"；或要求"部分"或"全部"改判；要求改判的应当具体说明改判的请求。

5. 事实与理由：该部分是上诉状的重点。围绕上诉请求，说明原判决（裁定）事实不清，或证据不足，或适用法律错误，或原审定性错误，或程序违法等。通过事实和证据说明原审错误所在，阐明自己的观点，以实现上诉的目的。

6. 尾部：依次写明上诉人民法院的全称、上诉人名称、上诉日期等，并在附项中列清上诉状副本和有关证据材料的份数。

技巧二：不要过了上诉期限

根据《民事诉讼法》第 147 条规定：对一审判决不服的，应当在判决书送达之日起 15 日内提起上诉；对一审裁定不服的，应当在裁定书送达之日起 10 日内提起上诉。

技巧三：明确上诉状交到哪个法院

上诉状一般应当向原审人民法院递交。虽然法律规定可向二审法院递交，但二审法院在接到上诉状后，还要移交原审人民法院，以便原审人民法院能够及时送达上诉状副本。

技巧四：准确确定上诉请求

实践中，不是所有案件都可以要求"撤销"原裁判，也不是所有案件都可以要求"发回重审"，上诉人应当根据原审错误的特点及自己的上诉目的，确定上诉的具体请求。

可以要求"依法改判"的情形：

1. 原判决适用法律错误的，可要求依法改判；

2. 原判决认定事实错误，或者原判决认定事实不清，证据不足的，可要求查清事实后依法改判；

3. 原告诉讼请求无事实和法律依据，原审却支持了原告诉讼请求的，可要求"依法改判"，进而可明确要求"驳回诉讼请求"。

可以要求"发回重审"的情形：

1. 原判决认定事实错误，或者原判决认定事实不清，证据不足，可要求裁定撤销原判决，发回重审（或者要求查清事实后改判）。

2. 判决违反法定程序，可能影响案件正确判决的，可要求裁定撤销原判决，发回重审。具体包括以下情形：

（1）审理本案的审判人员、书记员应当回避未回避的；

（2）未经开庭审理而做出判决的；

（3）适用普通程序审理的案件当事人未经传票传唤而缺席判决的；

（4）对当事人在一审中已经提出的诉讼请求，原审人民法院未作审理、判决的，又无法调解的；

（5）必须参加诉讼的当事人在一审中未参加诉讼，又无法调解的；

（6）一审判决不准离婚的案件，认为应当判决离婚，对子女抚养、财产问题无法调解的。

　　依法不应由人民法院受理的，可以要求二审人民法院撤销原判，驳回起诉。原告起诉被一审法院裁定"不予受理"，或受理后"驳回起诉"的，原告上诉可要求二审法院撤销原裁定指令一审法院受理或审理。

### 民事上诉状的模板

民事上诉状（公民提起民事上诉用）

　　上诉人（一审__告）：姓名：_____　性别：_____年_____月_____日出生　民族：_____　职务：_____　工作单位：_____　　　住　址：_____　　　电话：_____。

　　被上诉人（一审__告）：姓名：_____　性别：_____年_____月_____日出生　民族：_____　职务：_____　工作单位：_____　　　住　址：_____　　　电话：_____。

　　上诉人因与被上诉人_____纠纷一案，不服_____人民法院_____年_____月_____日（××××）_____民初字第____号民事判决（裁定），现依法提出上诉。

　　上诉请求：

　　1. _____；

　　2. _____；

　　3. _____。

　　事实与理由：

　　_____。

　　证据和证据来源，证人姓名和住址：

　　1. _____；

　　2. _____；

　　3. _____。

　　此致

　　_____人民法院

　　（具状人）上诉人：_____

＿＿＿＿＿＿＿＿＿＿年＿＿＿＿＿＿＿＿月＿＿＿＿＿＿＿＿日

附：本上诉状副本＿＿＿＿＿＿＿＿＿份

其他证据材料复印件＿＿＿＿＿＿＿＿份

## 民事上诉状（法人或其他组织提起民事上诉用）

上诉人（一审＿＿＿＿＿＿告）名称：＿＿＿＿＿＿＿＿

住所地：＿＿＿＿＿＿＿＿

法定代表人（或主要负责人）姓名：＿＿＿＿＿职务：＿＿＿＿＿

企业性质：＿＿＿＿＿＿＿＿工商登记核准号：＿＿＿＿＿＿＿

经营范围和方式：＿＿＿＿＿＿＿＿开户银行：＿＿＿＿＿＿

账号：＿＿＿＿＿＿＿＿＿电话：＿＿＿＿＿＿＿＿＿

被上诉人（一审＿告）名称：＿＿＿＿＿＿＿＿＿＿＿

住所地：＿＿＿＿＿＿＿＿＿＿

法定代表人（或主要负责人）姓名：＿＿＿＿＿职务：＿＿＿＿＿

电话：＿＿＿＿＿＿＿＿

上诉人因与被上诉人＿＿＿＿＿纠纷一案，不服＿＿＿＿＿人民法院＿＿＿＿＿年＿＿＿＿月＿＿＿＿日＿＿＿＿民初字第＿＿＿＿号民事判决（裁定），现依法提出上诉。

上诉请求：

1. ＿＿＿＿＿＿＿＿；

2. ＿＿＿＿＿＿＿＿；

3. ＿＿＿＿＿＿＿＿。

事实与理由：

＿＿＿＿＿＿＿＿＿＿＿

证据和证据来源，证人姓名和住址：

1. ＿＿＿＿＿＿＿＿；

2. ＿＿＿＿＿＿＿＿；

3. ＿＿＿＿＿＿＿＿。

此致

＿＿＿＿＿＿＿＿人民法院

（具状人）上诉人：＿＿＿＿＿＿＿＿

＿＿＿＿＿＿＿年＿＿＿＿＿＿月＿＿＿＿＿＿日

附：本上诉状副本＿＿＿＿＿＿份

其他证据材料复印件＿＿＿＿＿＿份

（二）民事上诉答辩状的撰写方法与技巧

民事答辩状是指在民事诉讼活动中，被告或被上诉人针对原告、上诉人的诉状内容，做出的一种"回答"和"辩驳"的书状。它是与起诉状或上诉状相对应的一种法律文书。

1. 掌握答辩状各部分的写法

（1）首部

①标题：居中写明"民事答辩状"字样。

②答辩人的基本情况：

写明答辩人姓名、性别、出生年月日、民族、籍贯、职业、工作单位和职务、具体住址、联系方式等。

当事人是法人或其他组织的写明其名称、所在地、法定代表人（或主要负责人）的姓名与职务。

③答辩缘由：写明答辩人因××案进行答辩。

④答辩请求：写明答辩人的要求和主张。

（2）正文：事实和理由

应针对原告或上诉人的诉讼请求及其所依据的事实与理由，进行反驳与辩解。清晰地阐明自己对案件的主张和理由。

证据：答辩中有关举证事项，应写明证据的名称、件数、来源或证据线索。有证人的，应写明证人的姓名、住址等。

（3）尾部：包括致送人民法院名称。答辩人签名、盖章。答辩时间。如果委托律师代书答辩状，应在最后写上代书律师所在的律师事务所名称。

附项：在附项中，应注明有关的人证、物证、书证等。

2. 把握答辩状的基本要求

（1）要尊重案件事实

各类案件的案情往往比较复杂，之所以诉至法院，往往争议分歧也较大。因此，尊重纠纷的案件事实，如实地、全面、准确地反映案情，是答辩人帮助法院分清是非曲直，依法裁判的前提和基础。

（2）要有鲜明的针对性

被告或被上诉人在答辩状中，要特别注意对原告或上诉人在起诉状或上诉状中提出的诉讼请求、事实、理由及根据，明确写出自己承认哪些，否认哪些，否认的理由和根据是什么。对起诉状或上诉状中的无理之处进行反驳，并提出自己的理由、证据及具体要求。

（3）要紧扣争议的焦点

答辩状应根据双方当事人在纠纷中的争议焦点，以事实和证据为根据，以法律为准绳，来反驳原告或上诉人关于实体权利的请求，而不能回避焦点，纠缠枝节，或面面俱到，赘述案情，不得要领。

（4）要科学地运用反驳和立论的方法

反驳的目的是使对方败诉或减轻自己的义务和责任。运用反驳方法时，一是要抓住对方在诉状、上诉状中所陈述的错误事实，或所引用法律上的错误，作为反驳的论点；二是由答辩人列举出事实与证据，作为反驳诉讼请求的论据；三是运用逻辑推理论证。运用反驳方法时，要尊重事实，抓住关键，尖锐犀利。

立论的目的是提出自己的主张。立论时，在反驳的基础上，从整个事实中经过归纳，提炼出答辩人的观点。提出法律根据，举出客观证据，列出事实凭据作为立论的论据。经分析论证，得出结论。其逻辑过程一般是先"破"后"立"。

3. 答辩状撰写时的五个重要提醒

（1）是否属于法院"主管"

有的案件不属于人民法院受案范围的，因当事人片面陈述事实或法院失误而立案后，答辩时在答辩中明确说明不属于法院"主管"，即可令对方"败诉"，常见的有三种情况。

第一，土地所有权和使用权争议。

我国《土地管理法》第16条规定：土地所有权和使用权争议，由当事人协商解决；协商不成的，由政府处理。当事人对有关政府的处理决定不服的，可以直接到处理决定通知之日起30日内，向人民法院行政起诉。

一方面，如果未经政府处理，当事人以自然人为被告直接到法院起诉，即可明确向法院说明案件应由政府"主管"，不属于法院"主管"；

另一方面，即使经过政府处理，当事人以自然人为被告起诉，亦可向法院说明，应当提起的是行政诉讼，而不是民事诉讼。

第二，需"复议前置"的案件。

我国《行政复议法》第三十条第一款规定："公民、法人或者其他组织认为行政机关的具体行政行为侵犯其已经依法取得的土地、矿藏、水流、森林、山岭、草原、荒地、滩涂、海域等自然资源的所有权或者使用权的，应当先申请行政复议；对行政复议决定不服的，可以依法向人民法院提起行政诉讼。"

此类案件未经"复议"直接起诉法院的，答辩人即可向法院说明未经复议法院无权审理。

第三，劳动争议"仲裁前置"。

在我国，劳动争议案件发生后，需先经劳动争议仲裁委员会仲裁，对仲裁裁决不服才可向人民法院起诉。如果当事人未经仲裁直接向法院起诉，答辩人即可向法院说明不属于法院"主管"。

此外，有些经济纠纷，当事人在签订合同时明确约定发生争议"由××市经济仲裁委员会仲裁"，如果一方当事人向法院起诉，答辩人即可向法院说明应由经济仲裁委员会仲裁，不属人民法院受案范围。

（2）是否属于受诉人民法院"管辖"

有些案件虽然属于人民法院"主管"，但当事人应当向"彼"法院起诉，而错误地向"此"法院起诉，这种情况，当事人答辩时即可提出"管辖权异议"。例如，某甲在北京西城区居住，某乙起诉甲要求返还欠款却在东城区法院起诉。某甲答辩时即提出受诉法院没有管辖权。另外，还存在"级别管辖"。例如，应当由中级人民法院管辖的案件，当事人却在基层人民法院起诉。答辩人也可向法院提出"管辖异议"。

（3）诉讼主体是否有误，是否遗漏主体

第一，原告主体有误。

我国《民事诉讼法》第一百一十九条规定："原告是与本案有直接利害关系的公民、法人和其他组织。"如果原告不符合该规定，即可向法院提出。常见的如：未成人、精神病人等无行为能力或限制行为能力人，由其父母或其他监护人作为原告起诉的情形；再如：欠弟弟钱，哥哥做原告起诉的情形。

第二，被告主体有误。

司法实践中，被告主体有误产生的主要原因：一是原告为了加大胜诉概率，千方百计地多列被告，报定"宁可错告一百，不可漏告一个"的心态，将可能承担责任的主体全部列上，导致被告主体有误；二是原告本身法律知识的欠缺，对法律关系的把握不准或事实认识错误，将不应当作为被告的主体起诉。

错列自然人为被告的，如职工或雇员在为单位或雇主履行"职务"中不存在故意或过失的情况下致人损害引发的纠纷，应由单位或雇主承担责任的，受害人可能误把职工或雇员列为被告；再如：纯个人债务，却将合伙人或合作伙伴列为被告等。

第三，二审代理词的撰写技巧。

二审代理，一般而言，没有新的证据提交，律师需要做的主要工作是代写民事上诉状和民事上诉答辩状。此外，二审代理词也是律师要完成的一项重要工作。

1. 二审代理词的内容

代理词是诉讼代理人（律师、法律工作者、公民）在庭审过程中独自使用的非正式文书，代理词最重要的部分是质证和辩论，质证和辩论是诉讼代理人多年的心得。相对于其他诉讼文书，二审代理词的写法比较灵活，并没有统一的格式，大体上仍然是由首部、正文和尾部三部分组成。首部、尾部的写法与辩护词大体相同。

（1）首部

每一份二审代理词都应有一个确切的标题，标题应反映案件性质和所代理的当事人在案中的地位，例如"民事原告诉讼代理词"等，使听众一开始就了解代理词的性质。

（2）序言

序言亦即开场白，要尽量简洁，重点在代理意见部分。序言包括：

第一，说明代理人出庭的合法性，概述接受委托和受指派，担任本案当事人哪一方面的代理人；

第二，说明代理人接受代理后进行工作的情况，即在出庭前做了哪些方面的工作，如查阅案卷、调查了解案情等；

第三，表明代理人对本案的基本看法，也可以不说。

（3）正文

正文是二审代理词的核心内容。代理意见通常从认定事实、适用法律和诉讼程序等几方面或其中一两个方面展开论述。一般地讲，代理意见的内容主要应从以下方面进行阐述：

第一，陈述纠纷事实，提出有关证据，反驳对方不实之处；

第二，对纠纷的主要情节，形成纠纷的原因以及双方当事人争执的焦点进行分析，以分清是非，明确责任，认定性质；

第三，阐明当事人双方的权利和义务，促使当事人彼此之间互相谅解，把权利和义务有机地统一起来；

第四，提出对纠纷解决的办法和意见。这部分内容既要保护当事人的合法权益，又要考虑有利；

第五，对原判决进行评论，提出要求和意见。从具体案情出发，抓住本案的特点，有针对性地阐明几个问题，为解决纠纷提出切实可行的主张、意见、办法和要求，使案件得到正确、合法、及时的处理。

（4）结束语

本部分是归纳全文的结论性见解和具体主张，为被代理人提出明确的诉讼请求。要求要言不烦、简洁明了，使听众对整个二审代理词留下深刻、鲜明的印象。

2. 律师在撰写二审代理词中应注意的问题

（1）代理词主要用证明的方法来写，对错误的观点有时也可以进行必要的驳斥，用反驳的方法来写，但通常是把正面说理与反面驳斥有机地结合起来，以正面说理为主，或两种方法兼而有之。

（2）代理词必须在熟悉案情、了解真相、掌握材料的基础上动笔制作，这样才能对案件了如指掌，才能在法庭上立于不败之地。

（3）代理词要尊重事实、忠于法律，对纠纷事实和证据进行透彻的分析论证。不能歪曲事实和法律，强词夺理，向法庭提出无理要求。

（4）代理词所提意见要切合实际，掌握分寸；要以理服人，体现出解决问题诚意；要晓之以理，动之以情，措辞恳切，语气平和，这样才能为对方当事人和法庭所接受。

（5）律师应把握民事上诉状与二审代理词的区别。上诉是指民事诉讼当事人对人民法院第一审的判决、裁定不服，在法定上诉期间向上一级人民法院上诉，请求撤销、变更原判决或者诉讼文书，重新审判的行为。代理人是根据事实和法律在法庭辩论阶段公布的诉讼文件，目的是保护委托人的合法权益，表达代理人对案件处理的意见。

## 本章小结

本章围绕律师在二审阶段怎样开展工作、需要注意哪些问题进行了全面的探索。为此，本章比较了一审与二审的联系与区别、二审律师应注意的程序性细节、二审律师对一审判决的正确态度，重点介绍了律师代理二审案件的主要工作、代理方法及代理技巧。

# 第 七 章

# 律师代理再审案件的方法与技巧

律师代理再审案件，分为申请再审的申请人和被申请人。律师代理再审案件时，应明确再审案件的特点、律师代理再审案件的要领和方法。

## 第一节　律师要把握住再审程序的特点

### 一　再审程序是救济审

与一审、二审程序的连续审不同，再审程序是救济审。既然是救济审，就是穷尽了所有程序才能启动的程序。（2017）最高法民申 2483 号判决书中就明确了再审的这一特点，该判决公布的裁判规则表述是"两审终审制是我国民事诉讼的基本制度。当事人如认为一审判决错误的，应当提起上诉，通过二审程序行使诉讼权利，即当事人首先应当选择民事诉讼审级制度设计内的常规救济程序，通过民事一审、二审程序寻求权利的救济。再审程序是针对生效判决可能出现的重要错误而赋予当事人的特别救济程序，如在穷尽了常规救济途径之后，当事人仍然认为生效裁判有错误的，其可以向人民法院申请再审。对于一审胜诉或部分胜诉的当事人未提起上诉，二审判决维持原判且该当事人在二审中明确表示一审判决正确应予维持的当事人，因为其缺乏再审利益，对其再审请求不应予以支持，否则将变相鼓励或放纵不守诚信的当事人滥用再审程序，从特殊程序异化为普通程序。这不仅是对诉讼权利的滥用和对司法资源的浪费，也有违两审终审制的基本原则"。从该条裁判规则可以看出，充分了解再审是救济审这一特点是代理再审案件的前提。

## 二　再审程序是依法纠错，而不是有错必究

再审程序是依法纠错，而不是有错必究。这一特点有别于二审程序，程序问题在二审中是法官的一个审查重点，但再审案件对于程序问题的处理与此不同。虽然《中华人民共和国民事诉讼法》第二百条中的再审事由中有关于程序错误的再审事由规定，但实践中，为了维护生效判决的稳定性，再审法官在审查再审案件时更多地关注实体，而非程序。再审程序这一特点决定了律师是否承接再审案件；代理再审案件准备重点；甚至是再审程序中文书表述重点。比如，一些具有程序瑕疵但是实体处理没有大问题的案件可能就没必要浪费时间和精力提起再审；在提交的再审文书中要侧重表达实体问题而不是程序问题，如果存在程序问题，应该把实体问题放在前面，程序问题放在后面。无论是文书还是表达应该更多地从一审、二审实体的处理错误、案件结果的公平正义出发。

## 三　再审案件的审查审判机关

再审案件分为再审审查及再审审理程序。目前最高人民法院及各巡回法庭基本是再审审查与再审审理是同一合议庭，即再审审查的合议庭经过合议决定提审案件，做出再审提审裁定的，案件虽然在法院内部重新走一遍立案程序，但是再审审理程序还是回到这一合议庭。而部分地方高院还是提审分离的状态，即立案庭审查，做出提审裁定后案件流转到审监庭进行再审审理。法院内部这样不同的分工可能会直接决定再审案件的结果。自提自审的改判率相对会更高，而提审分离的，因为是不同的合议庭可能观点不同，对于案件的认识也会不同。从而导致提审后的案件改判率也会受到很大影响。针对这一特点，律师可以结合管辖法院决定案件的承接及准备重点。

# 第二节　律师代理再审案件的方法

## 一　把准再审法律依据

律师代理案件首先研究法律关系即法律规定。除了《中华人民共和国民诉诉讼法》十六章十六个法律条文及其解释十八章五十二个条文关

于再审有专章规定，笔者通过大数据检索与再审相关的现行有效的法律法规规范性文件、司法解释、最高院批复、各省高院等各种法律文件多达5628件。结合笔者的代理经验，笔者认为除了民诉法及其解释有关于再审的规定，其他有关再审法律文件中至少有9部法律文件是律师代理再审案件应该通读掌握的。包括：《最高人民法院关于适用〈中华人民共和国民事诉讼法〉审判监督程序若干问题的解释》；最高人民法院关于受理审查民事申请再审案件的若干意见；最高人民法院关于民事审判监督程序严格依法适用指令再审和发回重审若干问题的规定；最高人民法院办公厅关于印发《全国法院民事再审审查工作座谈会纪要》的通知；最高人民法院关于印发《第一次全国民事再审审查工作会议纪要》的通知；最高人民法院关于民事再审案件受理审查工作细则（试行）；最高人民法院办公厅关于印发修改后的《民事申请再审案件诉讼文书样式》的通知；最高人民法院关于巡回法庭审理案件若干问题的规定；最高人民法院民事案件当事人申请再审须知。这9部文件对于再审程序、再审文书、再审审查及审理程序中一些细节问题都有相应规定，律师可以依照这些文件具体展开再审代理工作。

**二　找准再审证据**

《中华人民共和国民事诉讼法》第二百条关于再审事由规定的一款就是有新证据的情形。但是大部分经历了一审、二审的案件，能提交的证据可能已经提交过了，再审还存在新证据的可能性相对较少。当然，如果因为一审、二审代理思路及代理方向的偏差，律师也可以在再审案件中指导帮助当事人收集新证据，并且民诉法解释第三百九十七条也明确规定，再审有新证据的情况再审审查是必须询问当事人的。如果再审有新证据显然会增加案件改判的概率。

因为大部分再审案件都是没有新证据的，所以这里讨论的对象主要集中在没有新证据的再审案件。"打官司就是打证据"，这句流行语有一定道理，但笔者认为应该辩证地去看待这个问题，尤其是在代理再审案件时，客观事实、法律事实之间确实需要通过证据去连接及还原，但是因为再审案件是救济审的特点，在再审程序中，笔者认为客观事实可能在某种程序上比证据更重要。因为再审法官审理案件更多地适用法律原则而不是法律规则，更多地关注结果是否公平公正，双方的利益是否达到基本的平衡，所以有很多同行在接触再审案件当事人时可能主要问当事人证据的情况，而笔者代理再审案件时更多地会让当事人讲故事，讲真实的全部的案件故事。

### 三　关注再审审查与再审审判的区别与联系

由于再审程序本身的特点，再审案件想得到改判都需要经过再审审查与再审审判两个阶段。现行法律对于再审审查的规定相对较少，审判实践中，部分法院也没有弄清楚再审审查与再审审判的区别，对于审查与审判的流程及重点没有做区分，往往是审查走一遍庭审流程，审判再重新走一遍庭审流程。但是笔者认为，再审案件律师对于这个问题绝对不能含糊应对，应该主动引导法官回归重点，以达到己方的诉讼目的。再审审查的审查对象是再审事由是否成立，是围绕《民事诉讼法》第二百条的再审事由展开，但是因为再审救济审的特点，审查时也无法绕过事实、证据及法律适用等实体问题。但是审查阶段对于这些实体问题的审查不是全案展开的形式的，这一点是需要再审律师把控的，要时刻围绕再审事由成立这一审查重点进行。这样才能真正打开再审的大门。再审审查成功，得到提审或指令再审的裁定后才是真正拉开再审大幕的时候。

### 四　把握面审中调解结案的契机

再审能不能调解，如果调解应该具体怎么操作。因为二审判决是生效判决，申请人提出再审申请后，双方能否在已有生效判决文书的情况下达成调解，达成调解后如果一方不履行调解协议，另一方应该如何执行。这个问题在再审案件中也是经常遇到的。再审调解应该区分再审审查阶段调解及再审审判阶段调解。最高人民法院关于印发《第一次全国民事再审审查工作会议纪要》的通知的第十六条对此有相关规定，即再审案件中，当事人经调解达成协议或者自行达成和解协议，需要出具调解书的，应当裁定提审，提审后，由审查该申请再审案件的合议庭制作调解书。当然，当事人也可以撤回再审申请，法院经审查不违反法律规定的，应当裁定准许。当事人经调解达成协议或自行达成和解协议且履行完毕，未申请撤回再审申请的，可以裁定终结审查。律师代理当事人提出再审申请，是为了最终解决问题，所以笔者代理再审案件时也会适时建议当事人通过调解解决问题，尤其是对于提审分离的法院，在拿到提审裁定后与对方当事人调解可能是个比较好的时机。既通过提审增加了己方的谈判砝码，同时也会减少提审分离对于案件改判不确认的风险。

## 第三节　律师代理再审案件中需要明确的十个问题

律师在代理再审案件过程中，首先要能够区分再审案件的两个阶段，即再审审查阶段和再审审理阶段。因此，需要律师分别提交两个阶段的代理手续及再审申请书。民事案件是以审判为中心，律师的作用似乎更有效。因此，在再审案件中，需要律师提供有效、准确的申请书和代理意见，便于法官了解案件事实真相从而更好地做出判断。于再审法院而言，再审案件贯彻的是全面审查原则，认为再审应覆盖当事人再审期间全部争议，避免程序空转和反复。与此同时，律师在代理民事再审案件过程中，还应重视检察院抗诉这条救济途径。根据抗诉案件改判发回率较高以及检察机关启动抗诉程序系职责所在等客观情况。此外，证据目录要条理清晰，代理词要论点论据充分，核心观点要明确指出并能在复杂案卷中快速找出。一般而言，律师在代理再审案件中已经基本把握我国《民事诉讼法》有关再审的规定，笔者认为，律师还应明确下面十个问题。

### 一　有权提起再审申请的主体有哪些？

（一）各级人民法院做出的已经发生法律效力的一审、二审民事判决、裁定、调解书的当事人，包括原审原告、原审被告、上诉人、被上诉人、第三人；

（二）对不予受理、管辖权异议、驳回起诉以及按自动撤回上诉处理的裁定不服的当事人；

（三）当事人权利的继受人。原审案件当事人死亡或者终止的，其权利义务承继人可以申请再审并参加再审诉讼；

（四）案外人。案外人必须是对原判决、裁定、调解书的执行标的物主张权利，且无法提起新的诉讼解决争议的，才可以按照法律规定向人民法院申请再审。

需要注意的是，如经由各高级人民法院再审，改变了原审结果的民事判决、裁定、调解书的当事人，可向最高人民法院申请再审。

参见《中华人民共和国民事诉讼法》第一百九十九条、第二百零一条；

《最高人民法院关于适用〈民事诉讼法〉的解释》第三百七十五条、第三百八十一条；

《最高人民法院关于适用〈中华人民共和国民事诉讼法〉审判监督程序若干问题的解释》第五条。

## 二 哪些判决书不能申请再审？

绝大部分生效判决书可申请再审，但以下情况除外：

（一）适用特别程序、督促程序、公示催促程序、破产程序等非诉程序审理的案件判决书不能申请再审；

（二）解除婚姻关系的生效判决书不得申请再审；

需要注意的是，在就离婚案件中的财产分割问题申请再审的，如涉及判决中已分割的财产，应当立案审查；如涉及判决中未作处理的夫妻共同财产，应告知当事人另行起诉。

（三）经各高级人民法院再审后，维持原判决结果的再审判决书不得申请再审。如果当事人认为再审判决仍有明显的错误，可以向人民检察院申请检察建议或抗诉。

此外，判决、调解书生效后，当事人将判决、调解书确认的债权转让，债权受让人对该判决、调解书不服申请再审的，人民法院不予受理。

参见《中华人民共和国民事诉讼法》第二百零二条；

《最高人民法院关于适用〈民事诉讼法〉的解释》第三百七十五条、第三百八十条、第三百八十二条、第三百八十三条。

## 三 法定的"再审事由"有哪些？

当事人的申请符合下列情形之一的，人民法院应当再审：

（一）有新的证据，足以推翻原判决、裁定的；

（二）原判决、裁定认定的基本事实缺乏证据证明的；

（三）原判决、裁定认定事实的主要证据是伪造的；

（四）原判决、裁定认定事实的主要证据未经质证的；

（五）对审理案件需要的主要证据，当事人因客观原因不能自行收集，书面申请人民法院调查收集，人民法院未调查收集的；

（六）原判决、裁定适用法律确有错误的；

（七）审判组织的组成不合法或者依法应当回避的审判人员没有回避的；

（八）无诉讼行为能力人未经法定代理人代为诉讼或者应当参加诉讼的当事人，因不能归责于本人或者诉讼代理人的理由，未参加诉讼的；

（九）违反法律规定，剥夺当事人辩论权利的；

（十）未经传票传唤，缺席判决的；

（十一）原判决、裁定遗漏或者超出诉讼请求的；

（十二）据以做出原判决、裁定的法律文书被撤销或者变更的；

（十三）审判人员再审该案件时有贪污受贿、徇私舞弊、枉法裁判行为的。

此外，如当事人对已经发生法律效力的调解书，提出证据证明调解违反自愿原则或者调解协议的内容违反法律的，可以申请再审。

参见《中华人民共和国民事诉讼法》第二百条、第二百零一条。


**四　什么样的证据属于符合法律规定的"新证据"？**

（一）原审庭审结束前已客观存在的，庭审结束后新发现的证据；

（二）原审庭审结束前已经发现，但因客观原因无法取得或在规定的期限内不能提供的证据；

（三）原审庭审结束后，原作出鉴定结论、勘验笔录者重新鉴定、勘验，推翻原结论的证据；

（四）当事人在原审提供的主要证据，原审未予质证、认证，但足以推翻原判决、裁定的，应当视为新的证据。

参见《最高人民法院关于适用〈中华人民共和国民事诉讼法〉审判监督程序若干问题的解释》第十条。

### 五　向最高人民法院申请再审应该提交的材料有哪些?

由于在再审听证（询问）之前，代理人基本上没有机会和再审法官当面沟通，故申请再审时所提交的申请材料，便成了代理人与法官沟通交流、引导其思路的最佳载体。因此，准备一套整洁、美观、富有逻辑和说服力的申请材料，让法官获得最佳的阅卷体验，应当是代理人始终追求的目标。具体包括：

（一）再审申请书。再审申请人应当提交再审申请书一式两份，并按照被申请人及原审其他当事人人数提交再审申请书副本。再审申请书需当事人签章，若当事人为法人或其他组织的，还需法定代表人签字或加盖人名章。

（二）当事人主体身份证明。再审申请人是自然人的，应提交身份证明复印件。再审申请人是法人或其他组织的，应当提交：（1）营业执照副本复印件；（2）组织机构代码证复印件；（3）法定代表人身份证明书；（4）法定代表人身份证复印件。且需注意的是，上述复印件均需加盖法人公章。

（三）委托代理人。自然人、法人或其他组织委托他人代为申请的，应提交有签字或盖章的授权委托书（如委托人是法人的，授权委托书同时需法定代表人签字）。其中委托代理人是律师的，还应同时提交律师事务所函和律师执业证复印件。

（四）生效法律文书。申请再审的民事判决、裁定、调解书应当属于法律和司法解释允许申请再审的生效法律文书。如判决、裁定、调解书系二审裁判的，应同时提交一审裁判文书经核对无误的复印件，并携带原件以供核验。

（五）证据材料。包括：在原审诉讼过程中提交的主要证据复印件，以及支持申请再审所依据的法定情形和再审请求的证据材料。证据材料需分类整理，编好页码，并制作证据目录。

（六）电子版材料（刻录光盘）。包括：（1）一审裁判文书 word 文档；（2）二审裁判文书 word 文档（经二审程序）；（3）再审申请书 word 文档；（4）再审申请书签字版扫描件；（5）主要证据材料扫描件；（6）其他材料扫描件。建议光盘至少刻录两张，以防法院的电脑读不出数据。

参见《最高人民法院关于适用〈民事诉讼法〉的解释》第三百七十七条；

《最高人民法院关于适用〈中华人民共和国民事诉讼法〉审判监督程序若干问题的解释》第五条；

《人民法院民事案件当事人申请再审须知》第五条、第七条、第八条；

《最高人民法院印发〈关于受理审查民事申请再审案件的若干意见〉的通知》第一条、第三条、第四条。

### 六　向最高人民法院申请再审应特别注意的事项有哪些？

（一）当事人不服各省、自治区、直辖市高级人民法院已经发生法律效力的一审、二审民事判决、裁定、调解书，可以向最高人民法院申请再审。

（二）当事人一方人数众多或者当事人双方为公民的案件，可以向原高级人民法院申请再审；向最高人民法院申请再审的，应当通过原高级人民法院提交申请再审材料。

（三）申请再审时提交的证据材料应精心准备，既不要贪多求全，也不能随便罗列。应把原审的主要证据和新证据按照申请再审的事由顺序排列，编好目录和页码，方便法官查阅。关键证据、重要内容还应用彩笔标记，以提示法官重点查阅。

（四）鉴于申请再审的案件多为疑难复杂案件，建议在除上述材料外，作为委托代理人还应提交两份材料，一份是原审诉讼主体的法律关系图，另一份是案件基本（重要）事实的时间列表，以便于再审法官快速掌握案情、抓住争议焦点。

（五）如申请再审的案件，已有在先的最高法院指导性案例或最高法院同类案件的裁判文书，应一并附上提交。

（六）申请再审时所提交的光盘中的材料应与纸质材料反复核对，确保与原件一致。

参见《中华人民共和国民事诉讼法》第一百九十九条；

《最高人民法院关于适用〈中华人民共和国民事诉讼法〉审判监督程

序若干问题的解释》第一条；

《最高人民法院关于印发〈关于受理审查民事申请再审案件的若干意见〉的通知》第一条、第二条、第三条、第四条。

### 七 再审审查过程中，法院在哪些情况下会组织当事人进行听证？

人民法院在审查申请再审案件过程中，一般会对以下事由申请再审的案件，组织当事人进行听证：

（一）有新的证据，足以推翻原判决、裁定的；

（二）原判决、裁定认定的基本事实缺乏证据证明的；

（三）原判决、裁定认定事实的主要证据是伪造的；

（四）原判决、裁定适用法律确有错误的。

需要注意的是：如申请再审人经法院传票传唤，无正当理由拒不参加询问、听证或未经许可中途退出的，裁定按撤回再审申请处理。被申请人及原审其他当事人不参加询问、听证或未经许可中途退出的，视为放弃在询问、听证过程中陈述意见的权利。因此，虽然该程序不是正式开庭，仍应引起申请再审人的足够重视。

参见《最高人民法院关于适用〈中华人民共和国民事诉讼法〉审判监督程序若干问题的解释》第二十一条；

《最高人民法院印发〈关于受理审查民事申请再审案件的若干意见〉的通知》第十八条、第二十一条。

### 八 再审审查的结果有哪些？

（一）驳回再审申请。如经过法院再审审查，认为申请再审人的申请事由缺乏事实和法律依据的，则法院会做出裁定，驳回申请人的再审申请。

（二）当事人和解或调解结案。一般又可以分为三种情形：

1. 当事人达成和解，申请人申请撤回再审申请。

需要注意的是，再审法院有权对申请人撤回再审申请的事由进行审查，再决定准许与否。这主要是审查撤回再审申请是否损害国家、集体或者第三人利益。

2. 当事人达成和解协议且已履行完毕，再审法院裁定终结审查。

即当事人达成和解协议且已履行完毕，且未在和解协议中声明不放弃申请再审权利的，人民法院应当裁定终结审查。

3. 当事人达成和解，并请求最高法院出具调解书。

此种情况下，再审法院一般会先出具提审裁定，再以"民提字"《调解书》结案。

（三）裁定再审。

最高人民法院经过再审审查后，若认定申请人申请事由成立、原审裁判确有错误的，应裁定再审，既可能裁定指令原审法院再审，也可能裁定指令其他法院再审，或裁定由本院提审。但实践当中极少出现裁定其他法院再审。

需要提及的是：最高人民法院《关于民事审判监督程序严格依法适用指令再审和发回重审若干问题的规定》（法释〔2015〕7号）第二条和第三条确立了民商事案件再审应"以提审为原则、严格限制指令原审法院再审"。这对申请再审无疑是利好，毕竟在现实司法环境下，让原审法院自行纠错、改判，难于由上级法院提审，更能做到客观、公正。

参见《中华人民共和国民事诉讼法》第二百零四条；

《最高人民法院关于适用〈民事诉讼法〉的解释》第三百九十五条、第四百条、第四百零二条；

《最高人民法院关于适用〈中华人民共和国民事诉讼法〉审判监督程序若干问题的解释》第十九条、第二十三条、第二十四条、第二十五条；

《最高人民法院印发〈关于受理审查民事申请再审案件的若干意见〉的通知》第十四条、第十五条。

《第一次全国民事再审审查工作会议纪要》第十六条、第十七条。

### 九　法律规定应当由上级法院提审的案件有哪些？

（一）原判决、裁定系经原审人民法院再审审理后做出的；

（二）原判决、裁定系经原审人民法院审判委员会讨论做出的；

（三）原审审判人员在审理该案件时有贪污受贿、徇私舞弊、枉法裁判行为的；

（四）原审人民法院对该案无再审管辖权的；

（五）需要统一法律适用或裁量权行使标准的；

（六）其他不宜指令原审人民法院再审的情形。

参见《最高人民法院关于适用〈中华人民共和国民事诉讼法〉审判监督程序若干问题的解释》第二十七条、第二十八条；

《最高人民法院关于民事审判监督程序严格依法适用指令再审和发回重审若干问题的规定》第二条、第三条；

《最高人民法院印发〈关于受理审查民事申请再审案件的若干意见〉的通知》第二十七条。

## 十　当事人在什么情况下可以向人民检察院申请检察建议或者抗诉？

（一）人民法院驳回再审申请的；

（二）人民法院逾期未对再审申请做出裁定的；

（三）再审裁判、裁定有明显错误的。

人民检察院对当事人的申请应当在三个月内进行审查，做出提出或者不予提出检察院建议或者抗诉的决定。当事人不得再次向人民检察院申请建议或者抗诉。

参见《中华人民共和国民事诉讼法》第二百零九条；

《最高人民法院关于适用〈民事诉讼法〉的解释》第四百一十八条、第四百一十九条。

# 第四节　关注再审法院对再审申请的审查

### 一　对证据的审查

（一）对新证据的审查

民商事申请再审案审查内容包括以下几点，针对新证据的审查主要依据《民事诉讼法》第二百条第（一）项规定，即"有新的证据，足以推翻原判决、裁定"。结合《民事诉讼法》相关司法解释的规定：

1. 明确新证据的类型

本项所指"新证据"主要有以下五类：

（1）原审庭审结束前已存在，因客观原因于庭审结束后才发现的证据；

（2）原审庭审结束前已经发现，但因客观原因无法取得或者在规定的期限内不能提供的证据；

（3）在原审庭审结束后形成，无法据此另行提起诉讼的证据；

（4）原审庭审结束后新出现的证据，如原作出鉴定结论、勘验笔录者重新鉴定、勘验，推翻原结论的证据等；

（5）原审中已经提供，原审法院未组织质证且未作为裁判根据的证据，但原审法院依照《民事诉讼法》第六十五条规定不予采纳的除外。

2. 原审中未能提供新证据的理由是否正当

当事人无正当理由，在举证期限届满后提供的证据不是新证据。法院必须审查当事人在原审中未能提出新证据是否具有正当理由，如因非当事人的过错未能参加原审诉讼的，应当认可其具有正当理由。对于因客观原因无法取得或在规定期限内无法提供的新证据，法院应当审查当事人所主张的理由是否成立。

**案例 7—1：**

贺某向叶某借款并出具"借条"，后因贺某到期未还款，叶某诉至法院。一审法院判决贺某归还叶某借款本息。经审查，根据贺某新提供的鉴定意见，涉及"借条"、"收条"和电子回单的银行开户申请资料中，"贺某"的签名和指印非其本人所签所按。贺某的再审请求符合《民事诉讼法》第二百条第（一）项的规定。

3. 确定当事人发现新证据的时间

当事人申请再审，应当在判决、裁定发生法律效力后 6 个月内提出。但当事人以新证据为由申请再审的，应当自知道或者应当知道该新证据之日起 6 个月内申请再审，逾期提交则不再审查该新证据。

4. 新证据针对案件实体性事实而非程序性事实

本项新证据是指针对案件实体性事实的证据，而非针对程序性事实的证据。如当事人提出证明法院送达程序违法的证据，应当按照《民事诉讼法》第二百条第（九）（十）项的规定申请再审，不能适用新证据申请再审的期限规定。

**（二）对原审证据的实体审查**

民商事申请再审案件针对原审证据的实体审查主要依据《民事诉讼法》第二百条第（二）（三）项的规定，即"原判决、裁定认定的基本事实缺乏证据证明""原判决、裁定认定事实的主要证据是伪造"。审查的内容应包括以下几点。

### 1. 审查讼争事实是否属于基本事实

案件事实分为基本事实、次要事实、辅助性事实、背景事实等，只有基本事实缺乏证据证明才构成再审事由。依据《最高人民法院关于适用〈中华人民共和国民事诉讼法〉审判监督程序若干问题的解释》第11条规定，基本事实是指对原判决、裁定的结果有实质影响、用以确定当事人主体资格、案件性质、具体权利义务和民事责任等主要内容所依据的事实。

### 2. 审查是否缺乏证据证明

结合案件当事人的听证陈述，查明案件的基本事实是否缺乏证据证明，要明确原审的定案证据和基本事实之间的证明关系以及逻辑联系，判断证据的内容或者根据证据进行推断能否形成高度盖然性的结论。

### 3. 审查案件主要证据是否伪造

主要证据是指具有足够证明力，并且对于案件基本事实认定必不可少的证据。伪造应当从广义理解，包括对主要证据进行涂改、撕毁、截取等变造方式。

### 4. 确定当事人发现证据系伪造的时间

与当事人以新证据为由申请再审相同，当事人应当自知道或者应当知道主要证据系伪造之日起6个月内申请再审。

### （三）对原审证据收集认定的程序审查

民商事申请再审案件针对原审证据的程序审查主要依据《民事诉讼法》第二百条第（四）（五）项的规定，即"原判决、裁定认定事实的主要证据未经质证的""对审理案件需要的主要证据，当事人因客观原因不能自行收集，书面申请人民法院调查收集，人民法院未调查收集的"。审查的内容应包括以下几点。

### 1. 对原审质证程序的审查

"原判决、裁定认定事实的主要证据未经质证"的认定，主要通过对原审庭审笔录等材料的审查来判断。当事人对原裁判认定事实的主要证据在原审中拒绝发表或放弃发表质证意见的，不属于《民事诉讼法》规定的未经质证的情形。

2. 对原审法院依申请调取证据的审查

认定"对审理案件需要的主要证据，当事人因客观原因不能自行收集，书面申请人民法院调查收集，人民法院未调查收集的"，应当审查以下内容。

（1）判断是否属于主要证据

构成本事由的证据必须是认定案件基本事实必需的主要证据。对于次要证据、补强证据或者与案件事实并无关联性的证据材料，即使未予收集亦不构成本项事由。

（2）明确可以申请法院调查收集的证据范围

当事人可以申请法院调查收集的证据主要有以下三类：一是申请调查收集的证据属于国家有关部门保存，当事人及其诉讼代理人无权查阅调取的；二是涉及国家秘密、商业秘密、个人隐私的；三是当事人及其诉讼代理人确因客观原因不能自行收集的。

前两类证据由于证据本身的特性导致当事人只能通过法院来收集，第三类证据是一般性条款，不仅包括由于证据本身的特殊性导致当事人无法收集的情况，也包括由于自身条件限制致使当事人在客观上无法收集等情形，如当事人年迈或者身患重疾导致无法异地取证的情况。

需要注意的是，对于当事人能够自行收集的证据，即使当事人曾向法院提出书面申请，但法院驳回申请或者未予收集的，不属于本项规定之列。

（3）当事人是否提交书面申请

当事人提交书面申请是本项规定的形式要件。提交的书面申请应当载明需要调查主要证据的名称、证据类型、待证事实等，以便法院审查并精准有效地调查收集证据。一般情况下，当事人的口头申请不符合本项的规定，但是当事人确无能力书写的，经过当事人的申请，并且办案人员以书面形式记录在案的情况，可以视为提出书面申请。

（4）法院是否未收集上述证据

"法院未收集上述证据"主要包括如下两种情形：一是法院在接到当事人要求对证据进行调查收集的书面申请后未予答复的，二是法院认为该证据并非案件主要证据不予调查收集的。

## 二 对原审适用法律的审查

民商事申请再审案件针对原审裁判适用法律的审查主要是依据《民事诉讼法》第二百条第（六）项的规定，即"原判决、裁定适用法律确有错误"。根据《民事诉讼法》司法解释第 390 条，主要情形有以下六种。

### （一）适用的法律与案件性质明显不符

案件性质即当事人之间的法律关系，需要结合案件事实和证据综合认定。如果法官在认定法律关系时出现偏差，就会导致法律适用和裁判结果出现错误。

案例 7—2：

周某、艾某与 A 公司签订《协议书》，约定 A 公司将某分店 10% 的股份转给周某、艾某，周某不参与店内管理，双方共同承担公司的一切费用、损失等。后周某、艾某提起诉讼要求解除协议。原审法院认为当事人对彼此之间法律关系认识错误，双方法律关系应为民间借贷关系。后 A 公司认为原审认定法律关系错误申请再审。经审查，周某与 A 公司共同承担费用并共担损失，且在协议实际履行中获得分红，双方之间应为投资关系，原审法院认定为民间借贷关系属于适用法律错误。

### （二）确定民事责任明显违背当事人约定或者法律规定

审查内容包括三个方面：

1. 审查原判决、裁定是否正确认定民事行为的效力、正确解释合同条款；

2. 审查原判决、裁定是否正确适用有关归责原则、诉讼时效、责任构成、免责事由等法律规定；

3. 审查原判决、裁定确定当事人承担民事责任的方式是否符合《民法总则》《物权法》等法律规定，并结合相应单行法的特别规定进行综合审查。

### （三）适用已经失效或者尚未施行的法律

本项主要是指法律适用中对法律时间效力的认识错误。法律失效通常有四种情形：

1. 新法取代旧法，旧法终止生效；

2. 法律完成其历史任务自然失效；

3. 有权机关颁布特别决议、命令宣布废止；

4. 法律本身规定了终止生效的日期，期限届满且无延期规定的自行终止生效。

（四）违反法律溯及力规定

法律溯及力的一般原则是法不溯及既往，但在特定情况下，立法者可在法律中做出法律具有溯及力或者一定溯及力的规定。

（五）违反法律适用规则

法律的适用规则一般包括上位法优于下位法、特别法优于普通法、新法优于旧法、强行性规范优于任意性规范、属地法优先等。违背上述适用规则的，应当认定为违反本项规定。

（六）明显违背立法原意

在法律对某一事项或者某一领域只有原则性规定，缺乏具体规定的前提下，法官适用原则性法律条文时需要考量立法原意。本条款的适用范围较窄，应当注意避免被滥用。

### 三 对原审诉讼程序的审查

对原审诉讼程序的审查主要依据《民事诉讼法》第二百条第（七）项至第（十）项规定，包括：

（一）审判组织的组成不合法或者依法应当回避的审判人员没有回避

1. 审判组织的组成不合法

《民事诉讼法》确定了独任制和合议制两种主要的审判组织形式。"审判组织的组成不合法"的主要情形包括：

（1）陪审员进行了独任审判；

（2）应当组成合议庭进行审理的案件，由法官一人进行了独任审判；

（3）应当全部由法官组成合议庭进行审理的案件，却有陪审员参加了合议庭；

（4）依法另行组成合议庭的，却有参加过原审合议庭的法官或者陪审员参加了新组成的合议庭；

（5）合议庭组成人员未参加原庭审或者独任法官、合议庭组成人员不具有法官资格的，以及合议庭组成人员确定且告知当事人后，未经合法手续变更合议庭成员或者在法律文书上署名的法官并非告知当事人的合议庭组成人员等情形。

2. 应当回避的审判人员没有回避

《民事诉讼法》第四章确立了审判人员的回避制度，主要情形包括：

（1）审判人员应当回避而未主动回避；

（2）审判人员具有应当回避的情形且经当事人提起申请，但是法院做出了驳回回避申请的决定；

（3）法院经当事人申请后，决定相关审判人员回避的，该人员仍然参与案件审理；

（4）法庭未告知当事人相关权利。

（二）无诉讼行为能力人未经法定代理人代为诉讼或者应当参加诉讼的当事人，因不能归责于本人或者其诉讼代理人的事由，未参加诉讼

1. 无诉讼行为能力人未经法定代理人代为诉讼

主要审查以下要点：

（1）当事人是否为无诉讼行为能力人；

（2）该无诉讼行为能力的当事人是否有诉讼代理人；

（3）该诉讼代理人是否为适格的法定代理人或其授权的代理人。

2. 关于应当参加诉讼的当事人，因不能归责于本人或者其诉讼代理人的事由，未参加诉讼

"应当参加诉讼的当事人"源自诉讼法上的必要共同诉讼，是指基于法律的规定当事人必须一并参与诉讼，相关当事人未参加诉讼的，法院必须依职权或者依申请予以追加的当事人。违反本项规定的情形主要包括：

（1）对于必须共同进行诉讼的当事人没有参加诉讼的，法院有义务通知其参加诉讼但未履行通知义务；

（2）当事人向法院提出追加必要共同诉讼申请，但是法院裁定驳回申请错误的。需要注意的是，如果当事人向法院明确表示放弃自己的实体权利，或者是由于当事人本人或其诉讼代理人的过错导致未能参加诉讼的，不构成本项规定的再审事由。

案例 7—3：

曹某向 B 公司租赁钢管等物资，C 公司为该租赁合同的承租人提供

担保。后 B 公司起诉曹某和 C 公司要求支付租赁费用。原审法院依据
《租赁合同》支持了 B 公司的诉请。C 公司认为依据该《租赁合同》，原
审遗漏另一名设备租赁人成某作为当事人，程序违法，遂申请再审。经
审查，B 公司提供《租赁合同》承租方除了曹某，还列有承租方"成某"
并签字。原审法院未将成某追加为本案被告显属不当。

（三）违反法律规定，剥夺当事人辩论权利

剥夺当事人辩论权利的具体情况，应参照《民事诉讼法》司法解释
第 391 条的规定进行判断，主要包括：

1. 不允许当事人发表辩论意见

在法庭审理中，法官应当公正合理地分配时间，使当事人充分发表
辩论意见，如确实无法当场陈述的应当允许当事人庭后通过书面方式补
充。如果庭审中法官不允许一方当事人发表辩论意见，或者对当事人发
表辩论意见的次数、时间做出极为明显的区别对待，应当认定为不允许
当事人发表辩论意见。

2. 应当开庭审理而未开庭审理

一审民商事案件，除当事人庭前达成调解协议或者原告撤回起诉的，
均应当开庭审理。二审民商事案件经过阅卷、调查和询问当事人，对没
有提出新的事实、证据或者理由，合议庭认为不需要开庭审理的，可以
不开庭审理。违反上述规定不开庭审理的，认定为应当开庭审理而未开
庭审理。

3. 违反法律规定送达起诉状副本或者上诉状副本，致使当事人无法
行使辩论权利

法院应当在立案之日起 5 日内将起诉状副本发送被告。法院可以采
用直接送达、邮寄送达、留置送达、电子送达、转交送达、委托送达以
及公告送达等方式送达起诉状副本或者上诉状副本，但必须符合法律
规定。

违反法律规定采用不适当方式送达起诉状副本或者上诉状副本，致
使当事人无法行使辩论权利，应当认定为违反法律规定，剥夺当事人辩
论权利。

（四）未经传票传唤，缺席判决

法院审理民商事案件，应当在开庭 3 日前通知当事人和其他诉讼参

与人。未经传票传唤，不得缺席判决。法院应当审查原审法院是否合法送达了传票，除直接送达外，采用其他送达方式是否符合法律规定。在判断公告送达合法性时，应着重审查原审法院是否已穷尽其他送达方式。

**案例7—4：**

D公司与E公司签订《融资租赁合同》，由徐某、周某提供连带保证，后因E公司无法支付拖欠租金，D公司诉至法院。原审法院依法缺席判决徐某、周某二人承担连带保证责任。经审查，徐某收到过原审法院的诉讼材料和开庭传票，后原审法院未在传票载明的时间开庭，第二次开庭前未向徐某寄送传票，径直采用公告送达方式送达传票，徐某未能参加庭审。原审法院未能依法传唤徐某且公告送达程序违反法律规定，显属不当。

#### 四　其他法定再审事由的审查

民商事申请再审案件的其他法定事由审查主要包括：

**（一）原判决、裁定遗漏或者超出诉讼请求**

当事人的诉讼请求在原审审理过程中可能会发生变化，应当根据当事人在起诉状和庭审中的陈述确定当事人的诉请。在判决中，应当对当事人的诉讼请求逐一列明，说明是否支持以及阐述理由。针对该项申请再审事由，法院应当首先明确原审中当事人诉讼请求的项目、内容和范围，并核对原审判决是否做出回应，如有遗漏或者超出应当认定符合申请再审法定事由。

**案例7—5：**

F银行与G公司签订网贷通循环借款合同、最高额抵押合同各一份，G公司以其名下厂房提供抵押担保，赵某、马某对该笔债务承担连带保证责任。后因G公司、赵某、马某未清偿上述债务，F公司诉至法院。原审法院缺席判决G公司归还借款本息，赵某、马某承担连带清偿责任。经审查，原审法院判决未支持逾期利息且未释明不予支持的理由，属遗漏当事人诉请。

**（二）据以做出原判决、裁定的法律文书被撤销或者变更**

**1.法律文书的类型**

根据《民事诉讼法》司法解释第393条，法律文书的类型包括：

（1）发生法律效力的判决书、裁定书、调解书；

（2）发生法律效力的仲裁裁决书；

（3）具有强制执行效力的公证债权文书。

除上述法律文书以外的文书，如鉴定意见书等即使被撤销或变更也不构成法定再审事由。

2. 如何认定"据以做出"

审查依据主要包括：

（1）原判决、裁定所认定的主要事实全部或者部分来源于被撤销的法律文书，而非来源于原审认定的相关证据；

（2）采纳相关结论，原判决、裁定的结论来源于被撤销的法律文书，而非根据原审相关证据论证得出。

**案例7—6：**

在一件房屋所有权纠纷案件中，前案生效判决确认房屋产权归王某、包甲、包乙、包丙共同共有；原审判决根据前案判决确定的共有状态对房屋产权进行分割；后上级法院通过审判监督程序撤销了前案判决。现包甲以原审判决所依据的前案判决被撤销，申请对原审判决进行再审。经审查，因原审判决依据的生效判决被撤销，符合《民事诉讼法》第二百条第（十二）项的规定。

（三）审判人员审理该案件时有贪污受贿、徇私舞弊、枉法裁判行为

审判人员违法行为的认定主要依据生效的刑事法律文书或者纪律处分决定，除此之外的其他文书不能作为提起再审的依据。同时，在生效的刑事法律文书或者纪律处分决定中必须确认审判人员在审理该案中存在贪污受贿、徇私舞弊、枉法裁判行为。

**五　对生效调解书的审查**

**（一）调解违反自愿原则**

自愿原则不仅要求调解程序的启动应依据当事人的自愿选择，更要求协议的内容是出自当事人真实意思表示。对于法人或者其他社会组织的调解，需审查其代理人是否适格。无权代理人签订调解协议是实践中违反自愿原则的常见情形。

（二）调解协议的内容违反法律

本项所指"法律"仅指全国人大及其常委会制定的规范性法律文件以及国务院制定的行政法规。这些法律和行政法规可分为强制性规范和任意性规范，仅在违反强制性规范的情况下，方才符合申请再审的法定事由。

案例 7—7：

在一件房屋买卖合同纠纷中，当事人李甲患有精神分裂，其法定监护人为李乙。经原审法院主持，案件当事人之间达成调解协议，但未对李甲应享有的权益做出约定。后李甲、李乙认为该调解协议内容侵犯了李甲的合法权益，应认定无效。经审查，李甲系房屋的原始安置人、同住成年人，享有该房屋的一切合法权益。本案中，李乙只能代李甲做出纯受益的意思表示，而李乙代为放弃了李甲的实体权利，违反法律的相关规定。

# 第五节　再审阶段的调解技巧

两审终审制是我国民事诉讼的基本制度。但为了解决现实问题，民事诉讼法及民事诉讼法解释还专章规定了审判监督程序。2005 年最高人民法院发出关于加强再审调解工作的通知，自 2014 年最高人民法院巡回法庭的设立，再审案件再一次吸引了律师们的眼球。再审程序作为我国两审终审程序的突破，有着非常显著的特点，律师在代理再审案件时应从了解再审程序，建立再审思维开始。笔者认为，下面四种方法是法官常用的方法。

## 一　寻找症结，对症下药

在案件审查过程中，法官可以通过查阅案卷、听证询问，与当事人交谈、听取双方当事人的陈述、答辩，甚至到现场走访等方式寻找双方矛盾的症结所在，为妥善解决矛盾纠纷做准备。发现矛盾是解决矛盾的前提，民事案件双方当事人之间的纠纷，经过原一审甚至二审，其争议的焦点应当已经十分明显，而且在其申请再审过程中又会产生新的焦点。据此，在再审立案审查过程中，应当认真总结归纳双方当事人争议的各个焦点问题，围绕着焦点问题，在调解过程中对症下药，为逐个解决焦点问题做好准备。

### 二　把握当事人的心理特征，促成双方的合意

当事人在再审阶段最主要的心理特征为"韧性有余，冲劲不足"。所谓"韧性有余"是指当事人诉讼的心理承受力增强。通过原审诉讼，双方当事人已对于案件的事实和对方的观点以及法院对案件的认知都有了较全面的了解，并在一定程度上把握了诉讼规律，基本上熟悉了诉讼，消除了"畏诉"心理。加之再审当事人积怨已深，常常为了面子或争一口气而誓"将诉讼进行到底"。所谓"冲劲不足"是指当事人诉讼心理的疲怠性。再审当事人经历了一审、二审的漫长诉讼后，投入了大量的精力和财力，诉讼成本很高，等到再审时，漫长的诉讼过程往往已经将其拖得筋疲力尽。此时，当事人心理承受力虽然会有一定程度的增强，但这种心理承受能力其实已经接近极限，如果此时承办法官能及时把握住当事人的心理变化，进行积极的释明和有效的引导，便可使双方达成可行的调解方案，达到案结事了的效果。

### 三　谨言慎行，保持中立

法官在再审过程中，要始终谨言慎行，遵守法官职业道德，保持言行中立。法官在民事再审立案审查过程中，作为居中裁判者，如果言行中不能保持中立，在当事人心中必定会造成法官偏袒某方的印象，这往往会引起另一方的不满和对抗，不仅不利于调解工作的开展和案件的最后处理，还将严重削弱人民法院的司法公信力。因此，法官在再审案件的调解过程中，一定要注意语言的运用，掌握调解的艺术，保持中立，给当事人一种不偏不倚、公正公平的印象，只有把握好这一点，调解工作才能顺利开展。

### 四　以法析理，说服教育

申请再审的案件，经过一审、二审法院审理，再加上代理律师的介入，当事人对案件所涉及的法律已经有了一定的认知。在再审审查立案阶段，法官应当在查清案件事实的基础上，以娴熟的法律知识、丰富的

审判经验分清各方责任，以便确定调解方案，采用以法析理的方法进行调解。根据当事人法律认识和文化水平的差异，有针对性地进行说服，对于法律知识水平和文化水平较高的当事人，可以从法律的角度出发，向其阐明相关的法律规定，帮其分析诉讼的风险以及调解的优势；对于法律知识水平和文化水平相对较低的当事人，应从说理谈心的角度出发，引导当事人双方换位思考，从对方角度为对方着想，说服教育双方"以和为贵"，正确对待出现的矛盾，互谅互让，达成和解。

总之，再审程序的特点决定了律师代理再审案件应该跳出常规诉讼程序的程序性思维，从再审程序特点出发逐步建立再审思维，从而指导具体的再审代理工作。笔者认为专注再审案件，除了需要对再审程序、再审思维的深入理解及熟悉掌握外，更加需要对于证据瑕疵诉讼案件的再次加工处理能力。对于再审程序特点的理解与熟悉，也是为了这类证据瑕疵案件达成诉讼逆转效果这一最终结果而服务的。

# 本章小结

再审是复查程序，不是审理程序。因此，本章探索了再审程序的特点、律师代理再审案件的要领、律师在代理再审案件中应明确的十个问题，重点归纳了律师在再审法院对再审申请审查的视角、方法及要求，分析了再审阶段调解的技巧，为律师代理再审阶段提供了思路与方法。

# 第 八 章

# 律师代理企业破产的基本要领

笔者曾经办过多起企业破产案件，分别担任债务人、债权人及管理人的代理律师。在破产案件的代理中，律师应该掌握以下基本要领。

## 第一节　律师要把握企业破产的基本原理

笔者认为，律师通常接触的破产案件相对于民事诉讼的案件较少，律师代理企业破产案件时，首先应把握住破产案件的基本原理，这里分别从破产的概念、破产的原因及类型、律师应把握的基本原则、破产清算的程序四个方面分析。

### 一　破产的概念

破产，是指处理经济上的破产时债务如何清偿的法律制度，即对丧失清偿能力的债务人，经过法院审理与监督，强制清算其所有财产，公平、有序地清偿全体债权人的法律制度。

破产的概念有狭义和广义之分。狭义的破产法律制度是指破产清算法律制度，这也是大众所理解的含义，所以人们总是谈破产而色变。广义的破产法律制度，涵盖破产清算、破产重整与破产和解三种制度。破产重整、破产和解制度与破产清算制度的出发点不同，其主要目的是避免债务人破产清算。

同时，破产又有事实上的破产和法律上的破产之分。事实上的破产，是指债务人因资产不抵负债，客观上不能清偿债务而破产，即没有足够的资产清偿全部债务。法律上的破产，是指债务人因不能清偿到期债务而破产。两者在认定债务人是否破产的标准存在一定差异。在法律上的破产发生时，债务人的账面资产可能超过负债，也可能低于负债，但即使在其资产负债表上资产超过负债，却因无足够流动现金偿还到期债务，不得不以破产的方式还债，而在通过破产程序快速变现其财产时，资产变现的损失往往也会使其最终资不抵债。

## 二 破产的原因及类型

破产原因，又称"破产界限"，是指认定债务人丧失清偿能力，当事人得以提出破产申请，法院据以启动破产程序的法律事实，即引起破产程序发生的原因。

与破产的概念相同，破产原因也有狭义和广义之分。狭义的破产原因仅指破产清算程序启动的原因；广义的破产原因还包括和解程序与重整程序的启动原因、接管程序的启动原因等，泛指各种处理"危机企业"之法律程序的启动原因或条件。但重整程序开始的原因，较破产清算、和解程序更为宽松。

我国有关破产原因的法律规定集中于《破产法》第二条，即"企业法人不能清偿到期债务，并且资产不足以清偿全部债务或者明显缺乏清偿能力的，依照本法规定清理债务。企业法人有前款规定情形，或者有明显丧失清偿能力可能的，可以依照本法规定进行重整"。

### （一）一般破产原因

我国《破产法》中的破产原因包括两种情况：第一，债务人不能清偿到期债务，并且资产不足以清偿全部债务；第二，债务人不能清偿到期债务，且明确缺乏清偿能力。

笔者认为，"不能清偿到期债务"，是指债务人以明示或默示的形式表示其不能清偿到期债务，包括债权债务关系依法成立、债务履行期限已经届满、债务人未完全清偿债务三个方面的要件，而且只有这三个方面的要件同时具备时，才可认定为不能清偿到期债务。该条规定强调不能清偿到期债务的外部客观行为，而不是债务人的财产客观状况，实际上是将破产法理论上的"不能清偿"，变通解释为"停止支付"行为。

需要注意的是，"资不抵债"，即债务人的资产负债表，或者审计报告、资产评估报告等显示其全部资产不足以偿付全部负债的，人民法院应当认定债务人资产不足以清偿全部债务，但有相反证据足以证明债务人资产能够偿付全部债务的除外。

"明显缺乏清偿能力"即债务人账面资产虽大于负债，但存在下列情形之一的，人民法院应当认定其明显缺乏清偿能力：（1）因资金严重不足或者财产不能变现等原因，无法清偿债务；（2）法定代表人下落不明且无其他人员负责管理财产，无法清偿债务；（3）经人民法院强制执行，无法清偿债务；（4）长期亏损且经营扭亏困难，无法清偿债务；（5）导致债务人丧失清偿能力的其他情形。

（二）特殊破产原因

在企业解散清算过程中，如果发现企业资产不足以清偿全部债务的，清算责任人应向人民法院提出破产清算申请。企业法人已解散但未清算或者未在合理期限内清算完毕的，债权人可以申请债务人破产清算。

和解程序与重整程序在遇到障碍、依法转为破产清算程序时，一般也不需要考虑一般破产原因。

**三　破产清算的程序**

依《中华人民共和国企业破产法》和《中华人民共和国民事诉讼法》的规定，公司破产清算的程序是：第一，成立清算组。人民法院应当在宣告企业破产之日起十五日内成立清算组，接管破产企业，清算组应当由股东、有关机关及专业人士组成。第二，清算组接管破产公司。人民法院宣告企业破产后，破产企业由清算组接管，负责对破产企业的财产进行管理、清理、估价、处理、分配，代表破产企业参与民事活动，其行为对人民法院负责并汇报工作。第三，破产财产分配。分配破产财产，由清算组提出分配方案，在债权人会上讨论通过，报人民法院批准后由清算组具体执行。清算组分配破产财产前，首先应拨付清算费用，包括：①破产财产管理、变卖、分配所需的费用；②破产案件诉讼费；③为债权人的共同利益而在破产程序中支付的其他费用。破产财产在优先支付清算费用后，按以下顺序清偿：①破产企业拖欠的职工工资、劳动保险费用；②破产企业拖欠税款；③破产债权。第四，清算终结。破产财产清算分配完毕，由清算组向人民法院汇报清算分配工作的情况，并申请人民法院裁定破产终结，未得到清偿的债权，不再进行清偿。第五，注销登记。企业破产，破产财产分配完毕，企业法人依法终止其民事行为能力，清算组向破产公司的原登记机关申请注销原公司登记。

## 第二节　律师代理破产清算的工作内容

律师代理破产清算是可以代理提出破产清算请求的，其工作主要有代理或协助债权人或债务人向法院申请宣告破产，协助债权人或债务人参加债权人会议，参加和解与整顿。

公司破产后可以根据相关规定委托律师代理申请法院破产清算。律师事务所承办律师在参与公司企业破产清算过程中应根据《中华人民共和国企业破产法》及其他法律、法规的规定，并根据实践中的具体操作情况依法代理完成破产清算法律事务，律师在办理公司、企业破产的案件时主要应从事的工作如下。

### 一　代理或协助债权人或债务人向法院申请宣告破产

申请宣告破产可以由债权人提出也可以由债务人提出。律师在办理此项事务时应着重注意：协助债权人在一定的期限内向法院申报债权并说明债权的金额和有无财产担保、法院在受理破产案件后应当停止债务人财产的其他民事执行程序，并且债务人除正常的生产经营所必需外对部分债权人的清偿无效。

### 二　协助债权人或债务人参加债权人会议

律师要明确所有债权人均为债权人会议成员。除有财产担保的债权人未放弃优先受偿的权利外，债权人会议成员享有表决权。债务人的保证人代替债权人清偿债务后也可以作为债权人享有表决权。而且，债务人的法定代表人必须列席债权人会议，回答债权人的询问。第一次债权人会议在债权申报期限届满后一定期限内由法院召集。

债权人会议的职权通常是：

（一）审查有关债权的证明材料，确认债权有无财产担保及其数额；

（二）讨论通过和解协议草案；

（三）讨论通过破产财产的处理和分配方案等。

债权人会议的决议对全体债权人均有约束力，决议的通过须经出席会议的有表决权的债权人的过半数，并且其所代表的债权额，必须占无财产担保债权总额的半数以上，但通过和解协议草案的决议，必须占无财产担保债权总额的三分之二以上。如果债权人认为债权人会议的决议违反法律规定的，可以在债权人会议作出决议后提请法院裁定。

### 三　参加和解与整顿

被申请宣告破产的企业与债权人会议达成和解协议的，经法院认可后，由法院发布公告中止破产程序。在此条件下，企业就可以进行整顿并且应当定期将整顿的情况向债权人会议报告。如果是代理或协助企业一方的律师，要注意企业在整顿期间是否存在下列三种情形：（1）不执行和解协议；（2）财务状况继续恶化，债权人会议申请终结整顿；（3）如有隐匿、私分或无偿转让财产、非正常压价出售财产等严重损害债权人利益等情形的，经法院裁定，就要终结整顿，宣告破产。

### 四　参加清算组进行破产清算，明确什么是破产债权与破产财产

当法院宣告企业破产成立清算组接管破产企业后，律师可以受聘参加清算组从事有关法律事务工作。清算组的职责是对破产财产进行保管、清理、估价、处理和分配。需要注意的是，可以用于清偿的破产财产由（1）宣告破产时破产企业经营管理的全部财产；（2）破产企业在破产宣告后至破产程序终结前所取得的财产等。而破产债权是破产宣告前成立的无财产担保的债权和放弃优先受偿权利的有财产担保的债权。

破产财产的清偿顺序是，在优先拨付破产费用后按照下列顺序分配：

（1）破产企业所欠职工工资和劳动保险费用；

（2）破产企业所欠税款；

（3）破产债权进行，不足清偿同一顺序时按比例分配。

### 五　律师办理破产案件时应遵循的原则

笔者认为，律师在办理企业破产案件时，除应该遵守宪法、法律、法规及律师管理规定外，还应恪守以下三个原则：（1）独立性原则。律师清理破产财产，应当独立于委托人意志，独立于审计、评估等其他中

介机构，而不能完全听信于或受制于委托人；（2）审慎原则。律师应当以审慎原则贯穿清理破产财产全过程。对于通过被清理对象提供的任何资料、信息以及相关人员所作出的口头陈述而发现的任何问题，律师均应持审慎的怀疑态度，进行更深入的了解和探究。这是律师在清理破产财产工作中控制自身风险的重要手段之一；（3）专业性原则。律师应当在整体清理工作中充分体现从法律角度的核查和判断。律师在清理中关注的重点始终是法律状况，判断的是法律风险，律师应当从法律角度做出专业的判断。

# 第三节　律师代理破产案件时扮演的角色

## 一　代理债权人

在破产程序中保护债权人的利益是破产法的立法目的之一，也是非常重要的一个方面，《破产法》通过制度设计，使债权人的债权能够获得公平的清偿，权利能够得到救济，律师代理债权人参加破产程序，也是律师破产法律业务的一个重要业务范围。

（一）代理债权人申请对债务人重整或者破产清算

债务人不能清偿到期债务，债权人可以向人民法院提出对债务人进行重整或者破产清算的申请。

1. 代理债权人申请对债务人破产清算

律师代理债权人提出破产申请时，应当向法院提交破产申请书以及证明债权、债务性质、数额和债务人不能清偿到期债务，并且资产不足以清偿全部债务或者明显缺乏清偿能力的相关证据材料。破产申请书的主要内容包括：（1）申请人、被申请人的基本情况；（2）申请目的和请求；（3）债权发生的相关事实和证据；（4）债权的性质、数额及相关证据；（5）债权有无担保及相关证据；（6）债务人不能清偿到期债务及资产不足以清偿全部债务或者明显缺乏清偿能力的相关证据。如果人民法院认为应当载明其他事项，也应当按照人民法院的要求载明。针对债权人的申请，债务人享有异议提出权。若人民法院裁定不予受理破产申请，债权人享有十日的上诉期。

2. 代理债权人申请对债务人重整债权人可以直接向人民法院申请对

债务人进行重整。人民法院经过审查认为符合《破产法》的规定的，裁定债务人重整，并予以公告。

（二）代理债权人及时申报债权

在人民法院受理破产申请后，会确定债权人申报债权的期限，在此期限内，律师作为代理人，应及时地按照《破产法》的要求向管理人申报债权。对于债权表和债权申报材料，律师有权利到管理人处查阅。

（三）代理债权人出席债权人会议

依据《破产法》的规定，律师可以接受债权人的委托出席债权人会议，行使表决权。律师作为代理人出席债权人会议，应当向人民法院或者债权人会议主席提交债权人的授权委托书。债权人会议设主席一人，由人民法院从有表决权的债权人中指定。债权人会议由债权人会议主席主持。那么，律师作为债权人的代理人能否被指定为债权人会议主席呢？笔者认为，《破产法》并没有禁止性规定，律师所代理的债权人，如果是有表决权的债权人，那么律师就可以被人民法院指定担任债权人会议主席。基于同样的道理，律师作为债权人的代理人，也可以成为债权人委员会的成员。当然，并不是所有的破产程序债权人都会设立债权人委员会。债权人会议拥有《破产法》所规定的一系列职权，在债权人召开期间，正确地行使《破产法》所规定的债权人职权，切实维护债权人的合法权益，是律师作为代理人应尽的职责。《破产法》第六十一条对债权人会议的职权范围进行了规定。《破产法》第六十四条规定了债权人的决议撤销请求权，第六十六条规定了债权人的复议申请权，这两项权利是债权人享有的十分重要的权利，也是债权人维护自身合法权益的重要的救济措施。这两项权利的行使都是有严格条件限制的。对于决议撤销请求权，前提必须是债权人认为债权人会议的决议违反了法律规定，损害了其利益，在此前提下，债权人可以在债权人会议作出决议之日起十五日的期限内，向人民法院提出撤销该决议的请求。而债权人的复议申请权，只有债权额占无财产担保债权总额二分之一以上的债权人才能享有，必须在人民法院的裁定宣布之日或者收到通知之日起十五日内申请复议。律师作为债权人的代理人，应充分利用法律所规定的上述债权人权利，切实维护债权人的合法权益。

## 二　代理债务人

### （一）提交破产申请书及相关材料

如果是律师代理债务人提出破产申请的，除向法院提交破产申请书外，还应提交这些书面材料：（1）财产状况明细；（2）亏损情况的说明；（3）债务清册、债权清册；（4）财务会计报告；（5）在职职工及离退休人员或其他有劳务关系人员名册及其自然状况；（6）劳动人员安置预案以及工资的支付和社会保险费用的缴纳情况；（7）人民法院认为依法应当提供的其他材料。笔者认为，如果人民法院审查破产申请后，责令申请人限期更正、补充材料的，律师应当协助委托人及时更正、补充待补材料，如果人民法院驳回破产申请的，律师在委托权限内应就是否上诉向委托人出具法律意见。申请人决定上诉的，律师可在委托权限内代理委托人提起上诉。

### （二）代理债务人申请重整、和解或者破产清算

债务人享有重整、和解或者破产清算的申请权。企业法人不能清偿到期债务，并且资产不足以清偿全部债务或者明显缺乏清偿能力的，依法清理债务。债务人申请破产清算或者和解的前提条件相对于申请重整更为严格，只能是企业法人不能清偿到期债务，同时资产已经不足以清偿全部的债务，或者企业法人不能清偿到期债务，同时明显缺乏清偿能力，债务人可以向人民法院申请破产清算或者和解。在上述情形之外，如果债务人有明显丧失清偿能力的可能性，债务人均可以申请人民法院进行重整。

### （三）代理债务人申请破产清算

律师代理债务人向人民法院申请破产清算时，应当向人民法院提交破产申请书及相关证据。破产申请书应当载明申请人的基本情况，写明申请目的、申请的事实和理由，如果人民法院认为应当载明其他事项，也应当按照人民法院的要求载明。同时，还应当向人民法院提交债务人财产状况说明、债务清册、债权清册、有关财务会计报告、职工安置预案以及职工工资的支付和社会保险费用的缴纳情况这些基本证据。人民法院裁定不受理债务人破产申请的，或者人民法院受理破产申请后至破产宣告前，经审查发现债务人不符合法律规定情形的，可以裁定驳回债

务人的申请，律师此时应注意债务人享有十日的上诉期。

（四）代理债务人申请重整

律师可以代理债务人直接向人民法院申请重整，也可以在人民法院受理债权人破产申请后、宣告债务人破产前向人民法院提出重整申请。在人民法院裁定债务人重整之日起 6 个月内，应当同时向人民法院和债权人会议提交重整计划草案，如果不按期提交该草案，将面临人民法院裁定终止重整程序，并宣告债务人破产的法律后果。

（五）代理债务人申请和解

律师可以代理债务人依照新企业破产法的规定，直接向人民法院申请和解；也可以在人民法院受理破产申请后、宣告债务人破产前，向人民法院申请和解。代理债务人申请和解的同时，应当提出和解协议草案。

（六）代理债务人参加破产清算程序

在人民法院受理破产申请之日起，到破产程序终结之日止，债务人及其相关人员必须履行破产法所规定的一系列义务，如财产保管义务、如实回答询问义务、如实提交相关资料义务、不得擅自离开住所地的义务、不得对个别债权人进行债务清偿的义务等，律师作为代理人，应提醒债务人履行相关法律规定的义务，以避免未切实履行相关义务而被追究法律责任。

（七）代理债务人参加重整程序

代理债务人参加重整程序的一个重要工作就是制作重整计划草案，在破产重整程序中，制作重整计划草案是一个重要的工作，整个重整程序就是围绕重整计划展开的，从重整计划的制订和批准，到重整计划的执行。笔者认为，重整计划的重中之重不是对债权的调整方案和债权受偿方案的制定，而是制定切实可行的具有可操作性的经营方案。

重整程序的设置目的在于给债务人一个重生的机会，而重整计划草案能否获得各表决组通过的关键正在于债务人经营方案是否具有可行性。如果债权人看不到债务人重整的希望，继续经营只会带来更加恶化的局面，那么，债权人很可能会选择终结重整程序，直接对债务人进行破产清算。因此，债务人经营方案的制定应该成为制订重整计划草案的重中之重。笔者认为，经营方案应当对债务人的资产状况、产品结构、市场前景进行深入分析论证，找出债务人陷入困境的缘由，进而提出解决之道，经营方案应该是建立在债务人实际情况基础之上的，应具有可行性。笔者认为，重整计划的执行期限不应过短，以3—5年为宜，过短难免操之过急，过长则不利于对债权人利益的保护，而重整计划执行的监督期限，建议同执行期限相一致，这样更有利于管理人对债务人经营状况的了解，一旦出现债务人不能执行重整计划的情形出现，可随时请求人民法院裁定终止重整计划的执行，进入破产清算程序。

（八）代理债务人参加和解程序

和解程序的设置是充分发挥当事人意思自治权利在破产法中的体现，意思自治是民法的一项基本原则，也是市场经济主体的一项基本权利，在破产程序中，破产法赋予了破产债务人和债权人和解的权利。但是，这项权利不是绝对的、不受制约的权利，债务人提出的和解协议草案在债权人会议通过后，还必须获得人民法院的认可，人民法院享有对和解协议草案的审查权利，如果认定债务人存在欺诈情形或者和解协议存在违法行为，人民法院可以直接认定和解无效而终结和解程序，直接进入破产清算程序。

笔者认为，律师代理债务人参与破产和解程序，应充分利用破产法所赋予的债务人的这项权利，提出切实可行的和解协议草案，来获得债权人的认可，使债务人在最短的时间内摆脱困境，避免被清算的厄运。和解协议草案的制定，以及同全体债权人就债权债务处理问题的谈判是一项非常技巧性的工作，律师在这项工作中应充分发挥自身职业优势，采用诸多切实可行的措施来达到目的。

### 三　担任管理人

依照《破产法》的规定，管理人由人民法院指定。律师事务所可以担任管理人，律师个人也可以接受人民法院的指定担任管理人。但是，应注意的是，如果律师以个人名义担任管理人的，应当参加执业责任保险。管理人在整个破产程序中，占据非常重要的地位，发挥着非常关键的作用，《破产法》赋予了管理人一系列权利，也为其设定了诸多义务，律师担任管理人，应严格依照《破产法》的规定履行相关职责。除《破产法》第二十五条所列明的管理人职责外，《破产法》对管理人规定了一系列的权利和义务，归纳如下。

（一）破产法所规定的管理人权利

1. 代为接受权；

2. 尚未履行完毕合同的解除或继续履行权；

3. 列席债权人会议的权利；

4. 取得报酬的权利；

5. 撤销权；

6. 追索权；

7. 质物、留置物取回权；

8. 交付标的物请求权；

9. 债权人会议召开提议权；

10. 重整期间对债务人自行管理的监督权；

11. 为借款设定担保的权利；

12. 提交重整计划草案的权利；

13. 申请人民法院批准重整计划草案的请求权；

14. 重整计划执行的监督权；

15. 重整计划执行的申请权；

16. 配额的提存权和再次分配权；

17. 破产程序终结请求权。

（二）破产法所规定的管理人义务

1. 向债权人会议报告职务执行情况的义务；

2. 回答债权人会议询问的义务；

3. 勤勉尽责及忠实义务；

4. 持续履职义务；

5. 认缴出资追缴义务；

6. 侵占财产追缴义务；

7. 债权表和债权申报材料的保存义务；

8. 债权人会议通知义务；

9. 接受债权人会议、债权人委员会监督的义务；

10. 特殊行为的及时报告义务；

11. 财产和营业事务的移交义务；

12. 向债权人会议就重整计划草案做出说明并回答询问的义务；

13. 及时拟定破产财产变价方案的义务；

14. 执行破产财产变价方案的义务；

15. 及时拟定破产财产分配方案的义务；

16. 执行破产财产分配方案的义务；

17. 破产财产分配报告提交义务；

18. 办理注销登记义务；

19. 继续参加诉讼及仲裁义务。

（三）律师担任破产管理人的途径

1. 编入管理人名册

首先，根据法院发布的编制管理人名册的公告，具有任职资格的机构和个人申请编入管理人名册。

其次，人民法院组成专门评审委员会，初步决定编入管理人名册的社会中介机构和个人名单，并进行公示。

最后，公示期满后，人民法院审定管理人名册，并通过全国有影响的媒体公布，同时逐级上报最高人民法院备案。

2. 管理人的指定

人民法院裁定受理破产申请的，应当同时指定管理人。《最高人民法院关于指定管理人规定》具体规定了人民法院指定管理人主要有三种方式，即随机、竞争和接受推荐。

第一，随机方式。最高人民法院关于审理企业破产案件指定管理人的规定（以下简称《指定管理人规定》）第二十条规定，人民法院一般应当按照管理人名册所列名单采取轮候、抽签、摇号等随机方式公开指定管理人。

第二，竞争方式。根据《指定管理人规定》第二十一条的规定，竞争方式主要适用于商业银行、证券公司、保险公司等金融机构或者在全国范围有重大影响、法律关系复杂、债务人财产分散的企业破产案件。此类破产案件重大复杂，通过竞争方式可以选出具有相应资质和能力的管理人，保证破产程序的顺利开展。

第三，接受推荐方式。《指定管理人规定》第二十二条规定，对于经过行政清理、清算的商业银行、证券公司、保险公司等金融机构的破产案件，人民法院除可以指定清算组为管理人外，也可以在金融监督管理机构推荐的已编入管理人名册的社会中介机构中指定管理人。

律师担任管理人通常是受人民法院的指定或受管理人委托，律师应当履行的职责是：（1）接管债务人的财产、印章和账簿、文书等资料；（2）清理债务人财产状况，制作财产状况报告；（3）决定债务人的内部管理事务；（4）决定债务人的日常开支和其他必要开支；（5）在第一次债权人会议召开之前，决定继续或者停止债务人的营业；（6）管理和处分债务人的财产；（7）代表债务人参加诉讼、仲裁或者其他法律程序；（8）提议召开债权人会议；（9）人民法院认为管理人应当履行的其他职责。

笔者认为，律师担任管理人或受管理人委托时，可以全面接管破产企业，与破产企业签订破产企业移交接管书，列明财产交接清单。之后，起草并向法院提供破产企业移交接管情况说明书或报告书。律师应接收破产企业如下财产：（1）破产企业全部权属证书、证照、合同、档案、纸版电子版文件、文档、印章等；（2）破产企业的财务账册、银行账户资料、银行存款的凭证、库存现金，股权、投资，有价证券等；（3）破产企业固定资产及存货；（4）破产企业无形资产；（5）破产企业的其他财产。

律师对破产企业资产进行接管时，应当要求企业法定代表人及有关负责人（财务、物业管理等）共同进行清点，财产交接时应由其签字确认。律师担任管理人或受管理人委托的，债务人的债务人或者财产持有人应当向管理人或其委托律师清偿债务或者交付财产。债务人的债务人或者财产持有人故意违反规定向债务人清偿债务或者交付财产，使债权人受到损失的，管理人或其律师应当明确记载该事实，申请法院不免除责任人清偿债务或者交付财产的义务。管理人行使撤销权的，可以由律师向人民法院提交申请书。律师担任管理人或受管理人委托的可以委托有关机构对破产财务进行审计和评估，并将审计、评估结果一并报告法院。

律师担任管理人或受管理人委托应着重审查破产企业以下财务内容：（1）破产企业的基本情况：企业的注册登记情况、股东组成情况、股权比例情况、企业注册资本合成及到位与否；（2）破产企业财务管理情况；（3）破产企业财务人员情况和变动情况；（4）财务账册及原始凭证的真实和完整情况；（5）账目记录真伪情况；（6）财务审批合法合规或合章情况。

# 第四节　律师代理破产清算时应把握的技巧

### 一　律师清理破产财产应当把握下列基本的技巧

1. 律师应当注意保持与委托人以及清理对象的良好沟通，以便将律师在清理过程所发现的问题及解决问题的方法及时反馈给客户。对于需要制作清理笔录的，应当亲自当面询问有关人员，以保证清理破产财产工作的真实性；

2. 律师应当注意同其他中介机构的配合。企业破产清算通常是由几个中介机构共同参与完成的，律师在工作中应当同其他中介机构相互配合，将各自了解到的情况和资料相互通报，共同探讨解决问题的方法和途径，使项目能保质保量地顺利完成；

3. 律师清理破产财产，应当认真审核、比对相关资料。如果发现相关资料存在矛盾或者不相一致，应当要求委托人予以核实，也可以商请其他中介机构协助清理，或由律师再次清理，以保证清理破产财产的准确性；

4. 律师清理破产财产，应当注意收集完整的清理资料，对于因客观原因无法获得与破产有重大关系的文件和证据的，应当在有关法律文件中明确说明；

5. 律师清理破产财产，应当依据破产企业的特点和实际情况，以书面形式向被清理对象出具清理破产财产清单，要求被清理对象在合理或约定时间内依据清单，以律师所知晓的形式提供真实、完整、齐备的资料原件或与原件审核一致的复印件。

### 二　律师在核查中应提供的文件

（一）律师对"企业基本状况"的核查，应当清理破产财产清单中包括但不限于下列文件（必要时需要辅之以企业工商登记的查询资料）：（1）破产企业的营业执照；（2）破产企业历次变更的章程及目前有效的章程；（3）与破产企业设立相关的政府有权部门的批文；（4）与业务经营相关的批准、许可或授权；（5）企业取得的资格认定证书，如业务经营许可证等；（6）企业变更登记事项的申请与批准文件；（7）企业成立时及成立之后历次验资报告及审计、评估报告；（8）股东会、董事会的会议记录和决议；（9）企业分支机构和企业对外投资证明；（10）税务登记证以及有关税收优惠情况说明及批文；（11）外汇登记证；（12）海关登记证明；（13）企业已经取得的优惠待遇的相关证明文件；（14）其他相关证明文件。

（二）律师对"企业治理结构"的核查时，应当清理破产财产清单中包括但不限于下列文件：（1）企业目前的股本结构或出资人出资情况的说明；（2）有关企业目前的管理结构、薪酬体系的文件；（3）有关企业内部管理制度与风险控制制度的文件。

（三）律师对"股权情况"的核查，应当清理破产财产清单中包括但不限于下列相关文件：（1）有关企业的股权结构及其演变过程的证明文件；（2）股权有无质押或其他形式权利行使障碍的证明文件；（3）有关股东出资方式、出资金额的证明文件；（4）股东以非货币财产出资的财产权属证明文件及权属变更登记文件。律师对"有形资产"的核查，应当清理破产财产清单中包括但不限于下列文件：（1）企业及其附属机构房屋产权及重要设备的清单；（2）企业及其附属机构有关房屋及重要设备租赁的文件；（3）企业及其附属机构有关海关免税的机械设备（车辆）的证明文件（如有）；（4）企业其他有形资产的清单及权属证明文件。

（四）律师对"土地使用权及其他无形资产情况"的核查，应当清理破产财产清单中包括但不限于下列文件：（1）企业及其附属机构对各项软件、产品等无形资产所拥有的知识产权清单，包括专利、商标、版权及其他知识产权；（2）所有与知识产权有关的注册登记证明及协议；（3）企业及其附属机构土地使用权证、租赁土地的协议；（4）企业及其附属机构签署的重大知识产权或专有技术相关协议。

（五）律师对破产企业所签署或者有关联关系的"重大合同情况"的核查，应当清理破产财产清单中包括但不限于下列文件：（1）任何与企业及其附属机构股权有关的合同；（2）任何在企业及其附属机构的动产或不动产设定的所有抵押、质押、留置权等担保权益或其他权益限制相关的合同；（3）企业及其关联机构的兼并、分立、合并、歇业、清算、破产的相关合同；（4）企业及其附属机构签署的所有重要服务协议；（5）企业及其附属机构签署的所有重要许可协议、特许安排及附有条件的买卖合同；（6）企业及其附属机构签署的所有重要能源与原材料或必需品等供应合同；（7）企业及其附属机构签署的所有重大保险合同；（8）企业及其附属机构破产前签署的任何与合并、联合、重组、收购或出售有关的重要文件；（9）企业及其附属机构与主要客户签订的其他与其经营有重大影响的合同；（10）其他重要合同，如联营合同、征用土地合同、大额贷款或拆借合同、重大承包经营、租赁经营合同或投资参/控股及利润共享的合同或协议，等等；（11）律师对破产企业"重大债权债务"的核查，应当清理破产财产清单中包括但不限于下列文件；（12）有关公司应收款、其他应收款的真实及权利的完整；（13）应付款项是否与业务相关，有无异常负债；（14）有无或有事项及或有负债；（15）有无因债权债务事项而可能引发的纠纷。

（六）律师需要清理破产企业所涉及的"重大法律纠纷、行政处罚等情况"的，应当清理破产财产清单中包括但不限于下列相关文件：（1）企业未了结的诉讼、仲裁、行政处罚、索赔要求及政府部门之清理或质询的详细情况；（2）企业违反或被告知违反卫生、防火、建筑、规划、安全等方面之法律、法规、通知或诉讼的情况；（3）企业所知晓的将来可能使之涉及诉讼、仲裁、行政处罚、索赔要求、政府部门质询的事实。

（七）律师对破产企业"人员基本情况"的核查，应当清理破产财产清单中包括但不限于下列相关文件：（1）企业高级管理人员的基本情况；（2）企业和职工签订的劳动合同样本；（3）企业工会组织的情况和与工会签订的集体劳动合同或协议；（4）企业职工福利政策；（5）企业所欠职工工资和缴纳社会保险费的情况。

此外，律师对外债权清理核查，应注意下列问题：（1）律师担任管理人或受管理人委托聘请具有资质的会计机构或人员对破产企业的应收账款进行审计，并编制成册。（2）律师与破产企业法定代表人、财务人员或其他相关人员沟通，掌握每笔应收账款的形成过程和证据情况，应着重注意诉讼时效情况。（3）律师根据审计报告、其他材料，结合企业实际，起草破产企业对外债权确认报告。

律师对企业破产清算工作出具法律意见的，应当依据国家破产法律法规的要求，就相关法律问题发表明确的结论性意见。律师可以采取书面形式对企业破产清算工作出具如下《法律意见书》：（1）关于破产财产清理报告的《法律意见书》；（2）关于破产财产分配方案的《法律意见书》；（3）关于破产企业和解协议的《法律意见书》；（4）律师应根据清理破产财产情况判断是否出具带有保留意见的《法律意见书》，出具带有保留意见的法律意见书时应说明理由。需要明确的是，律师出具的《法律意见书》，主要是帮助债权人、管理人、债务人或法院确定破产程序进行合法与否进行判断。非经律师事务所及签字律师同意不得用于企业破产以外的其他目的或用途。

# 第五节　企业并购重组律师的主要工作

在企业破产案件中，伴随着的是企业的并购与重组，如果律师接受企业的委托，可以开展相关工作。

## 一　在实施并购前对并购交易标的的合法性进行审查

笔者认为，并购不完全是一种市场行为，其中在参与主体、市场准入、经营规模和范围等方面必然受到有关国家法律法规或相关政策的限制，特别是当并购涉及国有企业的时候，政府干预是必然的，而且政府在并购中所扮演的角色有时会直接关系到并购的成败。所以，律师参与企业并购业务首先要对并购交易的合法性进行审查。

## 二　对目标企业所涉及的法律事项做尽职调查

为了确保并购的可靠性，减少并购可能产生的风险与损失，并购方在决定并购目标公司前，必须要对目标公司的内部情况进行一些审慎的调查与评估。这些调查和评估事项包括：

1. 目标公司的产权证明资料（一般指涉及国有产权时国资管理部门核发的产权证或投资证明资料）；

2. 目标公司的工商注册登记资料（包括公司章程、各类出资或验资证明报告等）；

3. 有关目标公司经营财务报表或资产评估报告；

4. 参与并购的中介机构从业资质；

5. 目标公司所拥有的知识产权情况；

6. 目标公司重大资产（包括房产、土地使用权、知识产权等）、负债或合同事项；

7. 目标公司管理框架结构和人员组成；

8. 有关国家对目标公司的税收政策；

9. 各类可能的或有负债情况（包括各类担保、诉讼或面临行政处罚等事项）；

10. 其他根据目标公司的特殊情况所需要调查的特殊事项。

### 三 出具完备的并购方案和法律意见书

并购方律师参与并购的核心工作就是为其实施并购行为提供或设计切实可行的并购方案和出具相关的法律意见书，以便对并购中所涉及的法律风险进行提示或适当的规避。目前，对国有企业产权的交易，一般律师的法律意见书是向管理国有资产的上级主管部门或政府机关报批时所必需的法律文件。

### 四 起草相关的合同、协议等法律文件

企业并购行为往往同时涉及企业的资产、负债或人员等重组事项，其间必然涉及需要律师起草或审核的大量合同、协议等法律文件。这些合同或协议文件是最终确立企业并购各方权利义务法律关系的依据，务必需要专业律师从中进行必要的审核把关。

### 五 参与有关的并购事项商务谈判

对企业并购而言，主要还是一种市场交易行为，需要参与并购的各方反复进行商务方面的谈判，至于面临企业并购失败的风险也是非常正常的事情，只有最后谈成的结果才能形成书面上的法律文件。律师参与并购业务的谈判，有利于律师全面了解或掌握交易各方的真实意图，并随时为交易各方提供谈判内容的法律依据或咨询服务。

### 六 目标公司律师的主要工作事项

笔者认为，律师接受目标公司的委托后，需要开展下列工作：

1. 审核并购方的正式授权和谈判效力问题；

2. 制作或审核有关的并购保密及承诺事项协议或担保文件；

3. 协助目标公司回答并购方提出或调查了解的一系列法律问题；

4. 参与起草或审核与并购相关的合同或协议等法律文件；

5. 参与或直接代表目标公司进行商务谈判。

由此可见，企业并购重组律师起了很大的作用。律师保证了企业并购重组的合法性，并且对实施的并购行为出具律师意见书，起草相关合同、协议等法律文件。

## 第六节 律师在代理破产案件中应注意的问题

笔者认为，律师在代理破产案件中，应该注意下列问题：

（一）律师在参与企业破产清算过程中，应帮助破产企业按照《中华人民共和国劳动法》的有关规定确立和职工之间的劳动关系，建立企业破产解除用工合同、劳动者受偿后自主择业的市场化机制，妥善处理破产企业职工补偿问题。

（二）律师在参与企业破产清算过程中，应注意避免借破产之机侵害职工利益的情况。同时律师也应谨慎处理破产中发生的各种问题，避免激化矛盾，协助企业和各级政府机关维护社会稳定。

（三）律师在参与企业破产与整顿过程时，应熟悉《劳动法》以及相关的法律、法规、规章和规范性文件。

（四）律师在接受指定或管理人委托后，凡是涉及职工合法权益的问题，都应建议委托人听取企业职工或职工代表大会的意见。

（五）律师协助破产企业编制有关破产财产分配方案涉及职工问题的，按照破产法的规定认真收集、审核各项资料，保证清理破产财产工作的独立性、真实性和准确性。

（六）律师应当了解破产企业存在哪几类职工问题。针对不同职工提出的请求应当详细了解情况，结合相关材料，一一备案，寻找证据，进行核实和排除，避免冤假错案，实事求是地解决民生问题。律师应当了解破产企业破产财产是否足以补偿职工工资和福利待遇，并以书面形式详细解释实际情况，做到账目清晰，账物相符。

（七）律师在清理破产财产时应注意搜集和研究破产企业原有的劳动政策文件和劳动规章制度；查阅职工代表大会的会议记录及决议；审阅集体合同、劳动合同以及相关协议的样本；审阅已有或正在进行的劳动争议纠纷调解、仲裁或诉讼文件，并要求破产企业提供职工基本情况以及为职工缴纳社会保险及住房公积金情况的说明。

## 本章小结

本章从企业破产的基本原理入手，探索了律师代理企业破产的方法、技巧、可能遇到的困难及应注意的问题，总结了律师在企业破产法律服务中的代理基本要领，为律师代理企业破产案件提供了思路。

# 第 九 章

# 律师在风险代理中的方法与技巧

风险代理是委托代理人与当事人之间的一种特殊委托诉讼代理，委托人先不预支付代理费，案件执行后委托人按照执行到位债权的一定比例付给代理人作为报酬。风险代理收费是指律师事务所在接受委托时，只收取基础费用，其余服务报酬由律师事务所与委托人就委托事项应实现的目标、效果和支付律师服务费的时间、比例、条件等先行约定。达到约定条件的，按约定支付费用；不能实现约定的，不再支付任何费用。2006年4月13日《律师服务收费管理办法》正式确认风险收费是律师收费的一种方式，确认律师风险收费的合法性。

## 第一节　风险代理的收费方式

以笔者办理和接触的风险代理案件来看，风险代理从大类上分有两种收费方式。

（一）半风险代理模式

在代理合同中律师代理费分两部分，基本代理费和风险代理费。

基本代理费部分签约后支付，且不论办案结果如何，这部分不予退还。

而风险代理部分则是约定以一定比例或标准，结合案件处理结果，支付风险代理费。

（二）全风险代理模式

合同中的全部代理费均与结果挂钩，全部是按一定比例或标准，结合案件处理结果确定应支付的代理费。

不管是半风险代理模式中的风险代理部分还是全风险代理模式，双方视案情需要也可以约定当事人先预付一部分或全部的风险代理费，最后根据案件结果多退少补。

需要特别说明的是，风险代理中律师的风险指的是律师付出劳动有无法获得相应报酬的风险。但在办案过程中发生的法院等第三方收取的诉讼费、保全费等费用或者律师在办案过程中发生的差旅费等办案支出，并不属于风险代理范围。

法院等第三方收取与诉讼相关的费用，不管是否聘请律师代理，都会发生。而律师办案过程中发生的差旅费，如果律师不代理，当事人自己处理同样也会发生。这些费用是由当事人根据实际发生情况支付的，不在律师风险代理费范围。

另外，与案件结果挂钩可能是指案件的判决结果，也可能是指案件判决后的执行结果。到底是与哪个结果挂钩，需要双方在代理合同中予以明确。

（三）风险代理的收费标准

司法部、国家发展和改革委员会、国家市场监督管理总局《关于进一步规范律师服务收费的意见》做了如下规定：

提升律师服务收费合理化水平。律师服务收费项目、收费方式、收费标准等原则上由律师事务所制定。在制定律师服务费标准时，律师事务所应当统筹考虑律师提供服务耗费的工作时间、法律事务的难易程度、委托人的承受能力、律师可能承担的风险和责任、律师的社会信誉和工作水平等因素。各省（区、市）律师协会指导设区的市或者直辖市的区（县）律师协会对律师事务所制定的律师服务费标准实施动态监测分析。

严格限制风险代理收费金额。律师事务所与当事人约定风险代理收费的，可以按照固定的金额收费，也可以按照当事人最终实现的债权或者减免的债务金额（下称标的额）的一定比例收费。律师事务所在风险代理各个环节收取的律师服务费合计最高金额应当符合下列规定：标的额不足人民币100万元的部分，不得超过标的额的18%；标的额在人民币100万元以上不足500万元的部分，不得超过标的额的15%；标的额在人民币500万元以上不足1000万元的部分，不得超过标的额的12%；标的额在人民币1000万元以上不足5000万元的部分，不得超过标的额的

9%；标的额在人民币 5000 万元以上的部分，不得超过标的额的 6%。

此外，要求律师事务所建立风险代理告知和提示机制。律师事务所应当与当事人签订专门的书面风险代理合同，并在风险代理合同中以醒目方式明确告知当事人风险代理的含义、禁止适用风险代理案件范围、风险代理最高收费金额限制等事项，并就当事人委托的法律服务事项可能发生的风险、双方约定的委托事项应达成的目标、双方各自承担的风险和责任等进行提示。

## 第二节　不适用风险代理的情形

不适用风险代理的案件：

（一）根据《律师服务收费管理办法》第十一条规定："办理涉及财产关系的民事案件时，委托人被告知政府指导价后仍要求实行风险代理的，律师事务所可以实行风险代理收费，但下列情形除外：

（1）婚姻、继承案件；

（2）请求给予社会保险待遇或者最低生活保障待遇的；

（3）请求给付赡养费、抚养费、扶养费、抚恤金、救济金、工伤赔偿的；

（4）请求支付劳动报酬的等。"

（二）根据《律师服务收费管理办法》第十二条规定："禁止刑事诉讼案件、行政诉讼案件、国家赔偿案件以及群体性诉讼案件实行风险代理收费。"

（三）申诉的案件不适用风险代理。根据《最高人民法院、最高人民检察院、司法部关于逐步实行律师代理申诉制度的意见》第十五条规定："强化律师代理申诉执业管理。对律师在代理申诉过程中，违反《中华人民共和国律师法》《律师执业管理办法》等规定，具有煽动、教唆和组织申诉人以违法方式表达诉求；利用代理申诉案件过程中获得的案件信息进行歪曲、有误导性的宣传和评论，恶意炒作案件；与申诉人订立风险代理协议；在人民法院或者人民检察院驻点提供法律服务时接待其他当事人，或者通过虚假承诺、明示或暗示与司法机关的特殊关系等方式诱使其他当事人签订委托代理协议等行为的，司法行政部门或者律师协会应当相应给予行业处分和行政处罚。构成犯罪的，依法追究刑事责任。"

## 第三节　风险代理过程中对于相关问题的处理

（一）律师与当事人签订风险代理合同后，如果当事人采取调解、撤诉等方式结案而未实现当事人的预期利益，风险代理费可否仍按代理合同收取代理费？

观点一：风险代理费的收取一般来说与案件的处理结果息息相关，但是，案件的处理结果不应以判决、调解或撤诉等不同的结案方式不同而区别对待。衡量代理费收取的标准主要看律师在代理过程中是否尽到了合同约定的代理义务并达到了约定的代理效果，只要律师已经尽到代理义务且达到约定的代理效果的，仍可以按约定收取风险代理律师费。

广东省广州市中级人民法院在广州某环保科技有限公司与广东某律师事务所委托代理合同纠纷一案民事判决书【（2016）粤01民终10368号】中认为："无论另案诉讼以何种方式结案，某公司签署《委托代理合同》及约定风险代理条款的目的在于通过律师代理其诉讼取回钜发公司欠付的被银行划转的款项，某公司单方面将条款中'执行款到账'字面意思作'由法院判决中信银行败诉并执行到账金额503.8万元后才予以计提风险代理费'的解释，显然有违合同本意。无论从合同目的还是风险代理条款含义，风险代理费的支付条件即讼争款项到账。故本院对宝信丰公司的该项主张不予支持。"

观点二：风险代理收费能否实现与委托人的合法利益能否切实得到实现密切相关，如果因为当事人与被告和解、放弃诉讼或终止代理等，仍按风险代理协议约定的收回额提取风险代理费，确实加重了委托人的诉讼风险，不利于社会和谐与社会公共利益。

最高人民法院在河南某律师事务所与洛阳某商业银行股份有限公司诉讼代理合同纠纷一案民事裁定书【（2017）最高法民申2833号】中认为："首先，从风险代理行为的本质看，风险代理收费能否实现与委托人的合法利益能否切实得到实现密切相关……其次，《风险代理协议》中第七条第二款，'本协议签订后，在乙方已提供追加被告或可供执行财产证据的前提下，如甲方私自与被告和解，放弃诉讼或终止代理等，仍按风险代理协议约定的收回额的 40% 提取风险代理费'的约定，该约定虽然是由当事人自愿达成，但确实加重了委托人的诉讼风险，不利于社会和谐与社会公共利益，原判决认定该条款为无效条款，并无不当……第三，根据《中华人民共和国合同法》第四百一十条的规定，委托人或者受托人可以随时解除合同，因解除合同给对方造成损失的，除不可归责于该当事人的事由以外，应当赔偿损失。如弘创律所认为西工联社解除双方合同给其造成了经济损失，可向西工联社主张赔偿，原审法院也已向其释明可提供证明其所受损失的相关证据，但其以涉及商业秘密为由不予提供，此种情况下，原判决驳回其诉讼请求并无不当。"

综上所述，当事人在与律师签订风险代理合同后，与对方达成调解协议或撤诉，风险代理费也应作适当的调整，主要理由归纳如下：

（1）无论是当事人与对方当事人达成调解协议还是撤诉，都是当事人的诉讼权利，律师不得以风险代理为由限制当事人做出上述行为；

（2）当事人放弃部分权利，说明其实现的利益未达到预期的希望值，在其放弃自己利益的前提下，如果律师仍按原来的风险代理合同收取代理费无疑加重了当事人的负担，不利于社会和谐与社会公共利益；

（3）风险代理费用的降低是当事人利益与律师利益平衡的结果，但不管当事人如何放弃自己的权利，其应支付的代理费不应低于正常代理所应支付的代理费。

（二）风险代理的代理费可否由败诉方承担？

当事人向律师事务所事先固定支付的律师服务费是律师费，当事人与律师事务所约定的律师风险代理费也是律师费，只要是约定在代理合同里面的内容都是有效的。最高人民法院支持败诉方替胜诉方承担为实现债权而需要承担的律师费，鼓励合作方诚实信用，增加违约者的违约成本。

最高人民法院在云南城投昆明置地有限公司、中国华融资产管理股份有限公司云南省分公司保证合同纠纷案民事判决书【（2018）最高法民终 25 号】中认为："华融资产云南某公司与云南刘某律师事务所签订的《委托代理合同》约定的代理方式为一般风险代理，《委托代理合同》中约定的律师代理费计算标准'甲方按照乙方回收现金的具体数额分段确定代理费'。华融资产云南某公司除实际支付的前期费用 10 万元外，剩余律师代理费的计收为附条件的约定，需要根据实际回收的为现金或非现金以及金额价值的不同阶段，按不同的比例计算，因此，华融资产云南某公司为实现本案债权而需要承担的律师费尚处于不确定状态。故对华融资产云南某公司已经实际支出的 10 万元律师代理费应予支持，对《委托代理合同》约定了计算方式但尚未实际发生的，可待实际发生后另行主张。"

败诉方承担风险代理费应当具备以下条件：

（1）律师与委托人之间签订了书面协议，且约定不得超过《律师服务收费管理办法》第十三条规定的上限。

（2）委托人与对方当事人应当签订由败诉方承担律师费的条款。目前为止，还没有相应的法律规定由败诉方承担律师费，而法院的判决也是基于合同义务，因此，只有合同中有关于代理费的条款才会发生败诉方承担代理费的前提。

（3）风险代理费以实际发生的数额为准，如果委托人与律师约定分期支付的，在委托支付款项后，可单独向对方诉求赔偿代理费。

（三）委托人与受托人签订风险代理合同后，委托人是否可以解除合同？

诉讼代理合同属于委托合同的一种，作为委托方的当事人享有单方解除权。但是，风险代理合同涉及的是一种预期收益，当合同解除后如何确定律师事务所就已经付出的劳动应获得的报酬成为关键问题。由于委托人没有因为受托方的代理行为获得最终结果，因而合同约定的计算方式已经没有办法实际进行，可以将由其他代理人最终完成的诉讼结果，带入双方在风险代理合同中约定的计算方式，计算出预期利益，同时结合受托律师事务所完成的工作量，考虑其继续履行合同所必然付出的成本，以及当事人的过错程度等予以确定最终的付费金额。

重庆市某区人民法院在重庆某律师事务所与重庆某建设（集团）有限公司诉讼代理合同纠纷一审民事判决书【（2015）沙法民初字第10038号】中认为："委托合同关系成立后，委托人可以随时解除委托合同。因解除合同给对方造成损失的，除不可归责于该当事人的事由以外，应当赔偿损失，本案原告提出的律师费请求实际上是其预期律师费收益。本案被告在答辩过程中提出了因原告不能按约履行职责而解除合同，但未就此举示有证明力的证据，也未提出其他不可归责于当事人的事由，本院对其抗辩不予认定。

从双方在《法律事务委托合同》中的约定来看，双方约定的是风险代理，即原告的收益情况与诉讼结果有直接关联。虽然因被告单方解除委托致使原告未能进行完全部的诉讼程序，但是案件事实具有一定的客观性，法律和司法裁判具有一定的稳定性和可预期性，在本案中，本院将从原告预期律师费收益的角度来确定原告的诉讼请求能否得到支持。……

原告、被告双方签订代理合同时，必然是对案件的性质、诉讼难度、预期利益有所预判才决定是签署风险代理合同还是一般代理合同以及相应的付款方式，收费标准并不仅仅与标的额有关。若仅因为委托方在风险代理合同履行过程中单方解除了合同，即变更合同类型和计费标准，对于委托方有失公允。故本院对于原告主张按照《重庆市律师服务收费标准》来确定其应收律师费并据此提出 34 万元的请求不予支持。"

## 第四节　律师事务所与当事人签订《风险代理合同》应注意的问题

风险代理合同是执行人和律师之间签署的协议，它既保证了执行人的权利，又保证了律师能够得到他们的劳动所获得的利益，但是风险代理合同是很详细的，律师需要注意风险代理合同注意事项，这些注意事项保证了协议存在的正确性。

### 一　注意律师风险收费的告知程序

律师在与当事人达成风险收费前，有义务告知当事人关于政府指导价收费标准的规定，当事人知道政府指导价标准后仍然要求律师风险代理的，律师才能与当事人达成风险代理协议。

### 二　注意禁止采取风险收费方式的案件

（一）四类案件不能采取风险收费方式［详见第二节］

（二）刑事、行政、国家赔偿

案件及群体性诉讼案件不能采取风险收费方式。刑事诉讼案件、行政诉讼案件、国家赔偿案件以及群体性诉讼案件不得实行风险代理收费。前三种案件诉讼的本质并不是平等主体之间的利益之争，而是依法追究刑事责任、行政责任，或者防止无罪人受到追究、守法人受到处罚的一种法律程序；国家赔偿案件则是解决错案依法是否应当得到国家赔偿、获得多少赔偿的问题，而国家赔偿与民事赔偿的性质不同，国家赔偿是安慰性质的补偿，而非对造成的损失完全赔偿。显然不适宜搞风险收费。至于群体性诉讼案件，出于维护社会稳定的大局出发，防止社会矛盾激化，也不适宜风险收费。

笔者认为，律师在民事诉讼中，不能过分追求经济效益，而应更注重社会效益。律师所付出的额外劳动，只能从社会效益的角度获得更多的回报。

### 三　在明文禁止风险收费的案件中，还须注意两个问题

1. 要注意上述两类案件，无论是代理哪一方当事人，是原告还是被告、上诉人还是被上诉人，都不能采取风险收费的方式。

2. 群体性案件如何界定？笔者认为可参照司法行政机关近几年颁布的关于敏感案件的规定。在界限模糊认定上没有把握的情况下，最好也不要采取风险收费方式。

### 四　注意合法规避风险收费最高比例的规定

前面提到，司法部《律师服务收费管理办法》第十三条规定：实行风险代理收费，最高收费金额不得高于收费合同约定标的额的30%。按照这一规定，超出合同约定标的30%的，超出部分不具法律效力。如果案件确实为疑难案件、工作量确实大，必须超出30%这个界限，可以考虑如下方式：（1）该办法规定诉讼"标的"是可以允许双方约定的。这意味着：收费标的不一定按照常规方法计算，根据具体案件的实际，应当允许双方当事人对标的数额进行约定，然后按照约定标的的约定比例收取律师费。不过，在实行约定标的的行文中，一定要表述出双方约定计算标的与通常计算标的方式的不同。（2）可以采取与其他律师事务所合作的方式办理案件。代理协议是当事人与律师事务所之间的协议。因此，同一个所不论聘请多少个律师，其风险收费肯定不能超出30%的法

定界限。但如果当事人在不同的律师事务所聘请律师，分别与不同的律师事务所签订风险收费协议，则尽管与每一个律师事务所签订的收费数额不超过30%，但总体上仍然可以超过这一限定。但笔者认为，这种情况下的"超标"，是法律没有明文禁止的。

综上所述，这些看似是细枝末节的细节往往是重要的存在，因为"细节决定成败"，因此风险代理合同注意事项就很重要了。而执行人和律师之间的关系，不仅仅是利益关系，更重要的是它在很多情况下关乎执行人和律师各种的执业行为规范及其要求。

# 第五节　风险代理合同范文

风险代理合同通常有以下三种，律师可根据需要选择一种。

### 民事风险代理合同范文一

甲方：　　　　　　　　　　乙方：

法定代表人（负责人）：

甲方与某公司因二审一案，由乙方委派律师担任该案代理人，现经双方协商达成委托合同如下：

一、乙方接受甲方委托，指派律师担任甲方诉讼代理人。乙方律师因故中途不能履行职务，则应另行委派律师接替，甲方协助办理变更授权手续。乙方的代理义务、责任按《律师法》、现行律师执业纪律及道德规范执行。委托注意事项见合同附件《委托人须知》。《委托人须知》是本合同的一部分。

二、甲方有责任如实陈述案情，提供掌握的全部证据、事实材料，及时通报案情。如甲方隐瞒、捏造事实等，或拖延、故意不告知乙方有关司法、行政部门办理本案件的有关通知的，应自行承担不利后果并承担乙方的律师服务费损失，乙方并有权终止代理。

三、根据《北京市律师服务收费管理实施办法》及《北京市律师服务政府指导价》的规定，本案实行全风险收费方式：二审维持原判决，甲方不需支付律师费用；二审变更判决；甲方不需承担任何赔偿责任，甲方支付律师费用壹万贰千元。

四、本案法院、仲裁机构收取的案件受理费、保全费，行政、鉴定、公证等部门收取查询费、鉴定费、公证费、翻译费等，以及乙方差旅费（广州市除外）等由甲方承担。

五、如发生甲方追加委托事项、当事人，或对方提起反诉、反请求等重大事件导致代理事项增多时，乙方有权要求依照《北京市律师服务收费管理实施办法》及《北京市律师服务政府指导价》增加律师服务费。否则乙方仅在原委托范围内工作。

六、甲方可以随时解除与乙方的委托关系，但甲方无正当理由解除委托关系的，乙方有权要求依照本合同第三条收取律师费用。

七、甲方逾期缴纳律师费或不合理地解除合同，且乙方已经着手办理代理事项的，乙方有权追收其未付律师费及逾期付款违约金；乙方也可中止代理而无须通知甲方。

八、乙方的权限由甲方出具《授权委托书》，《授权委托书》是本合同的一部分。

九、因本委托合同引起的争议，双方同意提交北京市仲裁委员会按其仲裁规则仲裁。

十、本合同一式叁份，有效期自签订之日起至本案二审判决时终止。

甲方（签章）：　乙方（盖章）：北京德和衡律师事务所经办人（签名）：

经办律师（签名）：

年　月　日　　年　月　日

## 民事风险代理合同范文二

甲方：　　　　　　　　　　乙方：

甲、乙双方经充分协商，就甲方委托乙方维护其合法权益一事双方达成以下一致意见，以期共同遵守：

一、甲、乙双方之间实行风险代理。签订本合同之前，合同双方已对本案诉讼过程中存在的风险进行过仔细而慎重的探讨，在此基础上达成本合同全部内容。

二、甲方接受乙方委托，参与乙方与一案的立案、仲裁、调解、诉讼、执行。甲方在案件办理过程中给乙方代理本案的律师出具《授权委托书》，便于乙方代理本案。《授权委托书》系本合同的组成部分。

三、乙方在法律规定的范围内依法维护甲方的合法权益。甲方应当协助乙方使本案达到更好的效果。

四、甲方按如下约定向乙方支付费用，律师代理费必须以货币形式支付：

1. 甲方获得本案（和解、调解、执行）付款当日，按实际获得金额的　％向乙方支付律师代理费。若款项经乙方接收的，乙方有权直接从甲方应得款项中扣除。

2. 如甲方得到的利益是非货币财产（有形物品、知识产权、技术秘密、土地使用权、债权、股权等可以用货币估价的财产）时，则由甲方按该非货币财产价值额的　％向乙方支付律师代理费。该非货币财产价值额按法律文书或甲方与对方当事人的协议价格确定，并在非货币财产价值额确定后当日内向乙方支付律师代理费。

3. 如甲方系被告或第三人，则按避免的经济损失额的　％向乙方支付律师代理费。避免的经济损失额按原告诉状中列明的诉讼请求额减去被告（或第三人）实际承担的数额计算，如诉讼请求额在诉讼中有增加，则按增加后的数额减去被告（或第三人）实际承担的数额计算。

4. 甲方在调解、诉讼、执行、和解过程中，如未经乙方同意，故意放弃对对方当事人的主张或权利，或承认对方当事人的主张，而损害到乙方利益时，则按原告诉状载明的诉讼请求额计算，向乙方支付律师代理费。

甲方因故意或重大过失不提供证据（包括不依法及时提供证据），或提供虚假证据，隐瞒真实情况，或违法导致案件败诉或致使乙方无法收取律师费时，按前款规定执行。

5. 办案所需差旅费、食宿费、交通费、文印费等由甲方支付，乙方现行垫付，垫付后由甲方第二日结付。向司法机关或其他办案机关缴纳的费用（立案费、鉴定费、执行费等），由甲方预缴或承担。

五、甲、乙双方互有通知对方案件进展、财产过付信息的义务。

六、甲方无故终止本合同，已经支付的律师费用不予退还，未支付的费用应当补缴。乙方无故终止本合同，已经支付的律师费用予以退还，并向甲方移交案件有关证据。

七、本合同具有法律效力，任何一方不得擅自变更或终止。任何一方违约，应当向对方支付违约金。

八、本合同自双方签字之日起生效，至本案执行终结且乙方收清律师费之日止。

九、本合同一式两份，甲、乙方各一份。

甲方　　　　　　　　　　乙方

年　月　日　　　　　　　年　月　日

合同签订地：

## 民事风险代理合同范文三

甲方：　　　　　　　　　乙方：

地址：

身份证号：

电话：

根据《中华人民共和国合同法》、《中华人民共和国民事诉讼法》和《中华人民共和国律师法》等有关法律的规定，甲方聘请乙方　　　律师作为本案　　阶段的委托代理人。甲、乙双方按照诚实信用原则，经协商一致，立此合同，以昭信守。

第一条　委托代理事项

乙方接受甲方委托，指派律师在本案中担任甲方的委托代理人，委托事项如下：

1. 提起并参加诉讼

2. 根据案情需要开展与本案有关的调查取证工作；

3. 向甲方解答与本案有关的法律问题；

4. 为甲方草拟、审查与本案诉讼代理有关的法律文书；

5. 接受甲方委托，处理与本案诉讼有关的其他法律事务。

第二条　委托代理权限为本条所列第　　项：

1. 一般代理；2. 特别授权（□代为参加调解、和解；□代为提起、参加诉讼，承认、变更、放弃诉讼请求；□代为申请执行；□代签法律文书；□代收款物）。

第三条　乙方的权利义务

1. 乙方指派　　　助理配合完成辅助工作，但乙方更换代理律师应取得甲方认可；

2. 乙方律师应当勤勉、尽责地完成第一条所列委托事项；

3. 乙方律师应当根据审理机关要求，及时提交证据，按时出庭并应甲方要求通报案件进展情况；

4. 乙方律师不得违反《律师执业规范》，在涉及甲方的对抗性案件中，未经甲方同意，不得同时担任与甲方具有法律上利益冲突的另一方的委托代理人；

5. 乙方律师对其获知的甲方的商业机密负有保密责任，非由法律规定或甲方同意，不得向任何第三方披露。

第四条　甲方的权利义务

1. 甲方应当真实、详尽和及时地向乙方律师叙述案情，提供与委托代理事项有关的证据、文件及其他事实材料；

2. 甲方应当积极配合乙方律师的工作，甲方对乙方律师提出的要求应当合法、合理、明确；

3. 甲方应当按时、足额向乙方支付律师代理费和工作费用；

4. 甲方指定方更换联系人应当通知委托代理人；

5. 甲方有责任对委托代理事项做出独立的判断、决策，甲方根据乙方律师提供的法律意见、建议、方案所做的决定而导致的损失，非因乙方律师故意或者重大过失行为造成的，由甲方自行承担。

第五条　律师费及办案费

1. 律师费：双方自愿选择以下方式

A. 乙方代理甲方就本案进行诉讼代理，根据《河南省律师服务收费项目和标准》规定，甲方向乙方支付律师费　元，并在本合同生效之日起　日内一次性支付。

B. 根据甲方的要求，并经双方充分协商，乙方同意就本案实行风险代理：双方共同约定，甲方按照　　（％）向乙方支付律师费，并在判决生效日内一次性支付。

2. 办案差旅费

根据《司法部律师服务收费管理暂行办法》的规定，乙方律师办理本案所发生的下列工作费用，应当由甲方另行承担。先由甲方向乙方预先支付办案差旅、住宿、复印等经费人民币　元，待乙方律师代理工作结束后由双方凭票据结算。乙方律师应当本着节俭的原则合理使用工作费用。

（1）相关行政、司法、鉴定、公证等部门收取的费用；

（2）实际发生的差旅费、翻译费、复印费、交通费、长途通信费；

（3）征得甲方同意后支出的其他费用。

3. 出现下列情形，甲、乙双方同意按以下方式结算律师费：

如果本合同所述案件在未提起诉讼之前、诉讼中以和解方式解决或甲方决定以其他方式解决，视为乙方已完成代理义务，则乙方已收取的办案费不再退还，甲方仍应按约定比例向乙方支付代理费。

4. 除非乙方另有书面同意，如因甲方未按约足额付清上述费用，导致乙方律师不能或未能及时履行甲方委托办理的法律事务的，乙方将不承担责任。

第六条　诉讼费用由甲方负担

第七条　合同的解除

1. 甲乙双方经协商同意，可以变更或者解除本合同；

2. 乙方有下列情形之一的，甲方有权解除合同：

（1）未经甲方同意，擅自更换代理律师的；

（2）因乙方律师故意或重大过失行为导致甲方蒙受损失的。

3. 甲方有下列情形之一的，乙方有权解除合同：

（1）甲方的委托事项违反法律或者违反律师执业规范；

（2）甲方有捏造事实、伪造证据或者隐瞒重要情节等情形的；

（3）甲方逾期　　日仍不向乙方支付律师代理费或/及工作费用的。

第八条　违约责任

1. 乙方无正当理由不提供第一条规定的法律服务或者违反第三条规定的义务，甲方有权要求乙方退还部分或者全部已经支付的律师代理费；

2. 乙方律师因故意或重大过失行为导致甲方蒙受损失，乙方应当在其所投保的执业保险额度范围内向甲方承担赔偿责任；

3. 甲方无正当理由不支付、逾期支付律师代理费及工作费用或者无故终止合同，乙方有权依据本合同第五条之约定，要求甲方支付未支付的律师代理费、未报销的工作费用及等同于约定代理费总额 20% 的违约金。

第九条　争议的解决

本协议适用中国法律；因履行本协议而发生的争议，双方约定提交郑州仲裁委员会仲裁。

第十条　合同的生效本合同一式两份，甲、乙双方各执一份，经双方签字或盖章后生效。

第十一条　其他

1. 甲方在任何时候均不得向律师个人直接支付任何费用，否则后果自负；

2. 乙方不收取甲方材料原件。

第十二条　甲方承诺：我已认真审阅本合同所有条款以保证完全了解其详尽内容；本合同所有条款均属甲、乙双方平等且完全协商一致而达成。

甲方：　　　　　　　　乙方：　　　　　　律师事务所

日期：二〇二　年　月　日　　日期：二〇二　　年　月　日

总之，律师在风险代理中，既要遵守法律法规的相关规定，又要灵活把握案件及其进展，还要有风险承担意识。

# 本章小结

律师服务已深入民心，律师的风险代理，已成为诸多客户的关注点和兴趣点。本章围绕律师的风险代理进行了全面的探索，探索了律师风险代理的收费方式、禁止性规定，结合判例分析了风险代理的三个问题，并呈现了律师事务所与客户签订风险代理合同的三种范本以及注意事项。

# 第 十 章

# 律师在民事诉讼过程中
# 应当注意的问题

前面九章分别从律师的职业形象、接受案件和办理案件的方法与技巧作了深入的探讨与分析，本章将从律师在民事诉讼过程中应当注意的问题进行分析，这些问题是"律师的风险规避问题、律师与法官相处中应该注意到的问题及律师在代理刑民交叉案件中应当注意和可探讨的问题"。

## 第一节　律师要善于规避风险

### 一　律师的风险有哪些

（一）律师的名誉风险

这是最常见、最普遍、最容易发生的风险，这是由于当事人对案件的办理不满意，或律师被诉讼、被处罚而导致社会的否定性评价。

（二）人身伤害的风险

1. 对方当事人实施的伤害行为，特别是像离婚案件这样涉及情感因素较重的案件，对方的当事人往往会把自己的不满、愤怒归咎在律师的身上，从而对律师实施伤害甚至杀害的行为；

2. 自己的当事人，由于对案件结果的不理解或由于律师的包揽包讼产生的争议而对律师实施伤害；

3. 律师的意外风险，例如律师在办理案件过程中出现的交通事故。

（三）民事赔偿的风险

律师承担民事赔偿责任的主要法律依据是《律师法》第五十四条之规

定：律师违法执业或者因过错给当事人造成损失的，由其所在的律师事务所承担赔偿责任。律师事务所赔偿后，可以向有故意或者重大过失行为的律师追偿。一般来说，律师故意给当事人造成损失的非常罕见。而因律师的过错给当事人造成损失的较为常见，主要表现在法律理解的错误或偏差、证据收集的失误或遗失证据、延误诉讼、程序适用的错误等。

（四）行政处罚与行业处罚的风险

行政处罚与行业处罚的风险，是律师管理部门和自律性协会因为律师违反《律师法》或《律师执业行为规范》而给予的制裁。主要法律依据是《律师法》第四十七条至第五十三条，现以《律师法》第四十九条为例。

1. 违反规定会见法官、检察官、仲裁员以及其他有关工作人员，或者以其他不正当方式影响依法办理案件的；

2. 向法官、检察官、仲裁员以及其他有关工作人员行贿，介绍贿赂或者指使、诱导当事人行贿的；

3. 向司法行政部门提供虚假材料或者有其他弄虚作假行为的；

4. 故意提供虚假证据或者威胁、利诱他人提供虚假证据，妨碍对方当事人合法取得证据的；

5. 接受对方当事人财物或者其他利益，与对方当事人或者第三人恶意串通，侵害委托人权益的；

6. 扰乱法庭、仲裁庭秩序，干扰诉讼、仲裁活动的正常进行的；

7. 煽动、教唆当事人采取扰乱公共秩序、危害公共安全等非法手段解决争议的；

8. 发表危害国家安全、恶意诽谤他人、严重扰乱法庭秩序的言论的；

9. 泄露国家秘密的。

律师因故意犯罪受到刑事处罚的，由省、自治区、直辖市人民政府司法行政部门吊销其律师执业证书。上述有关吊销律师执业证书的规定，是律师执业的"红线"，律师必须给予高度重视。

（五）刑事责任的风险

律师构成刑事责任的风险，其主要的法律依据一是《刑法》第三百零六条之规定，在刑事诉讼中，辩护人、诉讼代理人毁灭、伪造证据，帮助当事人毁灭、伪造证据，威胁、引诱证人违背事实改变证言或者作伪证的，处三年以下有期徒刑或者拘役，情节严重的，处三年以上七年以下有期徒刑；二是刑法第二百九十六条，即用语言、文字、动作、图像或者其他方法，故意向他人传授实施毁灭证据的方法，构成传授犯罪方法罪。此外，还有关于行贿罪、介绍贿赂罪、妨碍作证罪、偷税罪、泄露国家秘密罪等，这要求律师要严格要求自己，依法办案并恪守律师执业行为规范。

## 第二节　律师在民事诉讼代理中的执业风险与防范

### 一　来自"自认"的风险

#### （一）诉讼活动中书面和口头发言的自认

我国《民事诉讼证据规则》规定，一方当事人对于另一方当事人主张的于己不利的事实既不承认也不否认，经审判人员说明并询问后，其仍然不明确表示肯定或者否定的，视为对该事实的承认。据此，律师作为诉讼代理人，应当针对另一方当事人主张的于己不利的事实发表不同的意见。此外，律师参加证据交换、法庭调查和法庭辩论过程中的发言，将可能导致法院作为认定事实的依据。如果在诉讼活动过程中发言不慎或者陈述的事实未经当事人确认，或者事前当事人有口头确认但事后当事人否认，一旦诉讼结果不理想，则可能会面临来自当事人的投诉甚至追责。

#### （二）书面文件中的自认

在起诉状、答辩状中的内容构成自认；同时，除授权委托书明确排除的事项外，诉讼代理人的自认视为当事人的自认；提交代理词中可能涉及案件事实，有可能被法院作为认定案件事实的依据，如果是对当事人不利的事实，如遇到当事人否认的情况，诉讼代理人亦可能存在风险。此外，虽然起诉状、答辩状有当事人签字确认，但是基本都是由诉讼代理人代书，不排除有些当事人在案件出现不利的情况下，以自己不懂法律，是诉讼代理人让签字就签字为由，要求律师承担责任。

#### （三）对"自认"风险防范的思考

1. 注意保留当事人陈述或者认可事实的凭证。

在接案笔录中尽可能详细地记录当事人陈述的基本事实并由当事人

签字确认，在案件代理过程中，对之前未记录的与案件有重大影响的事实制作谈话笔录由当事人签字确认，有些紧急情形或者不方便的情况下，尽可能通过即时通信工具聊天记录、录音等方式保留证据。

2. 尽可能动员当事人本人出庭。

当事人本人出庭参加诉讼活动，一方面可以让当事人感受庭审现场效果，体会律师为案件所做的充分准备工作，以及在庭审中为当事人合法权利据理力争；另一方面，对于案件的事实部分，由当事人当庭作陈述，或者对于律师代为陈述的事实部分进行确认，并记入庭审笔录中，可以规避"律师自认"的法律风险。此外，如果当事人本人在场，某种程度上会给对方作虚假陈述造成一定的心理压力。

3. 更新《授权委托书》。

有些当事人出于某种原因不愿意出庭，笔者关注到，在《民事诉讼证据规则》的规定中，诉讼代理人自认视为当事人的自认有一个除外条款，即"除授权委托书明确排除的事项外"。根据这个条款，如果确有必要时，可以考虑在当事人授权委托书中明确排除对某些事实的确认，但是这样的授权委托书之前从未遇到过，对于如何在授权委托书中对"明确排除的事项"进行表述，还需要研究，也可能会面临法庭是否接受此类委托的问题。

4. 仔细核对每一份提交给法院的法律文书，在诉讼中的发言对事实部分保持充分谨慎，仔细核对质证以及庭审笔录。

### 二　来自逾期举证的风险

《民事诉讼证据规则》在举证期限的规定上出现了新的变化，而且强化了对逾期举证处罚，这些规定都将可能给诉讼代理人带来执业上的风险。

（一）举证期限规定出现新的变化

《民事诉讼证据规则》比原来指定的举证期限有所缩短，适用第一审普通程序审理的案件不得少于十五日（之前是不得少于三十日），当事人提供新的证据的第二审案件不得少于十日。适用简易程序审理的案件不得超过十五日，小额诉讼案件的举证期限一般不得超过七日。

（二）强调对逾期举证的处罚，且规定更细化和更具实操性

《民事诉讼证据规则》还规定了人民法院对逾期提供证据的当事人处

以罚款的，确定罚款数额时考量的因素，使对逾期举证当事人的处罚有了更充分的依据和更具有实操性。

虽然我国《民事诉讼法》有对逾期举证进行处罚有相关规定，但规定得相对不够具体，而《民事诉讼证据规则》对此进行再一次强调，且对需要考量的因素作了明确细化。因此，有分析认为，在《民事诉讼证据规则》实施后，对于逾期举证的当事人的处罚将会明显增加。虽然规定的是对当事人处罚，但如果诉讼代理人怠于履行代理职责导致逾期举证的，是无法对当事人做出交代的。

（三）对防范逾期举证执行风险的思考

第一，谨记举证期限的新变化。一般而言，第一审普通程序举证期限是十五日，不要想当然地认为一审普通程序至少一个月。人民法院一般给予被告三十日的期限，是将民事答辩状的十五日计算在内。因此，要特别注意审阅法院的举证通知书。

第二，提交证据、申请证人出庭、申请人民法院调查取证等都严格遵守期限的规定，不要凭侥幸或者按之前的经验逾期不要紧，很多时候因为延期举证，可能会陷自己于相当被动的地步，甚至有可能面临超出代理费的罚款处罚。

第三，办理正规的委托代理手续，避免签署不写日期的《委托代理合同》。有时候当事人来委托时，可能已经超过或者即将超过举证期限，此时一份正规的委托代理手续可以证实逾期举证的责任不在律师。

第四，如果是当事人的原因可能导致逾期举证的，注意保留证据。很多时候，对于一些证据，可能当事人并不想提交，或者甚至是当事人隐瞒重要证据，此时，应当注意保留好凭证，特别是当事人已告知代理人证据的存在但不想提交或者想"视情况再提交"时，可以通过制作谈话笔录或录音的方式确认下来。

第五，如果确因客观原因在举证期限内无法完成举证的，及时向法院提交延期举证的申请。

### 三　与伪证相关的风险

当事人或者其他诉讼参与人若伪造、毁灭证据，提供虚假证据，阻止证人作证，指使、贿买、胁迫他人作伪证，或者对证人、鉴定人、勘验人打击报复的，代理律师要告知当事人及其他诉讼参与人，这些行为触犯《中华人民共和国民事诉讼法》第一百一十条、第一百一十一条的规定，将受到刑法惩罚。

此外，律师是法律的天使，要做守法的模范，在执业过程中要严格遵守国家法律法规，恪守律师职业道德和执业行为规范，在民事诉讼代理中不包揽包讼，不参与、不传授任何违法犯罪的方法，同时要教育当事人做人做事要实事求是，并严格遵守法律规定；建立规范的《风险告知书》，包括一般的风险告知与本案的特别风险告知，并妥善保管该文书；办案过程中完善《谈话笔录》，由于案件的复杂性和在办案过程中会出现新情况，仅凭《风险告知书》并不能预判所有风险，特别是遇到撤诉、变更诉讼请求等重大事项；完善收费制度，在物价部门规定的范围收费，出示票据；法律文书必须让当事人亲自签字，否则，事后会说不清楚；不要保留当事人证据原件，避免证据丢失的风险；刑民交叉案件中避免律师单独取证；建立完善的档案管理制度，避免当事人事后找你麻烦，同时，律师办案卷宗要规范，并长期保存；规范与当事人的谈话，注意处理问题的艺术性；女性律师办案要多一个心眼，若发现客户难以驾驭，可增加男性律师，晚上出门要谨慎；选择较好的交通工具，以避免交通事故的发生，等等。

## 第三节　律师在与法官交往中应注意的问题

**一　律师要明确律师与法官是两种不同的角色**

依据《中华人民共和国律师法》第二条和《中华人民共和国法官法》第二条的有关规定，律师是法律服务工作者，法官是审判人员，相互之间虽然是一个职业共同体，但他们在工作内容、角色扮演方面完全不同，因此，律师与法官是对立统一的关系，律师需要注意以下问题。

（一）相处之道的两个原则

1. 和而不同

"喜怒哀乐之未发，谓之中；发而皆中节，谓之和"，讲求和谐是因为每个主体的认知角度限制了其自身的认知能力。法庭外，需要的是共同的法律热忱和法律信仰；法庭内，需要沉稳、细心地对案件事实及法律认知进行互动，需要的是着眼案情的理性思维及严谨的逻辑推理。职业共同体应然的沟通模式，就是用共同的法言法语去探讨、阐释法律条文及其中蕴含的法律精神。在庭审中，法官与律师应彼此用心聆听对方的声音，即使观点不同，以达成共识为目的的发问与倾听也是有意义的。

2. 存异求同

法庭里的对话要合乎法理、合乎法律，合乎共同所接受的法律教育知识所给我们带来的共同法律认知。法律职业共同体拥有共同的理性，是最终能够达成某种共识的必要条件。在商业模式日新月异的发展态势下，律师在前端帮助客户设计法律产品、降低商业风险，往往是商业创新的法律探索者。而法官在纠纷发生之后依据争议，审视、评判法律产品设计的优劣，适用法律的相关规定，运用法律解释的方法，判定各方的权利义务，平衡各方的利益。对于不甚了解的跨界知识，法官是乐意虚心倾听并向律师学习的。

（二）庭审中法官扮演的角色及作用

1. 法官的驾驭作用

笔者经常能听到的庭审要求被称为"驾驭庭审"。庭审中的双方当事人有着各自的立场及利益归属，但却有着共同的诉讼目的——胜诉。庭审好像一驾马车，法官要驾驭两匹准备朝着不同方向飞奔的骏马，合力把车拉到预定地点，达到构建完整法律事实的庭审目的。庭审时间较短，因此更加强调效率，法官要在短短的庭审中尽可能地获取最大量的、有用的案件信息。

2. 法官的追问利器

英美法系的庭审可以通过律师紧张的诉辩过程，将案件事实逐渐展现于法官面前，而在法官主导指挥的庭审过程中，法官对庭审的驾驭与掌控起到决定作用。中国审判方式呈现出"一张一弛"的特点，法官需要能察善观，既不能任由当事人就一个问题重复叙述，又得让当事人对要点问题展开充分的陈述与辩论，既要避免当事人的陈述偏离论题，又要让当事人明白自己的审理思路，尽可能做到心证公开。当法官想从当事人的回答中探寻事实的真相时，还常常要运用"追问"这一利器，对于有经验的法官而言，通过逻辑缜密的层层追问，可以把案件事实一点一点地完全铺展开来。

3. 法官的发问技巧

在以指挥权为核心的庭审过程中，法官的思路、诘问的角度、问话的句式和语气，从广义上而言也都可归入裁判方法。同一个法律事实，换成不同的问题，有时会有不同的答案，这是由于有些当事人趋利避害回避直接的问题，或故意做出与事实不符的陈述，这就要求法官讲究发问的技巧。

（三）从实例出发法官对律师的几点建议

"虚为信之本，实为信之质。"法官与律师作为职业共同体内的成员，应以虚受人、低调言行，彼此信任对方的职业操守及专业精神。相互之间既要彼此包容，更要彼此尊重。若贬损法律的权威、法律的公正，只能使整体的职业价值降低，带来社会对司法、对法律职业共同体的不信任。要知道，法治彼岸繁花似锦，需要职业共同体成员并肩前行。以下是法官对律师提出的建议。

提示一：厘清诉辩思路，拆解要件事实

律师：在答辩时开始宣读法律对于"借新还旧"的定义，准备继续讲解该行为的主客观构成要件，并准备宣读相关的法律条文及案例裁判要旨。

律师：在法庭调查中对提供担保的原因开始娓娓道来，包括：（1）担保人与该银行有长年的合作关系；（2）担保人的关联公司希望在该银行能够取得更多贷款；（3）担保人不认识债务人，在担保时也没有见过债务人，完全是出于对银行承诺的信任。但以上陈述均无证据可予证明。

法官建议：

第一，对专业常识无须过多解释。

目前实务界以请求权基础分析法作为基本的裁判方法，通过读取案件事实，考察当事人请求权的法律基础，解答"谁得向谁，依据何种法律规范，主张何种权利"的问题，确定法律基础后对照案件事实进行归入分析，并最终得出请求权能否获得支持的裁判结论。请求权基础分析法对律师同样有重要的指引意义，一方面可遵循此路径提炼庭审应对思路；另一方面也可据此依照案情的展开调整自己的诉辩策略，提升裁判结果的可预期性。发表诉辩意见时要注意切中要害，辩论意见要与诉请主张一一对应，形成有力的交锋与对抗。对于法律条文点明即可，无须逐字宣读。

第二，有力的观点一定要带出证据。

在已经过庭前证据交换程序或者在二审中，则只需罗列证据名称即可。观点与证据的组合，会使得论述更加有据有力，更能说服合议庭。应尽量避免例中所举天女散花式的故事性陈述，更不要海阔天空地引经据典，把一些宏大叙事、与案情无关的观点在庭审中侃侃而谈，风马牛不相及的陈述既耗费了庭审的时间，也会让各方感到疲倦。

提示二：熟悉诉讼资料，树立诚信形象

法官：你方实际收到的款项数额有多少？

律师：先收到 42 张承兑汇票，其中 3 张承兑汇票签收后退还作为借款利息了。

法官：为什么和一审陈述不一致？

律师：一审不是我代理的。

法官建议：

第一，诚信形象起始于行为举止的严肃性。在每一位法官的心目中，法庭都是庄严的圣地，都会尽力悉心呵护这份职业情结。法官、律师恰当的着装和举止，是彼此尊重的基础。律师作为专业人士，恰当举止的要义应指在庭审中以证据为支撑用事实说话、以法律为支撑用观点说话，对自己的发言负责。

第二，尊重同行，事先做好准备工作。庭前应仔细阅读诉讼材料，切忌"轻而无备，性急少谋"。一审案件犹如白纸作画，确定攻防思路十分重要，以请求权分析法作为应诉入手方法，分析法律关系的构成要件，逐一拆解审查，非常必要。二审案件的诉辩争点相对集中，如对关键事实的问题仍简单以"不清楚""庭后核实"来答复法庭，难免过于轻率。如例中所举，二审律师认为一审代理人的陈述有失当之处，应向法庭陈述并做出合理解释。律师以"不是我代理的"来进行回应，或者觉得怎么有利于己就怎么说，难免会给合议庭留下不诚信，至少是不敬业的印象。

提示三：紧扣争议焦点，提高庭审应变力

法官：下面进行法庭辩论。

律师：宣读庭前准备好的书面代理意见（或陈述同己方的答辩意见）。

法官建议：

第一，固定争议焦点、强化己方观点。

合议庭归纳的争议焦点是"庭审之眼"，一切的论辩都要紧扣焦点。如觉得己方的重要论点未被明确列入，可主动提醒合议庭注意。即使合议庭告知该观点已包含在争议焦点的内容之中，这种提醒也会使法庭充分注意到该观点的重要性。

第二，用好法庭辩论环节，不照本宣科。

庭审的时间有限，应力争在庭审各环节给合议庭留下直观的、有理有力的印象。法庭辩论是对庭审调查事实的总结提炼，在发表法律观点时，一是要重墨勾勒己方的攻防脉络，着力抓住法庭调查中出现的新内容，突出己方在证据及论辩上的优势。二是要尽量避免重复起诉状或答辩状的内容，尽可能地体现庭审新情况、新变化，并在庭后提交书面的、完整的代理词。

（四）在具体工作中，律师应该注意的问题

1. 立案阶段

立案法官拒绝接收立案材料，不予立案的几种常见情形：

（1）因提交的材料不全不予立案，如委托手续不全、身份证明不全、主要证据材料不全；

（2）因提交的起诉状不符合要求不予立案，如当事人身份情况不完整或错误、当事人联系方式不明确、起诉地法院填写错误、当事人签名或盖章不符合要求；

（3）因主体错误或不明确拒绝立案，如遗漏当事人、当事人罗列过多、错误罗列第三人；

（4）因管辖不明确拒绝立案，如不属于法院受案范围、不属于受案法院管辖、被要求去有管辖权的其他法院；

（5）因无法定性拒绝立案，如新类型案件、律师无法明确基础法律关系、法官不能确定案由；

（6）因诉讼请求不明确或其他原因拒绝立案，如请求事项不明确、诉讼标的不明确、诉讼请求相互矛盾、诉讼请求与基础法律关系相互矛盾、要求分案（一案一诉）起诉。

上述情形，律师要与立案法官进行有效沟通，必须分析原因，区别对待。

如果是自身的主观原因，则需要采取谦逊的态度，主动检讨自己的工作失误，请求立即补正或事后补正。

如果是与法官认识上的差异，应当采取耐心解释与虚心请教相结合的方式，尽可能说服法官。

如果是法官故意刁难或提出苛刻要求，律师则必须采取据理力争与要求投诉相结合的方式。

笔者认为，律师在与立案法官沟通应当注意以下几个问题。如：

（1）文书上要仔细校对、材料上要充分准备，避免低级错误；

（2）诉状上联系方式尽量详细，方便法官查找；

（3）对于案由或管辖问题不明确、有可能发生争议的，尽可能在诉状中的事实与理由部分进行详细的事实描述及法律条款的具体适用；

（4）对于诉讼观点不确定的，在诉状中对于事实及理由的描述尽可能简明扼要，不仅缩短了立案法官的审查时间，还为案情的变化保留了应对的空间；

（5）事先与当事人协商确定合适的诉讼标的，切勿临时填写；

（6）要牢记立案的目的，不要与立案法官进行无谓的争吵。

2. 审判阶段

笔者认为，这个阶段律师经常遇到的障碍有：

（1）程序上的障碍，如法官迟迟不开庭；

（2）不予开具调查令或进行调查；

（3）不予进行诉讼保全或变更保全措施；

（4）其他请求不被准许（如延期开庭、举证等）；

（5）律师在开庭中发言经常被法官打断，被法官紧紧追问、不被信任，甚至被奚落；

（6）询问证人时被法官制止；

（7）法庭辩论时发言不被法官关注和倾听；

（8）被要求提交看似与本案无关的证据；

（9）被法官施加压力，动员撤诉或接受调解意见；

（10）有些律师甚至与法官发生激烈争执。

笔者认为，律师要在诉讼中与法官进行有效沟通，必须注意以下几点：

（1）尊重法庭、尊重法官。律师应当仪表端庄、彬彬有礼；态度谦和、情绪适当，尊重法官的权威；

（2）尊重对手、尊重对方当事人；

（3）律师必须充分准备，熟悉案情，在表达时条理清楚、语言简洁；

（4）诉讼中与法官沟通时应注意不要与法官对立，切忌争吵；

（5）要站在高于当事人的角度看问题；

（6）律师可以针对不同类型的法官采取不同的沟通方式，因人而异、因时制宜。

律师要耐心听取法官意见，从维护稳定与和谐的角度协助法官尽量多做自己当事人的工作，不要一味追求胜诉的结果，而是真正解决当事人的纠纷。

3. 执行阶段

律师在执行阶段经常遇到的问题有：

（1）无法联系执行法官；

（2）法官执行不力；

（3）被法官施加压力，强行要求执行和解。

对于上述情况，笔者建议，律师还是要尽量与法官多联系，甚至需要催促。如有可能，律师尽量提供执行线索、和解方案。

# 第四节　律师在刑民交叉案件办理中应注意的问题

刑民交叉案件，包括法律主体、法律事实、法律关系、法律责任等要素。就法律主体而言，刑事案件中的被告人、被害人，可能与民事案件的当事人重合，可能是民事案件共同诉讼的一方当事人。就法律事实而言，刑民交叉案件包括具有同一法律事实的刑民交叉案件和存在关联法律事实的刑民交叉案件。前者如因不满刑事责任年龄不予刑事处罚但不免除监护人民事责任的案件；后者如主合同涉嫌犯罪，作为从合同的担保效力如何认定的案件。就法律关系而言，一个案件只有同时涉及刑事和民事法律关系，可以分成刑事案件与民事案件办理，才能构成刑民交叉案件。就法律责任而言，有关案件行为人由于同时违反刑事法律和民事法律，可能要分别承担刑事责任与民事责任，即产生责任聚合与承担问题，但是涉案行为人并非必然要承担双重责任，如有的案件可能存在刑事犯罪嫌疑，但应当认定为民事法律行为。根据上述法律要素，结合司法实践，刑民交叉案件主要可以划分为以下三种类型：（1）刑事案件与民事案件在法律事实上存在完全重合或者部分重合的；（2）刑事案件与民事案件的法律主体存在完全重合或者部分重合的；（3）刑事案件与民事案件之间存在一定关联性，导致在适用程序、认定证据、明确责任等方面存在相互影响的。

### 一　律师在办理刑民交叉案件的难点和争议

笔者认为，律师在办理刑民交叉案件的难点和争议主要集中在刑民界限、责任承担、程序适用和追赃挽损及执行问题。

一是刑民界限问题。厘清互涉案件中民事不法和刑事犯罪的边界是办理刑民交叉案件的难点之一。对此，"两高"很多司法文件都有规定，要求司法机关坚持罪刑法定、疑罪从无，严格区分罪与非罪的界限，严禁以刑事手段插手经济纠纷，严禁将经济纠纷作为犯罪处理。疑罪从无，是罪刑法定的应有之义。厘清刑民界限，关键在于坚持罪刑法定原则。办案中，应当注意把握两个方面：第一，认定犯罪严格适用犯罪构成要件。以合同诈骗罪为例，"以非法占有为目的"是诈骗类犯罪的必要构成要件。民事欺诈虽有骗的行为，但不具有非法占有他人财物的主观目的，其主观目的多是为进行经营，并借以创造履约能力。合同诈骗罪主观上具有非法占有目的，但主观目的的认定需要客观证据予以证明。笔者认为，一般情况下，合同一方是否无对价占有对方财物，是区分和认定合同诈骗罪与合同欺诈的关键；第二，对于有争议的刑民交叉案件慎重入刑。罪刑法定原则只是限制司法人员对法无明文规定的行为入罪，但并不限制司法人员对法有明文规定的行为出罪。实践中，刑民之间并没有一条明确的边界，有的刑民交叉案件可能处于灰色地带，是否作为犯罪处理，需要对有关行为的社会危害程度作实质性评价。如对于申请材料作假获取贷款，但提供真实担保，金融机构能通过担保实现债权，没有造成实际损失，除涉案贷款金额刚达追诉标准以外，没有其他严重情节的案件能否认定骗取贷款罪，实践中有不同认识。笔者认为，这类案件可以根据刑法第十三条但书、第三十七条和刑事诉讼法第一百七十七条之规定作相应处理。

二是责任问题。刑民交叉案件中的犯罪是否影响民事责任的承担，刑事责任与民事责任之间是一种竞合关系还是聚合关系等都是争议问题。笔者认为，刑法为公法，民法为私法，刑事责任与民事责任是两种性质完全不同的法律责任，办理刑民交叉案件应当依法充分保护当事人的合法权益。实践中，关于责任问题需要明确两点：第一，刑民交叉有关行为构成犯罪，不影响民事责任的承担。《刑法》第六十四条规定，犯罪分子违法所得的一切财物，应当予以追缴或者责令退赔，对被害人的合法财产，应当及时返还。据此，有的民事责任可以通过刑事程序解决，但这种情况并非当事人的民事责任因追究刑事责任而免除。刑事诉讼程序除了追赃、退赔及附带民事诉讼，并不负有保护相关民事案件当事人民事权利的责任和义务，因此刑民交叉案件中相关行为构成犯罪，不影响对案件民事部分的违约责任、侵权责任以及不当得利等法律行为的评价和责任追究；第二，刑民交叉案件有关行为构成犯罪，可能影响案件有关民事行为的效力及民事责任的分配和承担。例如，行为人通过签订合同手段实施诈骗被依法定罪后，行为人以单位名义与合同相对人签订的合同的效力如何评价。笔者认为，根据《民法典（合同篇）》规定，一方以欺诈手段使对方在违背真实意思的情况下订立的合同，受损害方有权请求人民法院或者仲裁机构变更或者撤销；对于构成表见代理的，由单位承担合同责任；不构成表见代理的，单位不承担责任。但是一方以欺诈手段订立合同，损害国家利益的，合同无效，单位疏于管理对被害人损失负有过错的，承担相应民事赔偿责任。

三是需强调的是刑民交叉案件既涉及犯罪和民事不法的甄别、责任承担等实体问题，也涉及"先刑后民""民刑并行"案件移送、审理程序、证据采信和追赃挽损等执行问题。实践中，办理刑民交叉案件应当坚持刑民双重视角，实体程序并重，方能依法妥善处理。

### 二 刑民交叉案件的处理方式

笔者认为，对待刑民交叉案件，应当根据不同情况，采取不同的处理方式。司法实践中刑民交叉案件大致分为以下两种情况：一是同一公民、法人或其他经济组织因同一法律事实而涉及经济纠纷和经济犯罪嫌疑的，可以称为刑民竞合；二是同一公民、法人或其他经济组织因不同法律事实或法律关系而涉及经济纠纷和经济犯罪嫌疑的，可以称为刑民牵连。

（一）同一公民、法人或其他经济组织因同一法律事实而涉及民商事纠纷和刑事犯罪嫌疑的案件处理。此类案件笔者认为又分为两种情况。

1. 第一种情况，即民商事纠纷中的一方当事人本身就是刑事犯罪的嫌疑人，而所谓的"纠纷"，实质上就是犯罪，为节约司法资源，更有效地维护当事人利益，避免民、刑判决发生冲突，采取"先刑后民"的处理方式，将案件移送公安、检察机关处理，是妥当的做法。例如个人实施的诈骗行为，被害人先以涉嫌民事欺诈起诉的，民事审判部门发现其实质上是诈骗犯罪而非单纯的民事欺诈时，可以驳回起诉，将案件移送公安机关。因为此时如果继续审理，有可能导致民事判决与随后的刑事判决相冲突，造成民事判决确认合同有效成立，刑事判决却认定构成合同诈骗的尴尬情形。因此，在民商事纠纷与刑事犯罪属于"同一事实"的情况下，适用"先刑后民"是可行的。从被害人一方来说，他们也愿意这样做，因为案件作为刑事案件处理，由司法机关的公权力介入，对犯罪分子采取强制措施，更能迅速查清事实，追究犯罪分子的刑事责任，所遭受的经济损失也可由公安、检察机关予以追缴，这样比民事诉讼的漫长过程要简便得多，更能有效维护当事人的权益。

需要注意的一个问题是，在采取"先刑后民"对案件进行具体处理时，不能一概采取驳回起诉的方法。因为由民事审判部门来判断"刑事犯罪嫌疑"，并做出驳回起诉的裁定，也可能造成"以刑阻民"的情况。因为首先经济纠纷案件只是有经济犯罪嫌疑，而某一案件是经济犯罪还是普通经济纠纷案件最终取决于刑事部分的处理结果（或不予立案或不起诉或撤销案件或判决有罪等），故民事部分应等待刑事部分的处理结果，不宜简单地予以裁驳；其次，笔者认为刑事部分的处理结果不能绝对地排斥民事救济手段，在刑事救济手段不充分时，民事救济手段是必要的（因为刑事上追缴赃款之被追缴主体与民事责任主体有时是不一致的），只不过二者应有先后之别。按照我国《民事诉讼法》第一百五十条第五款之规定，对此类案件裁定中止审理更为合理。

2. 第二种情况，是指除了涉嫌犯罪的被告以外另有其他应当承担民事责任的被告的情形。

目前在司法实践中，有相当一部分民事纠纷案件因为被告方涉嫌刑事犯罪而被移交公安机关或被法院中止诉讼，虽然说在刑事诉讼程序启动后，被害人可以通过刑事附带民事诉讼或在刑事诉讼终结后另行提起民事诉讼的方式救济权利，但在被告人潜逃、长期不能归案的情况下，则无法追究被告人的刑事责任，按照先刑事后民事的原则，被害人的民事权利也无从实现，只能等待被告人归案后再行考虑。如果说，在这种情况下即使允许被害人提起民事诉讼也是徒劳的话（判决后因被告潜逃而无法执行），那么除涉嫌犯罪的被告以外另有其他应当承担民事责任的被告的案件被移送公安机关或中止诉讼则有违司法解释的本意。

这类案件又分两种情形，一种是其他被告承担连带责任的情形。例如，甲向某银行贷款 10 万元，担保人为乙，担保责任为连带保证责任，贷款到期后甲未还款，该银行向法院起诉甲、乙，要求二被告还款。审理过程中，乙向法院提出甲涉嫌贷款诈骗，公安机关已经立案，故本案应移送公安机关处理。经查，公安机关已对甲以涉嫌贷款诈骗为由立案，但甲现批捕在逃。后法院以本案涉嫌经济诈骗为由将案件移送公安机关。这就出现了这样的问题，由于甲批捕在逃，作为担保人的乙虽然应承担连带责任，但银行无法从乙身上得到赔偿。笔者认为，甲的在逃不应影响银行向乙主张权利，因为即使甲归案被定罪判刑后，银行再提起民事诉讼时，乙仍应当承担连带责任。因此，在甲在逃的情形下，为了切实保护债权人银行的合法利益，法院不应当将案件移送公安机关，仍应继续审理，做出乙承担还款责任的民事判决。

另一种是其他被告人承担补充责任的情形。例如，旅客甲在酒店住宿，晚上被闯入该酒店的乙砍成重伤，后乙潜逃。甲的亲属作为原告向法院起诉乙和酒店要求赔偿。酒店的抗辩理由是本案涉及刑事犯罪，应当移送公安机关处理。法院最后认定本案涉及刑事犯罪，根据先刑事后民事的原则，裁定中止诉讼，待刑事案件审理终结后再恢复审理。笔者认为，法院的此种做法是有欠妥当的。最高人民法院《关于审理人身损害赔偿案件适用法律若干问题的解释》第六条规定：从事住宿、餐饮、娱乐等经营活动或者其他社会活动的自然人、法人、其他组织，未尽合理限度范围内的安全保障义务致使他人遭受人身损害，赔偿权利人请求其承担相应赔偿责任的，人民法院应予支持；因第三人侵权导致损害结果发生的，由实施侵权行为的第三人承担赔偿责任，安全保障义务人有过错的，应当在其能够防止或者制止损害的范围内承担相应的补充赔偿责任，安全保障义务人承担责任后，可以向第三人追偿，赔偿权利人起诉安全保障义务人的，应当将第三人作为共同被告，但第三人不能确定的除外。由此可见，作为本案直接侵权人的乙和负有安全保障义务人的酒店均应当承担民事责任，乙应当承担全部赔偿责任，而酒店只在其能够防止或者制止损害的范围内承担相应的补充赔偿责任。在乙潜逃的情况下，为了使受害人能够及时得到相应的赔偿，法院不应拘泥于先刑事后民事的原则，应当考虑先刑后民原则的本意，而不是机械地加以运用，在刑事程序进行不了的情形下，为何不能先进行民事审判程序呢？法律不应成为阻碍保护公民利益的绊脚石。因此，此种情况下，法院不应中止诉讼，而应继续审理，做出酒店承担相应民事责任的判决。

（二）同一公民、法人或其他经济组织因不同法律事实或法律关系而涉及经济纠纷和经济犯罪嫌疑的案件处理。

这类案件表面上属于刑民竞合，实质上属于刑民牵连的案件。刑事、民事案件牵连是指产生后一（刑事的或民事的）法律关系的法律事实与先一法律事实（民事的或刑事的）存在一定的牵连关系，而导致公安机关、检察机关、审判机关及其系统内部根据法定职权范围行使主管时而产生的交叉关系。如甲公司与乙公司签订一份买卖合同，根据合同乙公司先将 10 万元货款交给甲公司的业务员丙，丙未将此款入账，携款潜逃，甲公司发现后拒绝向乙公司交货。乙公司以合同违约为由向法院起诉，审理期间，法院发现此案牵涉犯罪。丙侵占财产的法律事实发生前，甲与乙之间已经存在基于合同的事实法律关系，这两个法律关系并不同时产生，如果这两个实体法律关系都进入了诉讼程序，那么两个案件就形成了两个主管。由于这两个案件法律关系间具有关联并会在诉讼程序上有所体现，因而两个案件主管间形成了一种事实的牵连关系，也就是刑事、民事案件的主管牵连。

刑民竞合与刑民牵连主要有以下区别：1. 二者的法律事实的差别。刑事、民事法律关系的竞合中，产生两个法律关系的法律事实是同一的，因而两个法律关系同时产生，而刑事、民事法律关系牵连中，产生两个法律关系的法律事实是不同的，而且存在先后的顺序，因而两个法律关系是先后产生的；2. 同一法律事实对于二者的作用是不同的。对于刑事、民事法律关系竞合而言，其作用是形成性的，即正是这一法律事实的存在，才使两个法律关系的存在成为现实；对于刑事、民事法律关系牵连而言，其作用是结合性的，即这一法律事实的出现将先后两个不同一法律关系结合在一起。

对于刑民竞合案件来说，一般适用的是先刑后民的处理方式，而对于刑民牵连案件来说，由于待处理的两个法律关系是相互独立的，且这种情形下国家利益与民事主体利益不存在有条件的比较，故不能适用先刑后民的处理方式，而应采取刑民并行的处理方式。之所以如此，除上述理由外，更重要的是基于维护正常的交易秩序，保护无过错民事当事人的权益。

综上所述，律师在代理刑民交叉案件时，一定要认真区别刑民竞合与刑民牵连的关系，同时对犯罪嫌疑人潜逃而有其他应当承担民事责任的民事被告时，要从最大限度地保护当事人的合法权益出发慎重代理。

# 本章小结

本章探索了律师在民事诉讼过程中应当注意的三个问题，一是风险规避问题，二是与法官的交往问题，三是在"刑民交叉"案件代理中的问题。这三个问题是作为一名执业律师必须高度重视的问题，它与前面九章的内容相互联结，共同成为本书的重要组成部分。

# 主要参考文献

陈光中主编:《证据法学》,法律出版社 2016 年版。

陈绍娟、徐浩然:《律师礼仪》,中国政法大学出版社 2015 年版。

何珊君:《法社会学》,北京大学出版社 2013 年版。

胡军辉:《民事与行政诉讼案件代理理论与技巧》,湘潭大学出版社 2017 年版。

季卫东:《法治秩序的建构》,商务印书馆 2015 年版。

蒋勇:《新民事诉讼法与律师实务》,人民法院出版社 2012 年版。

廖建新:《中华民族共同体意识下文化模式研究——以金沙江畔为中心的社会组织的考察》,中国社会科学出版社 2018 年版。

廖美英:《法庭语言技巧》,法律出版社 2005 年版。

刘红婴:《法律语言学》,北京大学出版社 2003 年版。

刘家兴、潘剑锋主编:《民事诉讼法学教程(第五版)》,北京大学出版社 2019 年版。

刘燕:《法庭上的修辞》,中国书籍出版社 2017 年版。

刘瑛:《律师的思维与技能》,法律出版社 2006 年版。

韦忠语、成晓明主编:《法律谈判实务教程》,中国人民大学出版社 2014 年版。

徐家力、王文书、赵金一主编:《律师实务》,法律出版社 2011 年版。

张文显主编:《法理学》,高等教育出版社 2018 年版。

张勇:《提升律师执业技能的 164 个细节》,法律出版社 2011 年版。

周利明:《解构与重塑:建设工程合同纠纷审判思维与方法》,法律出版社 2021 年版。

最高人民法院民事审判庭第一庭编：《民事审判指导与参考》，人民法院
　　出版社 2019 年版。

最高人民法院民事审判庭第一庭编著：《最高人民法院新民事诉讼证据规
　　定理解与适用》，人民法院出版社 2020 年版。

［美］约翰·罗尔斯：《正义论》，何怀宏、何包钢、廖申白译，中国社会
　　科学出版社 2018 年版。

廖建新：《民间借贷的法律风险与防范》，《金融教育研究》2019 年第
　　5 期。

# 附　　录

## 附录一　《中华人民共和国律师法》

（1996 年 5 月 15 日第八届全国人民代表大会常务委员会第十九次会议通过　根据 2001 年 12 月 29 日第九届全国人民代表大会常务委员会第二十五次会议《关于修改〈中华人民共和国律师法〉的决定》第一次修正　2007 年 10 月 28 日第十届全国人民代表大会常务委员会第三十次会议修订　根据 2012 年 10 月 26 日第十一届全国人民代表大会常务委员会第二十九次会议《关于修改〈中华人民共和国律师法〉的决定》第二次修正　根据 2017 年 9 月 1 日第十二届全国人民代表大会常务委员会第二十九次会议《关于修改〈中华人民共和国法官法〉等八部法律的决定》第三次修正）

### 第一章　总　则

第一条　为了完善律师制度，规范律师执业行为，保障律师依法执业，发挥律师在社会主义法制建设中的作用，制定本法。

第二条　本法所称律师，是指依法取得律师执业证书，接受委托或者指定，为当事人提供法律服务的执业人员。

律师应当维护当事人合法权益，维护法律正确实施，维护社会公平和正义。

第三条　律师执业必须遵守宪法和法律，恪守律师职业道德和执业纪律。

律师执业必须以事实为根据，以法律为准绳。

律师执业应当接受国家、社会和当事人的监督。

律师依法执业受法律保护，任何组织和个人不得侵害律师的合法权益。

第四条　司法行政部门依照本法对律师、律师事务所和律师协会进行监督、指导。

### 第二章　律师执业许可

第五条　申请律师执业，应当具备下列条件：

（一）拥护中华人民共和国宪法；

（二）通过国家统一法律职业资格考试取得法律职业资格；

（三）在律师事务所实习满一年；

（四）品行良好。

实行国家统一法律职业资格考试前取得的国家统一司法考试合格证书、律师资格凭证，与国家统一法律职业资格证书具有同等效力。

第六条　申请律师执业，应当向设区的市级或者直辖市的区人民政府司法行政部门提出申请，并提交下列材料：

（一）国家统一法律职业资格证书；

（二）律师协会出具的申请人实习考核合格的材料；

（三）申请人的身份证明；

（四）律师事务所出具的同意接收申请人的证明。

申请兼职律师执业的，还应当提交所在单位同意申请人兼职从事律师职业的证明。

受理申请的部门应当自受理之日起二十日内予以审查，并将审查意见和全部申请材料报送省、自治区、直辖市人民政府司法行政部门。省、自治区、直辖市人民政府司法行政部门应当自收到报送材料之日起十日内予以审核，做出是否准予执业的决定。准予执业的，向申请人颁发律师执业证书；不准予执业的，向申请人书面说明理由。

第七条　申请人有下列情形之一的，不予颁发律师执业证书：

（一）无民事行为能力或者限制民事行为能力的；

（二）受过刑事处罚的，但过失犯罪的除外；

（三）被开除公职或者被吊销律师、公证员执业证书的。

第八条　具有高等院校本科以上学历，在法律服务人员紧缺领域从事专业工作满十五年，具有高级职称或者同等专业水平并具有相应的专业法律知识的人员，申请专职律师执业的，经国务院司法行政部门考核合格，准予执业。具体办法由国务院规定。

第九条　有下列情形之一的，由省、自治区、直辖市人民政府司法行政部门撤销准予执业的决定，并注销被准予执业人员的律师执业证书：

（一）申请人以欺诈、贿赂等不正当手段取得律师执业证书的；

（二）对不符合本法规定条件的申请人准予执业的。

第十条　律师只能在一个律师事务所执业。律师变更执业机构的，应当申请换发律师执业证书。

律师执业不受地域限制。

第十一条　公务员不得兼任执业律师。

律师担任各级人民代表大会常务委员会组成人员的，任职期间不得从事诉讼代理或者辩护业务。

第十二条　高等院校、科研机构中从事法学教育、研究工作的人员，符合本法第五条规定条件的，经所在单位同意，依照本法第六条规定的程序，可以申请兼职律师执业。

第十三条　没有取得律师执业证书的人员，不得以律师名义从事法律服务业务；除法律另有规定外，不得从事诉讼代理或者辩护业务。

## 第三章　律师事务所

第十四条　律师事务所是律师的执业机构。设立律师事务所应当具备下列条件：

（一）有自己的名称、住所和章程；

（二）有符合本法规定的律师；

（三）设立人应当是具有一定的执业经历，且三年内未受过停止执业处罚的律师；

（四）有符合国务院司法行政部门规定数额的资产。

第十五条　设立合伙律师事务所，除应当符合本法第十四条规定的条件外，还应当有三名以上合伙人，设立人应当是具有三年以上执业经历的律师。

合伙律师事务所可以采用普通合伙或者特殊的普通合伙形式设立。合伙律师事务所的合伙人按照合伙形式对该律师事务所的债务依法承担责任。

第十六条　设立个人律师事务所，除应当符合本法第十四条规定的条件外，设立人还应当是具有五年以上执业经历的律师。设立人对律师事务所的债务承担无限责任。

第十七条　申请设立律师事务所，应当提交下列材料：

（一）申请书；

（二）律师事务所的名称、章程；

（三）律师的名单、简历、身份证明、律师执业证书；

（四）住所证明；

（五）资产证明。

设立合伙律师事务所，还应当提交合伙协议。

第十八条　设立律师事务所，应当向设区的市级或者直辖市的区人民政府司法行政部门提出申请，受理申请的部门应当自受理之日起二十日内予以审查，并将审查意见和全部申请材料报送省、自治区、直辖市人民政府司法行政部门。省、自治区、直辖市人民政府司法行政部门应当自收到报送材料之日起十日内予以审核，做出是否准予设立的决定。准予设立的，向申请人颁发律师事务所执业证书；不准予设立的，向申请人书面说明理由。

第十九条　成立三年以上并具有二十名以上执业律师的合伙律师事务所，可以设立分所。设立分所，须经拟设立分所所在地的省、自治区、直辖市人民政府司法行政部门审核。申请设立分所的，依照本法第十八条规定的程序办理。

合伙律师事务所对其分所的债务承担责任。

第二十条　国家出资设立的律师事务所，依法自主开展律师业务，以该律师事务所的全部资产对其债务承担责任。

第二十一条　律师事务所变更名称、负责人、章程、合伙协议的，应当报原审核部门批准。

律师事务所变更住所、合伙人的，应当自变更之日起十五日内报原审核部门备案。

第二十二条　律师事务所有下列情形之一的，应当终止：

（一）不能保持法定设立条件，经限期整改仍不符合条件的；

（二）律师事务所执业证书被依法吊销的；

（三）自行决定解散的；

（四）法律、行政法规规定应当终止的其他情形。

律师事务所终止的，由颁发执业证书的部门注销该律师事务所的执业证书。

第二十三条　律师事务所应当建立健全执业管理、利益冲突审查、收费与财务管理、投诉查处、年度考核、档案管理等制度，对律师在执业活动中遵守职业道德、执业纪律的情况进行监督。

第二十四条　律师事务所应当于每年的年度考核后，向设区的市级或者直辖市的区人民政府司法行政部门提交本所的年度执业情况报告和律师执业考核结果。

第二十五条　律师承办业务，由律师事务所统一接受委托，与委托人签订书面委托合同，按照国家规定统一收取费用并如实入账。

律师事务所和律师应当依法纳税。

第二十六条　律师事务所和律师不得以诋毁其他律师事务所、律师或者支付介绍费等不正当手段承揽业务。

第二十七条　律师事务所不得从事法律服务以外的经营活动。

## 第四章　律师的业务和权利、义务

第二十八条　律师可以从事下列业务：

（一）接受自然人、法人或者其他组织的委托，担任法律顾问；

（二）接受民事案件、行政案件当事人的委托，担任代理人，参加诉讼；

（三）接受刑事案件犯罪嫌疑人、被告人的委托或者依法接受法律援助机构的指派，担任辩护人，接受自诉案件自诉人、公诉案件被害人或者其近亲属的委托，担任代理人，参加诉讼；

（四）接受委托，代理各类诉讼案件的申诉；

（五）接受委托，参加调解、仲裁活动；

（六）接受委托，提供非诉讼法律服务；

（七）解答有关法律的询问、代写诉讼文书和有关法律事务的其他文书。

第二十九条　律师担任法律顾问的，应当按照约定为委托人就有关法律问题提供意见，草拟、审查法律文书，代理参加诉讼、调解或者仲裁活动，办理委托的其他法律事务，维护委托人的合法权益。

第三十条　律师担任诉讼法律事务代理人或者非诉讼法律事务代理人的，应当在受委托的权限内，维护委托人的合法权益。

第三十一条　律师担任辩护人的，应当根据事实和法律，提出犯罪嫌疑人、被告人无罪、罪轻或者减轻、免除其刑事责任的材料和意见，维护犯罪嫌疑人、被告人的诉讼权利和其他合法权益。

第三十二条　委托人可以拒绝已委托的律师为其继续辩护或者代理，同时可以另行委托律师担任辩护人或者代理人。

律师接受委托后，无正当理由的，不得拒绝辩护或者代理。但是，委托事项违法、委托人利用律师提供的服务从事违法活动或者委托人故意隐瞒与案件有关的重要事实的，律师有权拒绝辩护或者代理。

第三十三条　律师担任辩护人的，有权持律师执业证书、律师事务所证明和委托书或者法律援助公函，依照刑事诉讼法的规定会见在押或者被监视居住的犯罪嫌疑人、被告人。辩护律师会见犯罪嫌疑人、被告人时不被监听。

第三十四条　律师担任辩护人的，自人民检察院对案件审查起诉之日起，有权查阅、摘抄、复制本案的案卷材料。

第三十五条　受委托的律师根据案情的需要，可以申请人民检察院、人民法院收集、调取证据或者申请人民法院通知证人出庭作证。

律师自行调查取证的，凭律师执业证书和律师事务所证明，可以向有关单位或者个人调查与承办法律事务有关的情况。

第三十六条　律师担任诉讼代理人或者辩护人的，其辩论或者辩护的权利依法受到保障。

第三十七条　律师在执业活动中的人身权利不受侵犯。

律师在法庭上发表的代理、辩护意见不受法律追究。但是，发表危害国家安全、恶意诽谤他人、严重扰乱法庭秩序的言论除外。

律师在参与诉讼活动中涉嫌犯罪的，侦查机关应当及时通知其所在的律师事务所或者所属的律师协会；被依法拘留、逮捕的，侦查机关应当依照刑事诉讼法的规定通知该律师的家属。

第三十八条  律师应当保守在执业活动中知悉的国家秘密、商业秘密，不得泄露当事人的隐私。

律师对在执业活动中知悉的委托人和其他人不愿泄露的有关情况和信息，应当予以保密。但是，委托人或者其他人准备或者正在实施危害国家安全、公共安全以及严重危害他人人身安全的犯罪事实和信息除外。

第三十九条  律师不得在同一案件中为双方当事人担任代理人，不得代理与本人或者其近亲属有利益冲突的法律事务。

第四十条  律师在执业活动中不得有下列行为：

（一）私自接受委托、收取费用，接受委托人的财物或者其他利益；

（二）利用提供法律服务的便利牟取当事人争议的权益；

（三）接受对方当事人的财物或者其他利益，与对方当事人或者第三人恶意串通，侵害委托人的权益；

（四）违反规定会见法官、检察官、仲裁员以及其他有关工作人员；

（五）向法官、检察官、仲裁员以及其他有关工作人员行贿，介绍贿赂或者指使、诱导当事人行贿，或者以其他不正当方式影响法官、检察官、仲裁员以及其他有关工作人员依法办理案件；

（六）故意提供虚假证据或者威胁、利诱他人提供虚假证据，妨碍对方当事人合法取得证据；

（七）煽动、教唆当事人采取扰乱公共秩序、危害公共安全等非法手段解决争议；

（八）扰乱法庭、仲裁庭秩序，干扰诉讼、仲裁活动的正常进行。

第四十一条  曾经担任法官、检察官的律师，从人民法院、人民检察院离任后二年内，不得担任诉讼代理人或者辩护人。

第四十二条  律师、律师事务所应当按照国家规定履行法律援助义务，为受援人提供符合标准的法律服务，维护受援人的合法权益。


## 第五章  律师协会

第四十三条  律师协会是社会团体法人，是律师的自律性组织。

全国设立中华全国律师协会，省、自治区、直辖市设立地方律师协会，设区的市根据需要可以设立地方律师协会。

第四十四条　全国律师协会章程由全国会员代表大会制定，报国务院司法行政部门备案。

地方律师协会章程由地方会员代表大会制定，报同级司法行政部门备案。地方律师协会章程不得与全国律师协会章程相抵触。

第四十五条　律师、律师事务所应当加入所在地的地方律师协会。加入地方律师协会的律师、律师事务所，同时是全国律师协会的会员。

律师协会会员享有律师协会章程规定的权利，履行律师协会章程规定的义务。

第四十六条　律师协会应当履行下列职责：

（一）保障律师依法执业，维护律师的合法权益；

（二）总结、交流律师工作经验；

（三）制定行业规范和惩戒规则；

（四）组织律师业务培训和职业道德、执业纪律教育，对律师的执业活动进行考核；

（五）组织管理申请律师执业人员的实习活动，对实习人员进行考核；

（六）对律师、律师事务所实施奖励和惩戒；

（七）受理对律师的投诉或者举报，调解律师执业活动中发生的纠纷，受理律师的申诉；

（八）法律、行政法规、规章以及律师协会章程规定的其他职责。

律师协会制定的行业规范和惩戒规则，不得与有关法律、行政法规、规章相抵触。

## 第六章　法律责任

第四十七条　律师有下列行为之一的，由设区的市级或者直辖市的区人民政府司法行政部门给予警告，可以处五千元以下的罚款；有违法所得的，没收违法所得；情节严重的，给予停止执业三个月以下的处罚：

（一）同时在两个以上律师事务所执业的；

（二）以不正当手段承揽业务的；

（三）在同一案件中为双方当事人担任代理人，或者代理与本人及其近亲属有利益冲突的法律事务的；

（四）从人民法院、人民检察院离任后二年内担任诉讼代理人或者辩护人的；

（五）拒绝履行法律援助义务的。

第四十八条　律师有下列行为之一的，由设区的市级或者直辖市的区人民政府司法行政部门给予警告，可以处一万元以下的罚款；有违法所得的，没收违法所得；情节严重的，给予停止执业三个月以上六个月以下的处罚：

（一）私自接受委托、收取费用，接受委托人财物或者其他利益的；

（二）接受委托后，无正当理由，拒绝辩护或者代理，不按时出庭参加诉讼或者仲裁的；

（三）利用提供法律服务的便利牟取当事人争议的权益的；

（四）泄露商业秘密或者个人隐私的。

第四十九条　律师有下列行为之一的，由设区的市级或者直辖市的区人民政府司法行政部门给予停止执业六个月以上一年以下的处罚，可以处五万元以下的罚款；有违法所得的，没收违法所得；情节严重的，由省、自治区、直辖市人民政府司法行政部门吊销其律师执业证书；构成犯罪的，依法追究刑事责任：

（一）违反规定会见法官、检察官、仲裁员以及其他有关工作人员，或者以其他不正当方式影响依法办理案件的；

（二）向法官、检察官、仲裁员以及其他有关工作人员行贿，介绍贿赂或者指使、诱导当事人行贿的；

（三）向司法行政部门提供虚假材料或者有其他弄虚作假行为的；

（四）故意提供虚假证据或者威胁、利诱他人提供虚假证据，妨碍对方当事人合法取得证据的；

（五）接受对方当事人财物或者其他利益，与对方当事人或者第三人恶意串通，侵害委托人权益的；

（六）扰乱法庭、仲裁庭秩序，干扰诉讼、仲裁活动的正常进行的；

（七）煽动、教唆当事人采取扰乱公共秩序、危害公共安全等非法手段解决争议的；

（八）发表危害国家安全、恶意诽谤他人、严重扰乱法庭秩序的言论的；

（九）泄露国家秘密的。

律师因故意犯罪受到刑事处罚的，由省、自治区、直辖市人民政府司法行政部门吊销其律师执业证书。

第五十条　律师事务所有下列行为之一的，由设区的市级或者直辖市的区人民政府司法行政部门视其情节给予警告、停业整顿一个月以上六个月以下的处罚，可以处十万元以下的罚款；有违法所得的，没收违法所得；情节特别严重的，由省、自治区、直辖市人民政府司法行政部门吊销律师事务所执业证书：

（一）违反规定接受委托、收取费用的；

（二）违反法定程序办理变更名称、负责人、章程、合伙协议、住所、合伙人等重大事项的；

（三）从事法律服务以外的经营活动的；

（四）以诋毁其他律师事务所、律师或者支付介绍费等不正当手段承揽业务的；

（五）违反规定接受有利益冲突的案件的；

（六）拒绝履行法律援助义务的；

（七）向司法行政部门提供虚假材料或者有其他弄虚作假行为的；

（八）对本所律师疏于管理，造成严重后果的。

律师事务所因前款违法行为受到处罚的，对其负责人视情节轻重，给予警告或者处二万元以下的罚款。

第五十一条　律师因违反本法规定，在受到警告处罚后一年内又发生应当给予警告处罚情形的，由设区的市级或者直辖市的区人民政府司法行政部门给予停止执业三个月以上一年以下的处罚；在受到停止执业处罚期满后二年内又发生应当给予停止执业处罚情形的，由省、自治区、直辖市人民政府司法行政部门吊销其律师执业证书。

律师事务所因违反本法规定，在受到停业整顿处罚期满后二年内又发生应当给予停业整顿处罚情形的，由省、自治区、直辖市人民政府司法行政部门吊销律师事务所执业证书。

第五十二条　县级人民政府司法行政部门对律师和律师事务所的执业活动实施日常监督管理，对检查发现的问题，责令改正；对当事人的投诉，应当及时进行调查。县级人民政府司法行政部门认为律师和律师事务所的违法行为应当给予行政处罚的，应当向上级司法行政部门提出处罚建议。

第五十三条　受到六个月以上停止执业处罚的律师，处罚期满未逾三年的，不得担任合伙人。

被吊销律师执业证书的，不得担任辩护人、诉讼代理人，但系刑事诉讼、民事诉讼、行政诉讼当事人的监护人、近亲属的除外。

第五十四条　律师违法执业或者因过错给当事人造成损失的，由其所在的律师事务所承担赔偿责任。律师事务所赔偿后，可以向有故意或者重大过失行为的律师追偿。

第五十五条　没有取得律师执业证书的人员以律师名义从事法律服务业务的，由所在地的县级以上地方人民政府司法行政部门责令停止非法执业，没收违法所得，处违法所得一倍以上五倍以下的罚款。

第五十六条　司法行政部门工作人员违反本法规定，滥用职权、玩忽职守，构成犯罪的，依法追究刑事责任；尚不构成犯罪的，依法给予处分。

## 第七章　附　则

第五十七条　为军队提供法律服务的军队律师，其律师资格的取得和权利、义务及行为准则，适用本法规定。军队律师的具体管理办法，由国务院和中央军事委员会制定。

第五十八条　外国律师事务所在中华人民共和国境内设立机构从事法律服务活动的管理办法，由国务院制定。

第五十九条　律师收费办法，由国务院价格主管部门会同国务院司法行政部门制定。

第六十条　本法自 2008 年 6 月 1 日起施行。

# 附录二　《律师执业行为规范（试行）》

(2004 年 3 月 20 日五届全国律协第九次常务理事会审议通过试行；2009 年 12 月 27 日七届二次理事会修订；2017 年 1 月 8 日第九届全国律协常务理事会第二次会议审议通过试行)

## 第一章　总则

**第一条**　为规范律师执业行为，保障律师执业权益，根据《中华人民共和国律师法》和《中华全国律师协会章程》制定本规范。

**第二条**　本规范是律师规范执业行为的指引，是评判律师执业行为的行业标准，是律师自我约束的行为准则。

**第三条**　律师应当把拥护中国共产党领导、拥护社会主义法治作为从业的基本要求。

**第四条**　律师执业行为违反本规范中强制性规范的，将依据相关规范性文件给予处分或惩戒。本规范中的任意性规范，律师应当自律遵守。

**第五条**　本规范适用于作为中华全国律师协会会员的律师和律师事务所，律师事务所其他从业人员参照本规范执行。

## 第二章　律师执业基本行为规范

**第六条**　律师应当忠于宪法、法律，恪守律师职业道德和执业纪律。

律师不得利用律师身份和以律师事务所名义炒作个案，攻击社会主义制度，从事危害国家安全活动，不得利用律师身份煽动、教唆、组织有关利益群体，干扰、破坏正常社会秩序，不得利用律师身份教唆、指使当事人串供、伪造证据，干扰正常司法活动。

**第七条**　律师应当诚实守信、勤勉尽责，依据事实和法律，维护当事人合法权益，维护法律正确实施，维护社会公平和正义。

**第八条**　律师应当注重职业修养，自觉维护律师行业声誉。

**第九条**　律师应当保守在执业活动中知悉的国家秘密、商业秘密，不得泄露当事人的隐私。

律师对在执业活动中知悉的委托人和其他人不愿泄露的情况和信息，

应当予以保密。但是，委托人或者其他人准备或者正在实施的危害国家安全、公共安全以及其他严重危害他人人身、财产安全的犯罪事实和信息除外。

第十条 律师应当尊重同行，公平竞争，同业互助。

第十一条 律师协会倡导律师关注、支持、积极参加社会公益事业。

第十二条 律师在执业期间不得以非律师身份从事法律服务。

律师只能在一个律师事务所执业。

律师不得在受到停止执业处罚期间继续执业，或者在律师事务所被停业整顿期间、注销后继续以原所名义执业。

第十三条 律师不得在同一案件中为双方当事人担任代理人，不得代理与本人或者其近亲属有利益冲突的法律事务。

第十四条 律师担任各级人民代表大会常务委员会组成人员的，任职期间不得从事诉讼代理或者辩护业务。

第十五条 律师不得为以下行为：

（一）产生不良社会影响，有损律师行业声誉的行为；

（二）妨碍国家司法、行政机关依法行使职权的行为；

（三）参加法律所禁止的机构、组织或者社会团体；

（四）其他违反法律、法规、律师协会行业规范及职业道德的行为；

（五）其他违反社会公德，严重损害律师职业形象的行为。

## 第三章 律师业务推广行为规范

### 第一节 业务推广原则

第十六条 律师和律师事务所推广律师业务，应当遵守平等、诚信原则，遵守律师职业道德和执业纪律，遵守律师行业公认的行业准则，公平竞争。

第十七条 律师和律师事务所应当通过提高自身综合素质、提高法律服务质量、加强自身业务竞争能力的途径，开展、推广律师业务。

第十八条 律师和律师事务所可以依法以广告方式宣传律师和律师事务所以及自己的业务领域和专业特长。

第十九条 律师和律师事务所可以通过发表学术论文、案例分析、专题解答、授课、普及法律等活动，宣传自己的专业领域。

第二十条　律师和律师事务所可以通过举办或者参加各种形式的专题、专业研讨会，宣传自己的专业特长。

第二十一条　律师可以以自己或者其任职的律师事务所名义参加各种社会公益活动。

第二十二条　律师和律师事务所在业务推广中不得为不正当竞争行为。

### 第二节　律师业务推广广告

第二十三条　律师和律师事务所为推广业务，可以发布使社会公众了解律师个人和律师事务所法律服务业务信息的广告。

第二十四条　律师发布广告应当遵守国家法律、法规、规章和本规范。

第二十五条　律师发布广告应当具有可识别性，应当能够使社会公众辨明是律师广告。

第二十六条　律师广告可以以律师个人名义发布，也可以以律师事务所名义发布。以律师个人名义发布的律师广告应当注明律师个人所任职的执业机构名称，应当载明律师执业证号。

第二十七条　具有下列情况之一的，律师和律师事务所不得发布律师广告：

（一）没有通过年度考核的；

（二）处于停止执业或停业整顿处罚期间的；

（三）受到通报批评、公开谴责未满一年的。

第二十八条　律师个人广告的内容，应当限于律师的姓名、肖像、年龄、性别；学历、学位、专业、律师执业许可日期、所任职律师事务所名称、在所任职律师事务所的执业期限；收费标准、联系方法；依法能够向社会提供的法律服务业务范围；执业业绩。

第二十九条　律师事务所广告的内容应当限于律师事务所名称、住所、电话号码、传真号码、邮政编码、电子信箱、网址；所属律师协会；所内执业律师及依法能够向社会提供的法律服务业务范围简介；执业业绩。

第三十条　律师和律师事务所不得以有悖律师使命、有损律师形象的方式制作广告，不得采用一般商业广告的艺术夸张手段制作广告。

第三十一条　律师广告中不得出现违反所属律师协会有关律师广告管理规定的内容。

### 第三节　律师宣传

第三十二条　律师和律师事务所不得进行歪曲事实和法律，或者可能使公众对律师产生不合理期望的宣传。

第三十三条　律师和律师事务所可以宣传所从事的某一专业法律服务领域，但不得自我声明或者暗示其被公认或者证明为某一专业领域的权威或专家。

第三十四条　律师和律师事务所不得进行律师之间或者律师事务所之间的比较宣传。

## 第四章　律师与委托人或当事人的关系规范
### 第一节　委托代理关系

第三十五条　律师应当与委托人就委托事项范围、内容、权限、费用、期限等进行协商，经协商达成一致后，由律师事务所与委托人签署委托协议。

第三十六条　律师应当充分运用专业知识，依照法律和委托协议完成委托事项，维护委托人或者当事人的合法权益。

第三十七条　律师与所任职律师事务所有权根据法律规定、公平正义及律师执业道德标准，选择实现委托人或者当事人目的的方案。

第三十八条　律师应当严格按照法律规定的期间、时效以及与委托人约定的时间办理委托事项。对委托人了解委托事项办理情况的要求，应当及时给予答复。

第三十九条　律师应当建立律师业务档案，保存完整的工作记录。

第四十条　律师应谨慎保管委托人或当事人提供的证据原件、原物、音像资料底版以及其他材料。

第四十一条　律师接受委托后，应当在委托人委托的权限内开展执业活动，不得超越委托权限。

第四十二条　律师接受委托后，无正当理由不得拒绝辩护或者代理，或以其他方式终止委托。委托事项违法、委托人利用律师提供的服务从事违法活动或者委托人故意隐瞒与案件有关的重要事实的，律师有权告知委托人并要求其整改，有权拒绝辩护或者代理，或以其他方式终止委托，并有权就已经履行事务取得律师费。

第四十三条　律师在承办受托业务时，对已经出现的和可能出现的不可克服的困难、风险，应当及时通知委托人，并向律师事务所报告。

### 第二节　禁止虚假承诺

第四十四条　律师根据委托人提供的事实和证据，依据法律规定进行分析，向委托人提出分析性意见。

第四十五条　律师的辩护、代理意见未被采纳，不属于虚假承诺。

### 第三节　禁止非法牟取委托人权益

第四十六条　律师和律师事务所不得利用提供法律服务的便利，牟取当事人争议的权益。

第四十七条　律师和律师事务所不得违法与委托人就争议的权益产生经济上的联系，不得与委托人约定将争议标的物出售给自己；不得委托他人为自己或为自己的近亲属收购、租赁委托人与他人发生争议的标的物。

第四十八条　律师事务所可以依法与当事人或委托人签订以回收款项或标的物为前提按照一定比例收取货币或实物作为律师费用的协议。

### 第四节　利益冲突审查

第四十九条　律师事务所应当建立利益冲突审查制度。律师事务所在接受委托之前，应当进行利益冲突审查并做出是否接受委托决定。

第五十条　办理委托事务的律师与委托人之间存在利害关系或利益冲突的，不得承办该业务并应当主动提出回避。

第五十一条　有下列情形之一的，律师及律师事务所不得与当事人建立或维持委托关系：

（一）律师在同一案件中为双方当事人担任代理人，或代理与本人或者其近亲属有利益冲突的法律事务的；

（二）律师办理诉讼或者非诉讼业务，其近亲属是对方当事人的法定代表人或者代理人的；

（三）曾经亲自处理或者审理过某一事项或者案件的行政机关工作人员、审判人员、检察人员、仲裁员，成为律师后又办理该事项或者案件的；

（四）同一律师事务所的不同律师同时担任同一刑事案件的被害人的代理人和犯罪嫌疑人、被告人的辩护人，但在该县区域内只有一家律师事务所且事先征得当事人同意的除外；

（五）在民事诉讼、行政诉讼、仲裁案件中，同一律师事务所的不同律师同时担任争议双方当事人的代理人，或者本所或其工作人员为一方当事人，本所其他律师担任对方当事人的代理人的；

（六）在非诉讼业务中，除各方当事人共同委托外，同一律师事务所的律师同时担任彼此有利害关系的各方当事人的代理人的；

（七）在委托关系终止后，同一律师事务所或同一律师在同一案件后续审理或者处理中又接受对方当事人委托的；

（八）其他与本条第（一）至第（七）项情形相似，且依据律师执业经验和行业常识能够判断为应当主动回避且不得办理的利益冲突情形。

第五十二条　有下列情形之一的，律师应当告知委托人并主动提出回避，但委托人同意其代理或者继续承办的除外：

（一）接受民事诉讼、仲裁案件一方当事人的委托，而同所的其他律师是该案件中对方当事人的近亲属的；

（二）担任刑事案件犯罪嫌疑人、被告人的辩护人，而同所的其他律师是该案件被害人的近亲属的；

（三）同一律师事务所接受正在代理的诉讼案件或者非诉讼业务当事人的对方当事人所委托的其他法律业务的；

（四）律师事务所与委托人存在法律服务关系，在某一诉讼或仲裁案件中该委托人未要求该律师事务所律师担任其代理人，而该律师事务所律师担任该委托人对方当事人的代理人的；

（五）在委托关系终止后一年内，律师又就同一法律事务接受与原委托人有利害关系的对方当事人的委托的；

（六）其他与本条第（一）至第（五）项情况相似，且依据律师执业经验和行业常识能够判断的其他情形。

律师和律师事务所发现存在上述情形的，应当告知委托人利益冲突的事实和可能产生的后果，由委托人决定是否建立或维持委托关系。委托人决定建立或维持委托关系的，应当签署知情同意书，表明当事人已经知悉存在利益冲突的基本事实和可能产生的法律后果，以及当事人明确同意与律师事务所及律师建立或维持委托关系。

第五十三条　委托人知情并签署知情同意书以示豁免的，承办律师在办理案件的过程中应对各自委托人的案件信息予以保密，不得将与案件有关的信息披露给相对人的承办律师。

### 第五节　保管委托人财产

第五十四条　律师事务所可以与委托人签订书面保管协议，妥善保管委托人财产，严格履行保管协议。

第五十五条　律师事务所受委托保管委托人财产时，应当将委托人财产与律师事务所的财产、律师个人财产严格分离。

### 第六节　转委托

第五十六条　未经委托人同意，律师事务所不得将委托人委托的法律事务转委托其他律师事务所办理。但在紧急情况下，为维护委托人的利益可以转委托，但应当及时告知委托人。

第五十七条　受委托律师遇有突患疾病、工作调动等紧急情况不能履行委托协议时，应当及时报告律师事务所，由律师事务所另行指定其他律师继续承办，并及时告知委托人。

第五十八条　非经委托人的同意，不能因转委托而增加委托人的费用支出。

### 第七节　委托关系的解除与终止

第五十九条　有下列情形之一的，律师事务所应当终止委托关系：

（一）委托人提出终止委托协议的；

（二）律师受到吊销执业证书或者停止执业处罚的，经过协商，委托人不同意更换律师的；

（三）当发现有本规范第五十一条规定的利益冲突情形的；

（四）受委托律师因健康状况不适合继续履行委托协议的，经过协商，委托人不同意更换律师的；

（五）继续履行委托协议违反法律、法规、规章或者本规范的。

第六十条　有下列情形之一，经提示委托人不纠正的，律师事务所可以解除委托协议：

（一）委托人利用律师提供的法律服务从事违法犯罪活动的；

（二）委托人要求律师完成无法实现或者不合理的目标的；

（三）委托人没有履行委托合同义务的；

（四）在事先无法预见的前提下，律师向委托人提供法律服务将会给律师带来不合理的费用负担，或给律师造成难以承受的、不合理的困难的；

（五）其他合法的理由的。

第六十一条　律师事务所依照本规范第五十九条、第六十条的规定终止代理或者解除委托的，委托人与律师事务所协商解除协议的，委托人单方终止委托代理协议的，律师事务所有权收取已提供服务部分的费用。

第六十二条　律师事务所与委托人解除委托关系后，应当退还当事人提供的资料原件、物证原物、视听资料底版等证据，并可以保留复印件存档。

## 第五章　律师参与诉讼或仲裁规范
### 第一节　调查取证

第六十三条　律师应当依法调查取证。

第六十四条　律师不得向司法机关或者仲裁机构提交明知是虚假的证据。

第六十五条　律师作为证人出庭作证的，不得再接受委托担任该案的辩护人或者代理人出庭。

### 第二节　尊重法庭与规范接触司法人员

第六十六条　律师应当遵守法庭、仲裁庭纪律，遵守出庭时间、举证时限、提交法律文书期限及其他程序性规定。

第六十七条　在开庭审理过程中，律师应当尊重法庭、仲裁庭。

第六十八条　律师在执业过程中，因对事实真假、证据真伪及法律适用是否正确而与诉讼相对方意见不一致的，或者为了向案件承办人提交新证据的，与案件承办人接触和交换意见应当在司法机关内指定场所。

第六十九条　律师在办案过程中，不得与所承办案件有关的司法、仲裁人员私下接触。

第七十条　律师不得贿赂司法机关和仲裁机构人员，不得以许诺回报或者提供其他利益（包括物质利益和非物质形态的利益）等方式，与承办案件的司法、仲裁人员进行交易。

律师不得介绍贿赂或者指使、诱导当事人行贿。

### 第三节　庭审仪表和语态

第七十一条　律师担任辩护人、代理人参加法庭、仲裁庭审理，应当按照规定穿着律师出庭服装，佩戴律师出庭徽章，注重律师职业形象。

第七十二条　律师在法庭或仲裁庭发言时应当举止庄重、大方，用词文明、得体。

## 第六章　律师与其他律师的关系规范

### 第一节　尊重与合作

第七十三条　律师与其他律师之间应当相互帮助、相互尊重。

第七十四条　在庭审或者谈判过程中各方律师应当互相尊重，不得使用挖苦、讽刺或者侮辱性的语言。

第七十五条　律师或律师事务所不得在公众场合及媒体上发表恶意贬低、诋毁、损害同行声誉的言论。

第七十六条　律师变更执业机构时应当维护委托人及原律师事务所的利益；律师事务所在接受转入律师时，不得损害原律师事务所的利益。

第七十七条　律师与委托人发生纠纷的，律师事务所的解决方案应当充分尊重律师本人的意见，律师应当服从律师事务所解决纠纷的决议。

### 第二节　禁止不正当竞争

第七十八条　律师和律师事务所不得采用不正当手段进行业务竞争，损害其他律师及律师事务所的声誉或者其他合法权益。

第七十九条　有下列情形之一的，属于律师执业不正当竞争行为：

（一）诋毁、诽谤其他律师或者律师事务所信誉、声誉；

（二）无正当理由，以低于同地区同行业收费标准为条件争揽业务，或者采用承诺给予客户、中介人、推荐人回扣、馈赠金钱、财物或者其他利益等方式争揽业务；

（三）故意在委托人与其代理律师之间制造纠纷；

（四）向委托人明示或者暗示自己或者所属的律师事务所与司法机关、政府机关、社会团体及其工作人员具有特殊关系；

（五）就法律服务结果或者诉讼结果做出虚假承诺；

（六）明示或者暗示可以帮助委托人达到不正当目的，或者以不正当的方式、手段达到委托人的目的。

第八十条  律师和律师事务所在与行政机关、行业管理部门以及企业的接触中，不得采用下列不正当手段与同行进行业务竞争：

（一）通过与某机关、某部门、某行业对某一类的法律服务事务进行垄断的方式争揽业务；

（二）限定委托人接受其指定的律师或者律师事务所提供法律服务，限制其他律师或律师事务所正当的业务竞争。

第八十一条  律师和律师事务所在与司法机关及司法人员接触中，不得采用利用律师兼有的其他身份影响所承办业务正常处理和审理的手段进行业务竞争。

第八十二条  依照有关规定取得从事特定范围法律服务的律师或律师事务所不得采取下列不正当竞争的行为：

（一）限制委托人接受经过法定机构认可的其他律师或律师事务所提供法律服务；

（二）强制委托人接受其提供的或者由其指定的律师提供的法律服务；

（三）对抵制上述行为的委托人拒绝、中断、拖延、削减必要的法律服务或者滥收费用。

第八十三条  律师或律师事务所相互之间不得采用下列手段排挤竞争对手的公平竞争：

（一）串通抬高或者压低收费；

（二）为争揽业务，不正当获取其他律师和律师事务所收费报价或者其他提供法律服务的条件；

（三）泄露收费报价或者其他提供法律服务的条件等暂未公开的信息，损害相关律师事务所的合法权益。

第八十四条  律师和律师事务所不得擅自或者非法使用社会专有名称或者知名度较高的名称以及代表其名称的标志、图形文字、代号以混淆误导委托人。

本规范所称的社会特有名称和知名度较高的名称是指：

（一）有关政党、司法机关、行政机关、行业协会名称；

（二）具有较高社会知名度的高等法学院校或者科研机构的名称；

（三）为社会公众共知、具有较高知名度的非律师公众人物名称；

（四）知名律师以及律师事务所名称。

第八十五条　律师和律师事务所不得伪造或者冒用法律服务荣誉称号。使用已获得的律师或者律师事务所法律服务荣誉称号的，应当注明获得时间和期限。律师和律师事务所不得变造已获得的荣誉称号用于广告宣传。律师事务所已撤销的，其原取得的荣誉称号不得继续使用。

## 第七章　律师与所任职的律师事务所关系规范

第八十六条　律师事务所是律师的执业机构。律师事务所对本所执业律师负有教育、管理和监督的职责。

第八十七条　律师事务所应当建立健全执业管理、利益冲突审查、收费与财务管理、投诉查处、年度考核、档案管理、劳动合同管理等制度，对律师在执业活动中遵守职业道德、执业纪律的情况进行监督。

第八十八条　律师事务所应当依法保障律师及其他工作人员的合法权益，为律师执业提供必要的工作条件。

第八十九条　律师承办业务，由律师事务所统一接受委托，与委托人签订书面委托合同，按照国家规定统一收取费用。

第九十条　律师及律师事务所必须依法纳税。

第九十一条　律师事务所应当定期组织律师开展时事政治、业务学习，总结交流执业经验，提高律师执业水平。

第九十二条　律师事务所应当认真指导申请律师执业实习人员实习，如实出具实习鉴定材料和相关证明材料。

第九十三条　律师事务所不得从事法律服务以外的经营活动。

第九十四条　律师和律师事务所应当按照国家规定履行法律援助义务，为受援人提供法律服务，维护受援人的合法权益。

第九十五条　律师事务所不得指派没有取得律师执业证书的人员或者处于停止执业处罚期间的律师以律师名义提供法律服务。

第九十六条　律师事务所对受其指派办理事务的律师辅助人员出现的错误，应当采取制止或者补救措施，并承担责任。

第九十七条　律师事务所有义务对律师、申请律师执业实习人员在业务及职业道德等方面进行管理。

## 第八章 律师与律师协会关系规范

第九十八条 律师和律师事务所应当遵守律师协会制定的律师行业规范和规则。律师和律师事务所享有律师协会章程规定的权利，承担律师协会章程规定的义务。

第九十九条 律师应当参加、完成律师协会组织的律师业务学习及考核。

第一百条 律师参加国际性律师组织并成为其会员的，以及以中国律师身份参加境外会议等活动的，应当报律师协会备案。

第一百零一条 律师和律师事务所因执业行为成为刑、民事被告，或者受到行政机关调查、处罚的，应当向律师协会书面报告。

第一百零二条 律师应当积极参加律师协会组织的律师业务研究活动，完成律师协会布置的业务研究任务，参加律师协会组织的公益活动。

第一百零三条 律师应当妥善处理律师执业中发生的纠纷，履行经律师协会调解达成的调解协议。

第一百零四条 律师应当执行律师协会就律师执业纠纷做出的处理决定。

律师应当履行律师协会依照法律、法规、规章及律师协会章程、规则做出的处分决定。

第一百零五条 律师应当按时缴纳会费。

## 第九章 附则

第一百零六条 律师和律师事务所违反本规范的，律师协会应当依据《律师协会会员违规行为处分规则（试行）》和相关行业规范性文件实施处分。

第一百零七条 地方律师协会可以依据本规范，结合本地区情况制定实施细则。该实施细则与本规范不得冲突，并报全国律师协会备案后实施。

第一百零八条 本规范自颁布之日起施行。本规范以修正案的方式进行修改，修正案由常务理事会通过后试行，理事会通过后正式实施。

第一百零九条 本规范由中华全国律师协会常务理事会解释。

# 附录三　《律师业务档案管理办法》

（司律通字【1991】153 号）

## 第一章　总　则

第一条　为加强律师业务档案的科学管理，统一律师业务档案管理工作制度，根据《中华人民共和国档案法》及有关规定，结合律师工作实际，制定本办法。

第二条　律师业务档案是律师从事业务活动的真实记录，是国家重要的专业档案，具有重要的参考利用价值，保管、整理好律师业务档案是律师事务所（法律顾问处）的重要任务。

第三条　律师事务所（法律顾问处）应当配备专职或兼职档案管理人员，有条件的应逐步设立档案机构，负责律师业务档案的集中统一管理。

第四条　律师事务所（法律顾问处）档案机构和档案管理人员的职责是：

一、收集、整理、保管和统计本所（处）的档案和有关资料，确保档案的完整和安全；

二、积极开展档案的利用工作，为律师开展业务提供服务；

三、指导、督促、检查律师对律师业务文书材料的立卷归档；

四、进行档案鉴定，并按照国家有关规定向同级档案馆移交档案；

五、接受司法行政机关和地方档案行政管理部门的业务指导、监督和检查，定期汇报档案工作情况；

六、完成领导交办的有关档案工作的其他任务。

## 第二章　档案的接收和管理

第五条　档案管理人员接收案卷时，应按照《律师业务档案立卷归档办法》的要求，检查案卷质量，并按规定办理归档手续，在案卷封面左上角应盖"归档"章。

第六条　对已接收的案卷，按类别（分诉讼、非诉讼和涉外三种）、保管期限、年度顺序排列编号，绝密案卷单独编号。十年为一断号。

第七条　同一案件由于审级改变或其他原因形成几个案号的案卷，应合并保管，合并保管原则是按时间顺序形成的后卷随前卷保管。

第八条　档案管理人员要熟悉所藏档案的情况，主动了解业务部门和有关人员各项工作对利用档案的需要，积极做好提供利用工作。

第九条　档案管理人员必须编制《案卷目录》和必要的检索卡片。

## 第三章　档案的借调与查阅

第十条　律师事务所（法律顾问处）应建立律师业务档案借阅制度和档案借阅登记簿。借阅档案必须履行一定的审批和登记手续，并限定借阅期限。因特殊情况不能按期归还的，应办理延期手续。

第十一条　原案件承办人因工作需要，履行借阅手续，可以调阅原承办案件已归档的档案。但有明文规定须经领导批准的除外。

第十二条　同级或上级司法行政机关的律师管理部门因工作需要借阅律师业务档案的，应出示正式调卷函件，并应履行借阅登记手续。

第十三条　人民法院、人民检察院和有关国家机关因工作需要，要求查阅有关档案的，应出示正式查卷函件，经律师事务所主任同意后办理查阅手续。因特殊情况必须借出的，应经同级司法行政机关批准。借出时要查点清楚，办理正式借据，并限期归还。借出的档案不得转借给其他单位和个人使用。

其他单位或个人一般不得借阅和查阅律师业务档案。因特殊情况必须查阅的，须由律师事务所（法律顾问处）报经同级司法行政机关批准。

第十四条　凡涉及国家机密或个人隐私的律师业务档案，以及当事人要求保密的档案，一般不得借阅和查阅。特殊情况必须查阅的，需报同级司法行政机关批准。

第十五条　凡经批准允许查阅的档案，可以摘抄或复印所查阅的内容，但密级档案不在此列。

第十六条　对查阅或借出的律师业务档案，要及时催还。还回时如发现案卷被拆、文件材料短缺、涂改、增删、污损等情况，应立即向本单位领导汇报并及时追查。

第十七条　档案管理人员必须严格遵守保密制度，保守国家机密和当事人秘密。不得违反制度向任何人提供档案和扩大利用范围，不得向他人泄露档案的内容。

## 第四章　档案的保管期限

第十八条　律师业务档案的保管期限规定为永久、长期和短期三种。

凡属于需要长远查考、利用的律师业务档案，列为永久保管。

凡属于在长时期内需要查考、利用，作为证据保存的律师业务档案，列为长期保管，保管期限为二十年至六十年。

凡属于在一般时间内需要查考、利用，作为证据保存的律师业务档案，列为短期保管，保管期限为五年至十五年。

列为长期或短期保管的律师业务档案，具体保管期限，由立卷人提出并报律师事务所（法律顾问处）主任决定。

第十九条　律师业务档案的保管期限，从该项法律事务办结和终止后的下一年起算。

第二十条　具体业务档案的保管期限，参照司法部、国家档案局制定颁布的《律师业务档案保管期限表》确定。

第二十一条　律师事务所（法律顾问处）档案目录登记簿、档案收进登记簿、档案移出登记簿、档案销毁登记簿、档案销毁批件及档案检索卡片列为永久保管。

## 第五章　档案的鉴定和销毁

第二十二条　对于超过保管期限的档案应定期进行鉴定。鉴定工作由律师事务所（法律顾问处）主任、档案管理人员和律师组成鉴定小组共同进行。

第二十三条　经鉴定，对仍有保存价值的案卷，应采取提高保管期限档次的办法延长保管期限。对确无保存价值的档案应登记造册，连同销毁报告一并报同级司法行政机关，经书面批准后予以销毁。

第二十四条　为防止遗失和泄密，销毁档案应由两人负责监销，监销人应在销毁清册上签字。

## 第六章 档案的统计和移交

**第二十五条** 律师事务所（法律顾问处）应建立律师业务档案统计制度，对档案的收进、移交、保管、利用等情况进行统计，并按规定向有关上级机关和档案行政管理部门报送档案管理工作基本情况统计表。

**第二十六条** 律师事务所（法律顾问处）列为永久保管的档案，在本所（处）保存十年。保存期满后，连同案卷目录（一式三份）和有关检索工具、参考资料，一并向同级档案馆移交，对移交的档案，一律填写档案移出登记簿。

**第二十七条** 律师事务所（法律顾问处）设置变更时，应对律师业务档案进行清理，清理办法如下：

一、撤销的律师事务所（法律顾问处）的档案，应由同级或上级司法行政机关代管，或向同级档案馆移交。

二、一个律师事务所（法律顾问处）划分为几个律师事务所（法律顾问处）的，划分前的律师业务档案由一个律师事务所（法律顾问处）代管或向同级地方档案馆移交。

三、几个律师事务所（法律顾问处）合并为一个律师事务所（法律顾问处）的，各律师事务所（法律顾问处）的档案应移交给合并后的律师事务所（法律顾问处），或分别向同级地方档案馆移交。

四、律师事务所（法律顾问处）撤销、划分或合并时，没有办理完毕的律师业务事项，视情况移交给新的律师事务所（法律顾问处）继续办理，承办该项业务所形成的档案应由新的律师事务所（法律顾问处）加以保存。

## 第七章 档案的保护和防护

**第二十八条** 存放律师业务档案的房屋，应坚实、防火、防盗、防潮、防高温、防鼠、防虫、防光、防污染，室内要保持清洁、整齐、通风。

**第二十九条** 档案库房要专用，不得存放与档案无关的物品。严禁在档案库房内外存放易燃、易爆物品。

**第三十条** 随卷归档的录音带、录像带等音像档案，应单独存放保管，防止磁化，并根据保管期限定期复制。

第三十一条　档案管理人员应定期对档案进行检查和清点，对于破损、虫蛀、鼠咬、变质、字迹褪色的档案要及时采取防治措施，并进行修补和复制。发现案卷丢失的，应立即向有关领导报告，并积极查找。

第三十二条　档案管理人员调动工作时，应在离职前做好档案移交工作，办理交接手续。

## 第八章　附　则

第三十三条　各省、自治区、直辖市司法厅（局）可根据本省（区、市）情况，制定补充办法。

第三十四条　本办法自颁布之日起施行。

# 附录四　《律师业务档案立卷归档办法》

（司律通字【1991】153号）

律师业务档案，是律师进行业务活动的真实记录，反映律师维护国家法律正确实施，维护委托人合法权益的情况，体现律师的基本职能和社会作用。为加强对律师业务档案的管理，制定本办法。

## 第一章　总　则

第一条　律师业务档案，是律师进行业务活动的真实记录，反映律师维护国家法律正确实施，维护委托人合法权益的情况，体现律师的基本职能和社会作用。为加强对律师业务档案的管理，制定本办法。

第二条　律师承办业务形成的文件材料，必须严格按照本办法规定的要求立卷归档。

立卷归档工作由承办律师或助理律师负责。

第三条　律师业务档案分诉讼、非诉讼和涉外三类。诉讼类包括刑事（含刑事辩护和刑事代理）、民事代理、经济诉讼代理、行政诉讼代理四种；非诉讼类包括法律顾问、仲裁代理、咨询代书、其他非诉讼业务四种；涉外类根据具体情况按前二类确定。

第四条　律师业务档案按年度和一案一卷、一卷一号原则立卷。

两个以上律师共同承办同一案件或同一法律事务一般应合并立卷，但不同律师事务所（法律顾问处）律师合办的法律事务除外。

律师承办跨年度的业务，应在办结年立卷。

律师担任常年法律顾问，应做到一单位一卷。

第五条　律师承办业务中使用的各种证明材料、往来公文、谈话笔录、调查记录等，都必须用钢笔或毛笔书写、签发，要求字体整齐、清晰。

## 第二章　案卷材料的收集、整理和排列顺序

第六条　律师接受委托并开始承办法律事务时，即应同时注意收集

保存有关材料，着手立卷的准备工作。

第七条　律师应在法律事务办理完毕后，即全面整理、检查办理该项法律事务的全部文书材料，要补齐遗漏的材料，去掉不必立卷归档的材料。

第八条　律师立卷归档过程中，内容相同的文字材料一般只存一份，但有领导同志批示的材料除外。

第九条　下列文书材料，不必立卷归档：

一、委托律师办理法律事务前有关询问如何办理委托手续的信件、电文、电话记录、谈话记录以及复函等；

二、没有参考价值的信封；

三、其他律师事务所（法律顾问处）委托代查的有关证明材料的草稿；

四、未经签发的文电草稿，历次修改草稿（定稿除外）。

第十条　对已提交给人民法院、仲裁机构或有关部门的证据材料，承办律师应将其副本或复印件入卷归档。

第十一条　对不能附卷归档的实物证据，承办律师可将其照片及证物的名称、数量、规格、特征、保管处所、质量检查证明等记载或留存附卷后，分别保管。

第十二条　律师业务档案应按照案卷封面、卷内目录、案卷材料、备考表、卷底的顺序排列。案卷内档案材料应按照诉讼程序的客观进程或时间顺序排列。具体顺序为：

一、刑事卷

1. 律师事务所（法律顾问处）批办单；

2. 收费凭证；

3. 委托书或指定书；

4. 阅卷笔录；

5. 会见被告人、委托人、证人笔录；

6. 调查材料；

7. 承办人提出的辩护或代理意见；

8. 集体讨论记录；

9. 起诉书、上诉书；

10. 辩护词或代理词；

11. 出庭通知书；

12. 裁定书、判决书；

13. 上诉书、抗诉书；

14. 办案小结。

二、民事代理卷

1. 律师事务所（法律顾问处）批办单；

2. 收费凭证；

3. 委托书（委托代理协议、授权委托书）；

4. 起诉书、上诉书或答辩书；

5. 阅卷笔录；

6. 会见当事人谈话笔录；

7. 调查材料（证人证言、书证）；

8. 诉讼保全申请书、证据保全申请书、先行给付申请书和法院裁定书；

9. 承办律师代理意见；

10. 集体讨论记录；

11. 代理词；

12. 出庭通知书；

13. 庭审笔录；

14. 判决书、裁定书、调解书、上诉书；

15. 办案小结。

三、法律顾问卷

1. 聘方的申请书、聘书或续聘书；

2. 聘请法律顾问协议；

3. 聘方基本情况介绍材料；

4. 收费凭证；

5. 办理各类法律事务（如起草规章、审查合同、参与谈判、代理解决纠纷、提供法律建议或法律意见、咨询或代书等）的记录和有关材料；

6. 协议存续、中止、终止的情况；

7. 工作小结。

四、其他非诉讼法律事务

1. 委托书；

2. 收费凭证；

3. 与委托人谈话笔录；

4. 委托人提供的证据材料；

5. 调查材料；

6. 律师出具的法律意见，或草拟的法律文书、办理具体法律事务活动的记录等；

7. 工作小结。

第十三条　行政诉讼代理、经济诉讼代理和仲裁代理卷顺序参照民事代理卷排列。

咨询代书卷分别按年度及时间顺序排列。

涉外类卷分别参照国内同类卷顺序排列。

第十四条　终止委托的业务，承办律师仍应按上述各类业务排列顺序归档，承办律师应将委托人要求终止委托的书面文字材料或承办律师对终止委托原因的记录收入卷中，排在全部文书材料之后。

## 第三章　立卷编目和装订

第十五条　律师业务档案一律使用阿拉伯数字逐页编号，两面有字的要两面编页号。页号位置正面在右上角，背面在左上角（无字页不编号）。

第十六条　立卷人有钢笔或毛笔逐页填写案卷封面；填写卷内目录，内容要整齐，字迹要工整。

第十七条　有关卷内文书材料的说明材料，应逐渐填写在备考表内。

第十八条　承办案件日期以委托书签订日期或人民法院指定日期为准；结案日期以收到判决书（裁定书、调解书）之日为准；法律顾问业务的收结日期，以聘请法律顾问合同的签订与终止日期为准；其他非诉讼法律事务，以委托事项办结之日为结案日。

第十九条　律师业务文书材料装订前要进一步整理。对破损的材料要修补或复制，复制件放在原件后面。对字迹难以辨认的材料应当附上抄件。主要外文材料要翻译成中文附后。卷面为 16 开，窄于或小于卷面的材料，要用纸张加衬底；大于卷面的材料，要按卷面大小折叠整齐。需附卷的信封要打开平放，邮票不要揭掉。文书材料上的金属物要全部剔除干净。

第二十条 案卷装订一律使用棉线绳，三孔钉牢。在线绳活结处需贴上律师事务所（法律顾问处）封签，并在骑缝线上加盖立卷人的姓名章。

## 第四章 归 档

第二十一条 律师业务文书材料应在结案或事务办结后三个月内整理立卷。装订成册后由承办人根据司法部、国家档案局制定的《律师业务档案管理办法》的有关规定提出保管期限，经律师事务所（法律顾问处）主任审阅盖章后，移交档案管理人员，并办理移交手续。

第二十二条 档案管理人员接收档案时应进行严格审查，凡不符合立卷规定要求的，一律退回立卷人重新整理，全部合格后，办理移交手续。

第二十三条 涉外国家机密和个人隐私的律师业务案卷均应列为密卷，确定密级，在归档时应地档案封面右上角加盖密卷章。

第二十四条 随卷归档的录音带、录像带等声像档案，应在每盘磁带上注明当事人的姓名、内容、档案编号、录制人、录制时间等，逐盘登记造册归档。

## 第五章 附 则

第二十五条 各省、自治区、直辖市司法厅（局）可根据本地区情况，制订补充办法或细则。

各省、自治区、直辖市司法厅（局）过去颁布的有关律师业务档案立卷归档办法中与本办法不一致的，以本办法为准。

第二十六条 本办法自发布之日起执行。

# 附录五　《最高人民法院、司法部关于开展律师调解试点工作的意见》

（2017 年 9 月 30 日）

北京、黑龙江、上海、浙江、安徽、福建、山东、湖北、湖南、广东、四川省（直辖市）高级人民法院、司法厅（局）：

为贯彻落实《中共中央关于全面推进依法治国若干重大问题的决定》以及中共中央办公厅、国务院办公厅《关于完善矛盾纠纷多元化解机制的意见》、《关于深化律师制度改革的意见》和最高人民法院《关于人民法院进一步深化多元化纠纷解决机制改革的意见》，充分发挥律师在预防和化解矛盾纠纷中的专业优势、职业优势和实践优势，健全完善律师调解制度，推动形成中国特色的多元化纠纷解决体系，现就开展律师调解试点工作提出以下意见。

## 一　总体要求

1. 指导思想。全面贯彻党的十八大和十八届三中、四中、五中、六中全会精神，深入贯彻习近平总书记系列重要讲话和对律师工作的重要指示精神，围绕全面推进依法治国总目标，深化多元化纠纷解决机制改革，健全诉调对接工作机制，充分发挥律师职能作用，建立律师调解工作模式，创新律师调解方式方法，有效化解各类矛盾纠纷，维护当事人合法权益，促进社会公平正义，维护社会和谐稳定。

2. 基本原则。

——坚持依法调解。律师调解工作应当依法进行，不得违反法律法规的禁止性规定，不得损害国家利益、社会公共利益和当事人及其他利害关系人的合法权益。

——坚持平等自愿。律师开展调解工作，应当充分尊重各方当事人的意愿，尊重当事人对解决纠纷程序的选择权，保障其诉讼权利。

——坚持调解中立。律师调解应当保持中立，不得有偏向任何一方当事人的言行，维护调解结果的客观性、公正性和可接受性。

——坚持调解保密。除当事人一致同意或法律另有规定的外，调解事项、调解过程、调解协议内容等一律不公开，不得泄露当事人的个人隐私或商业秘密。

——坚持便捷高效。律师运用专业知识开展调解工作，应当注重工作效率，根据纠纷的实际情况，灵活确定调解方式方法和程序，建立便捷高效的工作机制。

——坚持有效对接。加强律师调解与人民调解、行政调解、行业调解、商事调解、诉讼调解等有机衔接，充分发挥各自特点和优势，形成程序衔接、优势互补、协作配合的纠纷解决机制。

### 二 建立律师调解工作模式

律师调解是指律师、依法成立的律师调解工作室或者律师调解中心作为中立第三方主持调解，协助纠纷各方当事人通过自愿协商达成协议解决争议的活动。

3. 在人民法院设立律师调解工作室。试点地区的各级人民法院要将律师调解与诉讼服务中心建设结合起来，在人民法院诉讼服务中心、诉调对接中心或具备条件的人民法庭设立律师调解工作室，配备必要的工作设施和工作场所。

4. 在公共法律服务中心（站）设立律师调解工作室。试点地区的县级公共法律服务中心、乡镇公共法律服务站应当设立专门的律师调解工作室，由公共法律服务中心（站）指派律师调解员提供公益性调解服务。

5. 在律师协会设立律师调解中心。试点地区的省级、设区的市级律师协会设立律师调解中心。律师调解中心在律师协会的指导下，组织律师作为调解员，接受当事人申请或人民法院移送，参与矛盾化解和纠纷调解。

6. 律师事务所设立调解工作室。鼓励和支持有条件的律师事务所设立调解工作室，组成调解团队，可以将接受当事人申请调解作为一项律师业务开展，同时可以承接人民法院、行政机关移送的调解案件。

### 三 健全律师调解工作机制

7. 明确律师调解案件范围。律师调解可以受理各类民商事纠纷，包括刑事附带民事纠纷的民事部分，但是婚姻关系、身份关系确认案件以及其他依案件性质不能进行调解的除外。

8. 建立健全律师调解工作资质管理制度。试点地区省级司法行政机关、律师协会会同人民法院研究制定管理办法，明确承办律师调解工作的律师事务所和律师资质条件，包括人员规模、执业年限、办案数量、诚信状况等。司法行政机关、律师协会会同人民法院建立承办律师调解工作的律师事务所和律师调解员名册。

9. 规范律师调解工作程序。人民法院、公共法律服务中心（站）、律师协会和律师事务所应当向当事人提供承办律师调解工作的律师事务所和律师调解员名册，并在公示栏、官方网站等平台公开名册信息，方便当事人查询和选择。

律师事务所和律师接受相关委托代理或参与矛盾纠纷化解时，应当告知当事人优先选择调解或其他非诉讼方式解决纠纷。

律师调解一般由一名调解员主持。对于重大、疑难、复杂或者当事人要求由两名以上调解员共同调解的案件，可以由两名以上调解员调解，并由律师调解工作室或律师调解中心指定一名调解员主持。当事人具有正当理由的，可以申请更换律师调解员。律师调解员根据调解程序依法开展调解工作，律师调解的期限为 30 日，双方当事人同意延长调解期限的，不受此限。经调解达成协议的，出具调解协议书；期限届满无法达成调解协议，当事人不同意继续调解的，终止调解。

律师调解员组织调解，应当用书面形式记录争议事项和调解情况，并经双方当事人签字确认。律师调解工作室或律师调解中心应当建立完整的电子及纸质书面调解档案，供当事人查询。调解程序终结时，当事人未达成调解协议的，律师调解员在征得各方当事人同意后，可以用书面形式记载调解过程中双方没有争议的事实，并由当事人签字确认。在诉讼程序中，除涉及国家利益、社会公共利益和他人合法权益的外，当事人无须对调解过程中已确认的无争议事实举证。

在公共法律服务中心（站）、律师协会和律师事务所设立的律师调解组织受理当事人直接申请，主持调解纠纷的，参照上述程序开展。

10. 鼓励调解协议即时履行。经律师调解工作室或律师调解中心调解，当事人达成调解协议的，律师调解员应当鼓励和引导当事人及时履行协议。当事人无正当理由拒绝或者拖延履行的，调解和执行的相关费用由未履行协议一方当事人全部或部分负担。

11. 完善调解协议与支付令对接机制。经律师调解达成的和解协议、调解协议中，具有金钱或者有价证券给付内容的，债权人依据民事诉讼法及其司法解释的规定，向有管辖权的基层人民法院申请支付令的，人民法院应当依法发出支付令；债务人未在法定期限内提出书面异议且逾期不履行支付令的，人民法院可以强制执行。

12. 完善调解协议司法确认程序。经律师调解工作室或律师调解中心调解达成的具有民事合同性质的协议，当事人可以向律师调解工作室或律师调解中心所在地基层人民法院或者人民法庭申请确认其效力，人民法院应当依法确认调解协议效力。

13. 建立律师调解员回避制度。律师调解员具有以下情形的，当事人有权申请回避：系一方当事人或者其代理人的近亲属的；与纠纷有利害关系的；与纠纷当事人、代理人有其他关系，可能影响公正调解的。律师调解员具有上述情形，当事人要求回避的，律师调解员应当回避，当事人没有要求回避的，律师调解员应当及时告知当事人并主动回避。当事人一致同意继续调解的，律师调解员可以继续主持调解。

律师调解员不得再就该争议事项或与该争议有密切联系的其他纠纷接受一方当事人的委托，担任仲裁或诉讼的代理人，也不得担任该争议事项后续解决程序的人民陪审员、仲裁员、证人、鉴定人以及翻译人员等。

14. 建立科学的经费保障机制。在律师事务所设立的调解工作室受理当事人直接申请调解纠纷的，可以按照有偿和低价的原则向双方当事人收取调解费，一方当事人同意全部负担的除外。调解费的收取标准和办法由各试点地区根据实际情况确定，并报相关部门批准备案。

在公共法律服务中心（站）设立的律师调解工作室和在律师协会设立的律师调解中心受理当事人直接申请调解纠纷的，由司法行政机关、律师协会通过政府采购服务的方式解决经费。律师调解员调解法律援助案件的经费，由法律援助机构通过政府采购服务渠道予以解决。

在人民法院设立律师调解工作室的，人民法院应根据纠纷调解的数量、质量与社会效果，由政府采购服务渠道解决调解经费，并纳入人民法院专项预算，具体办法由各试点地区根据实际情况确定。

15. 发挥诉讼费用杠杆作用。当事人达成和解协议申请撤诉的，人民法院免收诉讼费。诉讼中经调解当事人达成调解协议的，人民法院可以减半收取诉讼费用。一方当事人无正当理由不参与调解，或者有明显恶意导致调解不成的，人民法院可以根据具体情况对无过错方依法提出的赔偿合理的律师费用等正当要求予以支持。

### 四　加强工作保障

16. 加强组织领导。试点地区的人民法院、司法行政机关和律师协会要高度重视这项改革工作，加强制度建设和工作协调，有力推进试点工作顺利开展。要在律师调解制度框架内，创新工作方式方法，制定适合本地区特点的实施意见，不断总结经验，积极探索，为向全国推广提供可复制、可借鉴的制度和经验。

17. 积极引导参与。试点地区的人民法院、司法行政机关和律师协会要积极引导律师参与矛盾纠纷多元化解，鼓励和推荐律师在人民调解组织、仲裁机构、商事调解组织、行业调解组织中担任调解员，鼓励律师借助现代科技手段创新调解工作方式、积极参与在线调解试点工作，促使律师主动承担社会责任、体现社会价值，充分调动律师从事调解工作的积极性，实现律师调解工作可持续性发展。

18. 加强队伍管理。加强对律师调解员职业道德、执业纪律、调解技能等方面的培训，建设高水平的调解律师队伍，确保调解案件质量。探索建立律师参与公益性调解的考核表彰激励机制。人民法院、司法行政机关、律师协会应当对表现突出的律师调解工作室、律师调解中心组织和律师调解员给予物质或荣誉奖励。

19. 加强责任追究。律师调解员违法调解，违反回避制度，泄露当事人隐私或秘密，或者具有其他违反法律、违背律师职业道德行为的，应当视情节限期或禁止从事调解业务，或由律师协会、司法行政机关依法依规给予行业处分和行政处罚。律师协会应当制定实施细则并报当地司法行政机关备案。

20. 加强宣传工作。试点地区的人民法院、司法行政机关和律师协会要大力宣传律师调解制度的作用与优势，鼓励公民、法人和其他组织优先选择律师调解，快速有效解决争议，为律师开展调解工作营造良好执业环境。

21. 加强指导监督。最高人民法院、司法部将对试点工作进行指导督促，认真研究试点中存在的突出问题，全面评估试点方案的实际效果，总结各地多元化纠纷解决机制改革的成功经验，推动改革实践成果制度化、法律化。

22. 本试点工作在北京、黑龙江、上海、浙江、安徽、福建、山东、湖北、湖南、广东、四川等 11 个省（直辖市）进行。试点省（直辖市）可以在全省（直辖市）或者选择部分地区开展试点工作，试点方案报最高人民法院和司法部备案。

## 附录六　《最高人民法院、司法部关于为律师
## 提供一站式诉讼服务的意见》

（2020 年 12 月 16 日）

为深入贯彻落实党中央关于深化律师制度改革要求，进一步落实《最高人民法院、最高人民检察院、公安部、国家安全部、司法部关于依法保障律师执业权利的规定》《最高人民法院关于依法切实保障律师诉讼权利的规定》等规定，完善便利律师参与诉讼机制，为律师提供更加优质的诉讼服务，充分发挥律师在全面依法治国中的重要作用，更好地维护人民群众合法权益，制定本意见。

第一条　人民法院为依法执业的律师（含公职律师、公司律师）提供集约高效、智慧便捷的一站式诉讼服务，并为律师助理在辩护、代理律师授权范围内开展辅助性工作提供必要的诉讼服务。

律师助理包括辩护、代理律师所在律师事务所的其他律师和申请律师执业实习人员。

基层法律服务工作者在司法部规定的业务范围和执业区域内参与诉讼活动时，参照本意见执行。

第二条　司法部中国律师身份核验平台（以下简称律师身份核验平台）为律师参与诉讼提供"实时实人实证"的律师执业身份核验服务。

律师通过人民法院线上线下诉讼服务平台办理诉讼事务前，应当自行或者由人民法院依托律师身份核验平台完成身份核验。

第三条　律师身份一次核验后，可以通过人民法院律师服务平台（以下简称律师服务平台）、诉讼服务大厅、12368 诉讼服务热线等线上线下方式在全国法院通办各类诉讼事务。

第四条　人民法院建立律师参与诉讼专门通道，为律师提供"一码通"服务。律师可以使用律师服务平台生成动态二维码，通过扫码或者其他便捷方式快速进入人民法院诉讼服务场所和审判法庭。

司法行政机关与人民法院积极推动应用律师电子执业证，支持律师使用律师身份核验平台亮证功能或者律师电子执业证快速进入人民法院，

办理各类诉讼事务。

第五条　对于入驻人民法院开展诉讼辅导、调解、法律援助、代理申诉等公益性服务的律师，应当为其设立专门工作场所，提供扫描、打印、复印、刻录等服务。有条件的人民法院可以提供停车、就餐等服务。

第六条　依托 12368 诉讼服务热线一号通办功能，为律师提供查询、咨询、诉讼事务办理等服务，并将支持律师在律师服务平台查看通过 12368 诉讼服务热线申请的诉讼事务办理情况。

第七条　积极为律师提供一网通办服务。律师可以通过律师服务平台办理立案、调解、庭审、阅卷、保全、鉴定，申请回避、撤诉，申请人民法院调查收集证据、延长举证期限、延期开庭、核实代理关系等事务，以及在线查收人民法院电子送达材料等，实现诉讼事务在线办理、网上流转、全程留痕。

律师服务平台实时接收律师在线提交的电子材料。受理案件的人民法院对确有核实、归档需要的身份证明、授权委托书或者书证、鉴定意见等需要质证的证据，以及对方当事人提出异议且有合理理由的诉讼材料和证据材料，可以要求律师提供原件。

第八条　进一步完善网上立案工作，为律师提供一审民事、行政、刑事自诉、申请执行和国家赔偿案件的网上立案服务。对不符合要求的材料，做到一次性告知补正事项。对律师通过律师服务平台或者诉讼服务大厅提交电子化诉讼材料的，实行快速办理。

进一步畅通网上交退费渠道，支持通过网银、支付宝、微信等线上支付方式交纳诉讼费用。

第九条　充分发挥律师在预防化解矛盾纠纷中的专业优势、职业优势和实践优势，依托人民法院调解平台加大律师在线调解工作力度，打造党员律师、骨干律师调解品牌。纳入特邀调解员名册的律师，可以接受人民法院委派或者委托，在调解平台上调解案件。律师依法按程序出具的调解协议，当事人可以在线申请司法确认。

第十条　具备在线庭审条件的人民法院，对适宜通过在线方式进行庭审、庭前会议或者询问等诉讼环节的案件，应当为律师提供在线庭审服务。

依托律师服务平台为律师在全国法院参加庭审以及其他诉讼活动提

供排期避让提醒服务。对有冲突的排期自动向人民法院做出提醒，律师也可以根据传票等信息在律师服务平台自助添加开庭时间等，主动向人民法院提供需要避让的信息。人民法院根据案件实际审理情况合理排期。

第十一条　加强网上阅卷工作，逐步为律师提供电子诉讼档案在线查看、打印、下载等服务。对依法可以公开的民事、行政、刑事、申请执行和国家赔偿案件材料，律师可以通过律师服务平台申请网上阅卷。

在律师服务平台建立个人案件空间。推进对正在审理中、依法可以公开的案件电子卷宗同步上传至案件空间，供担任诉讼代理人的律师随时查阅。

第十二条　律师服务平台为律师关联可公开的代理案件，提供立案、开庭、结案等节点信息查看服务，方便律师一键获取代理案件的诉讼信息。

第十三条　律师服务平台支持律师通过文字、语音等方式在线联系法官，支持多种格式电子文档批量上传，提供证据网盘以及立案材料指引、诉状模板、诉状助手、诉讼费用计算、法律法规查询等智能工具辅助律师办案。律师还可以根据需要设置个人常用事项导航窗口。

第十四条　律师服务平台在律师账号下设有律师助理账号。每名律师可以申请开通3个律师助理账号，由律师一案一指定并授权使用诉讼材料提交、诉讼费用交纳、案卷查阅以及智能辅助工具等。

律师应当定期管理和更新律师账号及律师助理账号。

第十五条　建立健全律师诉讼权利救济机制。律师可以通过12368诉讼服务热线、律师服务平台对诉讼服务事项进行满意度评价，或者提出意见建议。对律师反映的重大问题或者提出的意见建议由人民法院工作人员及时予以回复。

第十六条　加强律师诚信诉讼建设。对律师在诉讼活动中存在提供虚假材料、故意拖延诉讼、串通调解、滥用诉权、虚假诉讼、规避或者抗拒执行以及其他违反职业道德和执业纪律等行为，或者因管理律师账号及律师助理账号不当造成严重不良影响的，人民法院将限制律师使用律师服务平台相关功能，同时通报许可律师执业的司法行政机关，并将相关信息推送全国律师综合管理信息系统。

进一步完善律师执业监督管理。省级司法行政机关应当建立健全律师执业信息线上采集和更新机制，实时、准确、完整地向全国律师综合管理信息系统汇聚律师执业许可、变更、吊销、注销、受到停止执业处罚和处罚期间等信息，并将律师诚信诉讼情况纳入律师事务所年度检查考核和律师年度考核内容。

第十七条　人民法院与司法行政机关应当为律师在参与诉讼过程中提交的电子材料和律师个人信息等提供安全保障，确保数据在存储和流转等过程中的真实性、有效性和安全性。

第十八条　人民法院、司法行政机关、律师协会应当加强协调配合，建立常态化联席会议工作机制，定期召开会议，充分听取律师对人民法院和司法行政机关的意见建议，及时研究解决诉讼服务过程中律师反映的新情况新问题，不断提升一站式服务律师的能力水平。

# 附录七　《最高人民法院关于民事诉讼证据的若干规定》

《最高人民法院关于修改〈关于民事诉讼证据的若干规定〉的决定》已于 2019 年 10 月 14 日由最高人民法院审判委员会第 1777 次会议通过，2019 年 12 月 25 日最高人民法院公告公布，自 2020 年 5 月 1 日起施行。

为保证人民法院正确认定案件事实，公正、及时地审理民事案件，保障和便利当事人依法行使诉讼权利，根据《中华人民共和国民事诉讼法》（以下简称民事诉讼法）等有关法律的规定，结合民事审判经验和实际情况，制定本规定。

## 一　当事人举证

第一条　原告向人民法院起诉或者被告提出反诉，应当提供符合起诉条件的相应的证据。

第二条　人民法院应当向当事人说明举证的要求及法律后果，促使当事人在合理期限内积极、全面、正确、诚实地完成举证。

当事人因客观原因不能自行收集的证据，可申请人民法院调查收集。

第三条　在诉讼过程中，一方当事人陈述的于己不利的事实，或者对于己不利的事实明确表示承认的，另一方当事人无须举证证明。

在证据交换、询问、调查过程中，或者在起诉状、答辩状、代理词等书面材料中，当事人明确承认于己不利的事实的，适用前款规定。

第四条　一方当事人对于另一方当事人主张的于己不利的事实既不承认也不否认，经审判人员说明并询问后，其仍然不明确表示肯定或者否定的，视为对该事实的承认。

第五条　当事人委托诉讼代理人参加诉讼的，除授权委托书明确排除的事项外，诉讼代理人的自认视为当事人的自认。

当事人在场对诉讼代理人的自认明确否认的，不视为自认。

第六条　普通共同诉讼中，共同诉讼人中一人或者数人做出的自认，对做出自认的当事人发生效力。

必要共同诉讼中，共同诉讼人中一人或者数人做出自认而其他共同诉讼人予以否认的，不发生自认的效力。其他共同诉讼人既不承认也不否认，经审判人员说明并询问后仍然不明确表示意见的，视为全体共同诉讼人的自认。

第七条　一方当事人对于另一方当事人主张的于己不利的事实有所限制或者附加条件予以承认的，由人民法院综合案件情况决定是否构成自认。

第八条　《最高人民法院关于适用〈中华人民共和国民事诉讼法〉的解释》第九十六条第一款规定的事实，不适用有关自认的规定。

自认的事实与已经查明的事实不符的，人民法院不予确认。

第九条　有下列情形之一，当事人在法庭辩论终结前撤销自认的，人民法院应当准许：

（一）经对方当事人同意的；

（二）自认是在受胁迫或者重大误解情况下做出的。

人民法院准许当事人撤销自认的，应当做出口头或者书面裁定。

第十条　下列事实，当事人无须举证证明：

（一）自然规律以及定理、定律；

（二）众所周知的事实；

（三）根据法律规定推定的事实；

（四）根据已知的事实和日常生活经验法则推定出的另一事实；

（五）已为仲裁机构的生效裁决所确认的事实；

（六）已为人民法院发生法律效力的裁判所确认的基本事实；

（七）已为有效公证文书所证明的事实。

前款第二项至第五项事实，当事人有相反证据足以反驳的除外；第六项、第七项事实，当事人有相反证据足以推翻的除外。

第十一条　当事人向人民法院提供证据，应当提供原件或者原物。如需自己保存证据原件、原物或者提供原件、原物确有困难的，可以提供经人民法院核对无异的复制件或者复制品。

第十二条　以动产作为证据的，应当将原物提交人民法院。原物不宜搬移或者不宜保存的，当事人可以提供复制品、影像资料或者其他替代品。

人民法院在收到当事人提交的动产或者替代品后，应当及时通知双方当事人到人民法院或者保存现场查验。

第十三条　当事人以不动产作为证据的，应当向人民法院提供该不动产的影像资料。

人民法院认为有必要的，应当通知双方当事人到场进行查验。

第十四条　电子数据包括下列信息、电子文件：

（一）网页、博客、微博客等网络平台发布的信息；

（二）手机短信、电子邮件、即时通信、通信群组等网络应用服务的通信信息；

（三）用户注册信息、身份认证信息、电子交易记录、通信记录、登录日志等信息；

（四）文档、图片、音频、视频、数字证书、计算机程序等电子文件；

（五）其他以数字化形式存储、处理、传输的能够证明案件事实的信息。

第十五条　当事人以视听资料作为证据的，应当提供存储该视听资料的原始载体。

当事人以电子数据作为证据的，应当提供原件。电子数据的制作者制作的与原件一致的副本，或者直接来源于电子数据的打印件或其他可以显示、识别的输出介质，视为电子数据的原件。

第十六条　当事人提供的公文书证系在中华人民共和国领域外形成的，该证据应当经所在国公证机关证明，或者履行中华人民共和国与该所在国订立的有关条约中规定的证明手续。

中华人民共和国领域外形成的涉及身份关系的证据，应当经所在国公证机关证明并经中华人民共和国驻该国使领馆认证，或者履行中华人民共和国与该所在国订立的有关条约中规定的证明手续。

当事人向人民法院提供的证据是在香港、澳门、台湾地区形成的，应当履行相关的证明手续。

第十七条　当事人向人民法院提供外文书证或者外文说明资料，应当附有中文译本。

第十八条　双方当事人无争议的事实符合《最高人民法院关于适用

〈中华人民共和国民事诉讼法〉的解释》第九十六条第一款规定情形的，人民法院可以责令当事人提供有关证据。

第十九条 当事人应当对其提交的证据材料逐一分类编号，对证据材料的来源、证明对象和内容作简要说明，签名盖章，注明提交日期，并依照对方当事人人数提出副本。

人民法院收到当事人提交的证据材料，应当出具收据，注明证据的名称、份数和页数以及收到的时间，由经办人员签名或者盖章。

### 二 证据的调查收集和保全

第二十条 当事人及其诉讼代理人申请人民法院调查收集证据，应当在举证期限届满前提交书面申请。

申请书应当载明被调查人的姓名或者单位名称、住所地等基本情况、所要调查收集的证据名称或者内容、需要由人民法院调查收集证据的原因及其要证明的事实以及明确的线索。

第二十一条 人民法院调查收集的书证，可以是原件，也可以是经核对无误的副本或者复制件。是副本或者复制件的，应当在调查笔录中说明来源和取证情况。

第二十二条 人民法院调查收集的物证应当是原物。被调查人提供原物确有困难的，可以提供复制品或者影像资料。提供复制品或者影像资料的，应当在调查笔录中说明取证情况。

第二十三条 人民法院调查收集视听资料、电子数据，应当要求被调查人提供原始载体。

提供原始载体确有困难的，可以提供复制件。提供复制件的，人民法院应当在调查笔录中说明其来源和制作经过。

人民法院对视听资料、电子数据采取证据保全措施的，适用前款规定。

第二十四条 人民法院调查收集可能需要鉴定的证据，应当遵守相关技术规范，确保证据不被污染。

第二十五条 当事人或者利害关系人根据民事诉讼法第八十一条的规定申请证据保全的，申请书应当载明需要保全的证据的基本情况、申请保全的理由以及采取何种保全措施等内容。

当事人根据民事诉讼法第八十一条第一款的规定申请证据保全的，应当在举证期限届满前向人民法院提出。

法律、司法解释对诉前证据保全有规定的，依照其规定办理。

第二十六条　当事人或者利害关系人申请采取查封、扣押等限制保全标的物使用、流通等保全措施，或者保全可能对证据持有人造成损失的，人民法院应当责令申请人提供相应的担保。

担保方式或者数额由人民法院根据保全措施对证据持有人的影响、保全标的物的价值、当事人或者利害关系人争议的诉讼标的金额等因素综合确定。

第二十七条　人民法院进行证据保全，可以要求当事人或者诉讼代理人到场。

根据当事人的申请和具体情况，人民法院可以采取查封、扣押、录音、录像、复制、鉴定、勘验等方法进行证据保全，并制作笔录。

在符合证据保全目的的情况下，人民法院应当选择对证据持有人利益影响最小的保全措施。

第二十八条　申请证据保全错误造成财产损失，当事人请求申请人承担赔偿责任的，人民法院应予支持。

第二十九条　人民法院采取诉前证据保全措施后，当事人向其他有管辖权的人民法院提起诉讼的，采取保全措施的人民法院应当根据当事人的申请，将保全的证据及时移交受理案件的人民法院。

第三十条　人民法院在审理案件过程中认为待证事实需要通过鉴定意见证明的，应当向当事人释明，并指定提出鉴定申请的期间。

符合《最高人民法院关于适用〈中华人民共和国民事诉讼法〉的解释》第九十六条第一款规定情形的，人民法院应当依职权委托鉴定。

第三十一条　当事人申请鉴定，应当在人民法院指定期间内提出，并预交鉴定费用。逾期不提出申请或者不预交鉴定费用的，视为放弃申请。

对需要鉴定的待证事实负有举证责任的当事人，在人民法院指定期间内无正当理由不提出鉴定申请或者不预交鉴定费用，或者拒不提供相关材料，致使待证事实无法查明的，应当承担举证不能的法律后果。

第三十二条　人民法院准许鉴定申请的，应当组织双方当事人协商确定具备相应资格的鉴定人。当事人协商不成的，由人民法院指定。

人民法院依职权委托鉴定的，可以在询问当事人的意见后，指定具备相应资格的鉴定人。

人民法院在确定鉴定人后应当出具委托书，委托书中应当载明鉴定事项、鉴定范围、鉴定目的和鉴定期限。

第三十三条　鉴定开始之前，人民法院应当要求鉴定人签署承诺书。承诺书中应当载明鉴定人保证客观、公正、诚实地进行鉴定，保证出庭作证，如作虚假鉴定应当承担法律责任等内容。

鉴定人故意作虚假鉴定的，人民法院应当责令其退还鉴定费用，并根据情节，依照民事诉讼法第一百一十一条的规定进行处罚。

第三十四条　人民法院应当组织当事人对鉴定材料进行质证。未经质证的材料，不得作为鉴定的根据。

经人民法院准许，鉴定人可以调取证据、勘验物证和现场、询问当事人或者证人。

第三十五条　鉴定人应当在人民法院确定的期限内完成鉴定，并提交鉴定书。

鉴定人无正当理由未按期提交鉴定书的，当事人可以申请人民法院另行委托鉴定人进行鉴定。人民法院准许的，原鉴定人已经收取的鉴定费用应当退还；拒不退还的，依照本规定第八十一条第二款的规定处理。

第三十六条　人民法院对鉴定人出具的鉴定书，应当审查是否具有下列内容：

（一）委托法院的名称；

（二）委托鉴定的内容、要求；

（三）鉴定材料；

（四）鉴定所依据的原理、方法；

（五）对鉴定过程的说明；

（六）鉴定意见；

（七）承诺书。

鉴定书应当由鉴定人签名或者盖章，并附鉴定人的相应资格证明。委托机构鉴定的，鉴定书应当由鉴定机构盖章，并由从事鉴定的人员签名。

第三十七条　人民法院收到鉴定书后，应当及时将副本送交当事人。

当事人对鉴定书的内容有异议的，应当在人民法院指定期间内以书面方式提出。

对于当事人的异议，人民法院应当要求鉴定人作出解释、说明或者补充。人民法院认为有必要的，可以要求鉴定人对当事人未提出异议的内容进行解释、说明或者补充。

第三十八条　当事人在收到鉴定人的书面答复后仍有异议的，人民法院应当根据《诉讼费用交纳办法》第十一条的规定，通知有异议的当事人预交鉴定人出庭费用，并通知鉴定人出庭。有异议的当事人不预交鉴定人出庭费用的，视为放弃异议。

双方当事人对鉴定意见均有异议的，分摊预交鉴定人出庭费用。

第三十九条　鉴定人出庭费用按照证人出庭作证费用的标准计算，由败诉的当事人负担。因鉴定意见不明确或者有瑕疵需要鉴定人出庭的，出庭费用由其自行负担。

人民法院委托鉴定时已经确定鉴定人出庭费用包含在鉴定费用中的，不再通知当事人预交。

第四十条　当事人申请重新鉴定，存在下列情形之一的，人民法院应当准许：

（一）鉴定人不具备相应资格的；

（二）鉴定程序严重违法的；

（三）鉴定意见明显依据不足的；

（四）鉴定意见不能作为证据使用的其他情形。

存在前款第一项至第三项情形的，鉴定人已经收取的鉴定费用应当退还。拒不退还的，依照本规定第八十一条第二款的规定处理。

对鉴定意见的瑕疵，可以通过补正、补充鉴定或者补充质证、重新质证等方法解决的，人民法院不予准许重新鉴定的申请。

重新鉴定的，原鉴定意见不得作为认定案件事实的根据。

第四十一条　对于一方当事人就专门性问题自行委托有关机构或者人员出具的意见，另一方当事人有证据或者理由足以反驳并申请鉴定的，人民法院应予准许。

第四十二条　鉴定意见被采信后，鉴定人无正当理由撤销鉴定意见的，人民法院应当责令其退还鉴定费用，并可以根据情节，依照民事诉讼法第一百一十一条的规定对鉴定人进行处罚。当事人主张鉴定人负担由此增加的合理费用的，人民法院应予支持。

人民法院采信鉴定意见后准许鉴定人撤销的，应当责令其退还鉴定费用。

第四十三条 人民法院应当在勘验前将勘验的时间和地点通知当事人。当事人不参加的，不影响勘验进行。

当事人可以就勘验事项向人民法院进行解释和说明，可以请求人民法院注意勘验中的重要事项。

人民法院勘验物证或者现场，应当制作笔录，记录勘验的时间、地点、勘验人、在场人、勘验的经过、结果，由勘验人、在场人签名或者盖章。对于绘制的现场图应当注明绘制的时间、方位、测绘人姓名、身份等内容。

第四十四条 摘录有关单位制作的与案件事实相关的文件、材料，应当注明出处，并加盖制作单位或者保管单位的印章，摘录人和其他调查人员应当在摘录件上签名或者盖章。

摘录文件、材料应当保持内容相应的完整性。

第四十五条 当事人根据《最高人民法院关于适用〈中华人民共和国民事诉讼法〉的解释》第一百一十二条的规定申请人民法院责令对方当事人提交书证的，申请书应当载明所申请提交的书证名称或者内容、需要以该书证证明的事实及事实的重要性、对方当事人控制该书证的根据以及应当提交该书证的理由。

对方当事人否认控制书证的，人民法院应当根据法律规定、习惯等因素，结合案件的事实、证据，对于书证是否在对方当事人控制之下的事实做出综合判断。

第四十六条 人民法院对当事人提交书证的申请进行审查时，应当听取对方当事人的意见，必要时可以要求双方当事人提供证据、进行辩论。

当事人申请提交的书证不明确、书证对于待证事实的证明无必要、待证事实对于裁判结果无实质性影响、书证未在对方当事人控制之下或者不符合本规定第四十七条情形的，人民法院不予准许。

当事人申请理由成立的，人民法院应当做出裁定，责令对方当事人提交书证；理由不成立的，通知申请人。

第四十七条　下列情形，控制书证的当事人应当提交书证：

（一）控制书证的当事人在诉讼中曾经引用过的书证；

（二）为对方当事人的利益制作的书证；

（三）对方当事人依照法律规定有权查阅、获取的书证；

（四）账簿、记账原始凭证；

（五）人民法院认为应当提交书证的其他情形。

前款所列书证，涉及国家秘密、商业秘密、当事人或第三人的隐私，或者存在法律规定应当保密的情形的，提交后不得公开质证。

第四十八条　控制书证的当事人无正当理由拒不提交书证的，人民法院可以认定对方当事人所主张的书证内容为真实。

控制书证的当事人存在《最高人民法院关于适用〈中华人民共和国民事诉讼法〉的解释》第一百一十三条规定情形的，人民法院可以认定对方当事人主张以该书证证明的事实为真实。

### 三　举证时限与证据交换

第四十九条　被告应当在答辩期届满前提出书面答辩，阐明其对原告诉讼请求及所依据的事实和理由的意见。

第五十条　人民法院应当在审理前的准备阶段向当事人送达举证通知书。

举证通知书应当载明举证责任的分配原则和要求、可以向人民法院申请调查收集证据的情形、人民法院根据案件情况指定的举证期限以及逾期提供证据的法律后果等内容。

第五十一条　举证期限可以由当事人协商，并经人民法院准许。

人民法院指定举证期限的，适用第一审普通程序审理的案件不得少于十五日，当事人提供新的证据的第二审案件不得少于十日。适用简易程序审理的案件不得超过十五日，小额诉讼案件的举证期限一般不得超过七日。

举证期限届满后，当事人提供反驳证据或者对已经提供的证据的来源、形式等方面的瑕疵进行补正的，人民法院可以酌情再次确定举证期限，该期限不受前款规定的期间限制。

第五十二条　当事人在举证期限内提供证据存在客观障碍，属于民事诉讼法第六十五条第二款规定的"当事人在该期限内提供证据确有困难"的情形。

前款情形，人民法院应当根据当事人的举证能力、不能在举证期限内提供证据的原因等因素综合判断。必要时，可以听取对方当事人的意见。

第五十三条　诉讼过程中，当事人主张的法律关系性质或者民事行为效力与人民法院根据案件事实做出的认定不一致的，人民法院应当将法律关系性质或者民事行为效力作为焦点问题进行审理。但法律关系性质对裁判理由及结果没有影响，或者有关问题已经当事人充分辩论的除外。

存在前款情形，当事人根据法庭审理情况变更诉讼请求的，人民法院应当准许并可以根据案件的具体情况重新指定举证期限。

第五十四条　当事人申请延长举证期限的，应当在举证期限届满前向人民法院提出书面申请。

申请理由成立的，人民法院应当准许，适当延长举证期限，并通知其他当事人。延长的举证期限适用于其他当事人。

申请理由不成立的，人民法院不予准许，并通知申请人。

第五十五条　存在下列情形的，举证期限按照如下方式确定：

（一）当事人依照民事诉讼法第一百二十七条规定提出管辖权异议的，举证期限中止，自驳回管辖权异议的裁定生效之日起恢复计算；

（二）追加当事人、有独立请求权的第三人参加诉讼或者无独立请求权的第三人经人民法院通知参加诉讼的，人民法院应当依照本规定第五十一条的规定为新参加诉讼的当事人确定举证期限，该举证期限适用于其他当事人；

（三）发回重审的案件，第一审人民法院可以结合案件具体情况和发回重审的原因，酌情确定举证期限；

（四）当事人增加、变更诉讼请求或者提出反诉的，人民法院应当根据案件具体情况重新确定举证期限；

（五）公告送达的，举证期限自公告期届满之次日起计算。

第五十六条　人民法院依照民事诉讼法第一百三十三条第四项的规定，通过组织证据交换进行审理前准备的，证据交换之日举证期限届满。

证据交换的时间可以由当事人协商一致并经人民法院认可，也可以由人民法院指定。当事人申请延期举证经人民法院准许的，证据交换日相应顺延。

第五十七条　证据交换应当在审判人员的主持下进行。

在证据交换的过程中，审判人员对当事人无异议的事实、证据应当记录在卷；对有异议的证据，按照需要证明的事实分类记录在卷，并记载异议的理由。通过证据交换，确定双方当事人争议的主要问题。

第五十八条　当事人收到对方的证据后有反驳证据需要提交的，人民法院应当再次组织证据交换。

第五十九条　人民法院对逾期提供证据的当事人处以罚款的，可以结合当事人逾期提供证据的主观过错程度、导致诉讼迟延的情况、诉讼标的金额等因素，确定罚款数额。

### 四　质证

第六十条　当事人在审理前的准备阶段或者人民法院调查、询问过程中发表过质证意见的证据，视为质证过的证据。

当事人要求以书面方式发表质证意见，人民法院在听取对方当事人意见后认为有必要的，可以准许。人民法院应当及时将书面质证意见送交对方当事人。

第六十一条　对书证、物证、视听资料进行质证时，当事人应当出示证据的原件或者原物。但有下列情形之一的除外：

（一）出示原件或者原物确有困难并经人民法院准许出示复制件或者复制品的；

（二）原件或者原物已不存在，但有证据证明复制件、复制品与原件或者原物一致的。

第六十二条　质证一般按下列顺序进行：

（一）原告出示证据，被告、第三人与原告进行质证；

（二）被告出示证据，原告、第三人与被告进行质证；

（三）第三人出示证据，原告、被告与第三人进行质证。

人民法院根据当事人申请调查收集的证据，审判人员对调查收集证据的情况进行说明后，由提出申请的当事人与对方当事人、第三人进行质证。

人民法院依职权调查收集的证据，由审判人员对调查收集证据的情况进行说明后，听取当事人的意见。

第六十三条　当事人应当就案件事实作真实、完整的陈述。

当事人的陈述与此前陈述不一致的，人民法院应当责令其说明理由，并结合当事人的诉讼能力、证据和案件具体情况进行审查认定。

当事人故意作虚假陈述妨碍人民法院审理的，人民法院应当根据情节，依照民事诉讼法第一百一十一条的规定进行处罚。

第六十四条　人民法院认为有必要的，可以要求当事人本人到场，就案件的有关事实接受询问。

人民法院要求当事人到场接受询问的，应当通知当事人询问的时间、地点、拒不到场的后果等内容。

第六十五条　人民法院应当在询问前责令当事人签署保证书并宣读保证书的内容。

保证书应当载明保证据实陈述，绝无隐瞒、歪曲、增减，如有虚假陈述应当接受处罚等内容。当事人应当在保证书上签名、捺印。

当事人有正当理由不能宣读保证书的，由书记员宣读并进行说明。

第六十六条　当事人无正当理由拒不到场、拒不签署或宣读保证书或者拒不接受询问的，人民法院应当综合案件情况，判断待证事实的真伪。待证事实无其他证据证明的，人民法院应当做出不利于该当事人的认定。

第六十七条　不能正确表达意思的人，不能作为证人。

待证事实与其年龄、智力状况或者精神健康状况相适应的无民事行为能力人和限制民事行为能力人，可以作为证人。

第六十八条　人民法院应当要求证人出庭作证，接受审判人员和当事人的询问。证人在审理前的准备阶段或者人民法院调查、询问等双方当事人在场时陈述证言的，视为出庭作证。

双方当事人同意证人以其他方式作证并经人民法院准许的，证人可以不出庭作证。

无正当理由未出庭的证人以书面等方式提供的证言，不得作为认定案件事实的根据。

第六十九条　当事人申请证人出庭作证的，应当在举证期限届满前向人民法院提交申请书。

申请书应当载明证人的姓名、职业、住所、联系方式，作证的主要内容，作证内容与待证事实的关联性，以及证人出庭作证的必要性。

符合《最高人民法院关于适用〈中华人民共和国民事诉讼法〉的解释》第九十六条第一款规定情形的，人民法院应当依职权通知证人出庭作证。

第七十条　人民法院准许证人出庭作证申请的，应当向证人送达通知书并告知双方当事人。通知书中应当载明证人作证的时间、地点，作证的事项、要求以及作伪证的法律后果等内容。

当事人申请证人出庭作证的事项与待证事实无关，或者没有通知证人出庭作证必要的，人民法院不予准许当事人的申请。

第七十一条　人民法院应当要求证人在作证之前签署保证书，并在法庭上宣读保证书的内容。但无民事行为能力人和限制民事行为能力人作为证人的除外。

证人确有正当理由不能宣读保证书的，由书记员代为宣读并进行说明。

证人拒绝签署或者宣读保证书的，不得作证，并自行承担相关费用。

证人保证书的内容适用当事人保证书的规定。

第七十二条　证人应当客观陈述其亲身感知的事实，作证时不得使用猜测、推断或者评论性语言。

证人作证前不得旁听法庭审理，作证时不得以宣读事先准备的书面材料的方式陈述证言。

证人言辞表达有障碍的，可以通过其他表达方式作证。

第七十三条　证人应当就其作证的事项进行连续陈述。

当事人及其法定代理人、诉讼代理人或者旁听人员干扰证人陈述的，人民法院应当及时制止，必要时可以依照民事诉讼法第一百一十条的规定进行处罚。

第七十四条　审判人员可以对证人进行询问。当事人及其诉讼代理人经审判人员许可后可以询问证人。

询问证人时其他证人不得在场。

人民法院认为有必要的，可以要求证人之间进行对质。

第七十五条 证人出庭作证后，可以向人民法院申请支付证人出庭作证费用。证人有困难需要预先支取出庭作证费用的，人民法院可以根据证人的申请在出庭作证前支付。

第七十六条 证人确有困难不能出庭作证，申请以书面证言、视听传输技术或者视听资料等方式作证的，应当向人民法院提交申请书。申请书中应当载明不能出庭的具体原因。

符合民事诉讼法第七十三条规定情形的，人民法院应当准许。

第七十七条 证人经人民法院准许，以书面证言方式作证的，应当签署保证书；以视听传输技术或者视听资料方式作证的，应当签署保证书并宣读保证书的内容。

第七十八条 当事人及其诉讼代理人对证人的询问与待证事实无关，或者存在威胁、侮辱证人或不适当引导等情形的，审判人员应当及时制止。必要时可以依照民事诉讼法第一百一十条、第一百一十一条的规定进行处罚。

证人故意作虚假陈述，诉讼参与人或者其他人以暴力、威胁、贿买等方法妨碍证人作证，或者在证人作证后以侮辱、诽谤、诬陷、恐吓、殴打等方式对证人打击报复的，人民法院应当根据情节，依照民事诉讼法第一百一十一条的规定，对行为人进行处罚。

第七十九条 鉴定人依照民事诉讼法第七十八条的规定出庭作证的，人民法院应当在开庭审理三日前将出庭的时间、地点及要求通知鉴定人。

委托机构鉴定的，应当由从事鉴定的人员代表机构出庭。

第八十条 鉴定人应当就鉴定事项如实答复当事人的异议和审判人员的询问。当庭答复确有困难的，经人民法院准许，可以在庭审结束后书面答复。

人民法院应当及时将书面答复送交当事人，并听取当事人的意见。必要时，可以再次组织质证。

第八十一条 鉴定人拒不出庭作证的，鉴定意见不得作为认定案件事实的根据。人民法院应当建议有关主管部门或者组织对拒不出庭作证的鉴定人予以处罚。

当事人要求退还鉴定费用的，人民法院应当在三日内做出裁定，责令鉴定人退还；拒不退还的，由人民法院依法执行。

当事人因鉴定人拒不出庭作证申请重新鉴定的，人民法院应当准许。

第八十二条　经法庭许可，当事人可以询问鉴定人、勘验人。

询问鉴定人、勘验人不得使用威胁、侮辱等不适当的言语和方式。

第八十三条　当事人依照民事诉讼法第七十九条和《最高人民法院关于适用〈中华人民共和国民事诉讼法〉的解释》第一百二十二条的规定，申请有专门知识的人出庭的，申请书中应当载明有专门知识的人的基本情况和申请的目的。

人民法院准许当事人申请的，应当通知双方当事人。

第八十四条　审判人员可以对有专门知识的人进行询问。经法庭准许，当事人可以对有专门知识的人进行询问，当事人各自申请的有专门知识的人可以就案件中的有关问题进行对质。

有专门知识的人不得参与对鉴定意见质证或者就专业问题发表意见之外的法庭审理活动。

### 五　证据的审核认定

第八十五条　人民法院应当以证据能够证明的案件事实为根据依法作出裁判。

审判人员应当依照法定程序，全面、客观地审核证据，依据法律的规定，遵循法官职业道德，运用逻辑推理和日常生活经验，对证据有无证明力和证明力大小独立进行判断，并公开判断的理由和结果。

第八十六条　当事人对于欺诈、胁迫、恶意串通事实的证明，以及对于口头遗嘱或赠与事实的证明，人民法院确信该待证事实存在的可能性能够排除合理怀疑的，应当认定该事实存在。

与诉讼保全、回避等程序事项有关的事实，人民法院结合当事人的说明及相关证据，认为有关事实存在的可能性较大的，可以认定该事实存在。

第八十七条　审判人员对单一证据可以从下列方面进行审核认定：

（一）证据是否为原件、原物，复制件、复制品与原件、原物是否相符；

（二）证据与本案事实是否相关；

（三）证据的形式、来源是否符合法律规定；

（四）证据的内容是否真实；

（五）证人或者提供证据的人与当事人有无利害关系。

第八十八条　审判人员对案件的全部证据，应当从各证据与案件事实的关联程度、各证据之间的联系等方面进行综合审查判断。

第八十九条　当事人在诉讼过程中认可的证据，人民法院应当予以确认。但法律、司法解释另有规定的除外。

当事人对认可的证据反悔的，参照《最高人民法院关于适用〈中华人民共和国民事诉讼法〉的解释》第二百二十九条的规定处理。

第九十条　下列证据不能单独作为认定案件事实的根据：

（一）当事人的陈述；

（二）无民事行为能力人或者限制民事行为能力人所作的与其年龄、智力状况或者精神健康状况不相当的证言；

（三）与一方当事人或者其代理人有利害关系的证人陈述的证言；

（四）存有疑点的视听资料、电子数据；

（五）无法与原件、原物核对的复制件、复制品。

第九十一条　公文书证的制作者根据文书原件制作的载有部分或者全部内容的副本，与正本具有相同的证明力。

在国家机关存档的文件，其复制件、副本、节录本经档案部门或者制作原本的机关证明其内容与原本一致的，该复制件、副本、节录本具有与原本相同的证明力。

第九十二条　私文书证的真实性，由主张以私文书证证明案件事实的当事人承担举证责任。

私文书证由制作者或者其代理人签名、盖章或捺印的，推定为真实。

私文书证上有删除、涂改、增添或者其他形式瑕疵的，人民法院应当综合案件的具体情况判断其证明力。

第九十三条　人民法院对于电子数据的真实性，应当结合下列因素综合判断：

（一）电子数据的生成、存储、传输所依赖的计算机系统的硬件、软件环境是否完整、可靠；

（二）电子数据的生成、存储、传输所依赖的计算机系统的硬件、软件环境是否处于正常运行状态，或者不处于正常运行状态时对电子数据的生成、存储、传输是否有影响；

（三）电子数据的生成、存储、传输所依赖的计算机系统的硬件、软件环境是否具备有效的防止出错的监测、核查手段；

（四）电子数据是否被完整地保存、传输、提取，保存、传输、提取的方法是否可靠；

（五）电子数据是否在正常的往来活动中形成和存储；

（六）保存、传输、提取电子数据的主体是否适当；

（七）影响电子数据完整性和可靠性的其他因素。

人民法院认为有必要的，可以通过鉴定或者勘验等方法，审查判断电子数据的真实性。

第九十四条　电子数据存在下列情形的，人民法院可以确认其真实性，但有足以反驳的相反证据的除外：

（一）由当事人提交或者保管的于己不利的电子数据；

（二）由记录和保存电子数据的中立第三方平台提供或者确认的；

（三）在正常业务活动中形成的；

（四）以档案管理方式保管的；

（五）以当事人约定的方式保存、传输、提取的。

电子数据的内容经公证机关公证的，人民法院应当确认其真实性，但有相反证据足以推翻的除外。

第九十五条　一方当事人控制证据无正当理由拒不提交，对待证事实负有举证责任的当事人主张该证据的内容不利于控制人的，人民法院可以认定该主张成立。

第九十六条　人民法院认定证人证言，可以通过对证人的智力状况、品德、知识、经验、法律意识和专业技能等的综合分析作出判断。

第九十七条　人民法院应当在裁判文书中阐明证据是否采纳的理由。

对当事人无争议的证据，是否采纳的理由可以不在裁判文书中表述。

### 六　其他

第九十八条　对证人、鉴定人、勘验人的合法权益依法予以保护。

当事人或者其他诉讼参与人伪造、毁灭证据，提供虚假证据，阻止证人作证，指使、贿买、胁迫他人作伪证，或者对证人、鉴定人、勘验人打击报复的，依照民事诉讼法第一百一十条、第一百一十一条的规定进行处罚。

第九十九条　本规定对证据保全没有规定的，参照适用法律、司法解释关于财产保全的规定。

除法律、司法解释另有规定外，对当事人、鉴定人、有专门知识的人的询问参照适用本规定中关于询问证人的规定；关于书证的规定适用于视听资料、电子数据；存储在电子计算机等电子介质中的视听资料，适用电子数据的规定。

第一百条　本规定自 2020 年 5 月 1 日起施行。

# 附录八　部分案件的证据提交要领

## 一　18 类案件需提交的证据汇总

### 1. 婚姻纠纷案件

（1）结婚证或婚姻登记机关的证明；

（2）没有登记结婚的，关于同居时间或举行婚礼时间的证明；

（3）再婚的，原离婚调解书、判决书或有关部门的证明；

（4）被告下落不明的，关于下落不明时间、情况的证明；

（5）一方或双方为现役军人的，提供所在部队团以上政治机关出具的证明；

（6）一方理智有缺陷、患有性病、精神病的病情诊断等证据；

（7）一方因犯罪被判刑劳改的，关于原判法院、刑期和劳改地点的证明；

（8）婚后感情的事实依据；

（9）一方有过错的相关证据；

（10）子女姓名、性别、年龄、生活状况的证明；

（11）养子女、继子女的有关证明；

（12）请求抚养子女的有利条件或其他条件的证明；

（13）请求给付抚养费数额的依据（双方工资或劳动收入等）；

（14）财产名称、数量、价值的证明；

（15）财产性质（婚前、婚后或夫妻约定财产）的证明；

（16）储蓄、国库券、股票等财产的证明或相关线索；

（17）债权债务情况及性质（婚前、婚后、男女一方单独债权债务）的证明；

（18）住房情况（私房建造时间、面积、造价；公房户名、面积、间数、常住人口、分配来源）的证明；

（19）其他证据。

### 2. 继承遗产纠纷案件

（1）公安机关、医院关于被继承人死亡的证明，被继承人的死亡日期的户籍资料或宣告死亡的判决书，亲属关系证明；

（2）被继承人主要遗产所在地的证明及遗产种类、数量及折价清单；

（3）被继承人生前债权、债务情况的证明；

（4）被继承人遗嘱原件，公证遗嘱的公证书，代书、录音或危急情况下口头遗嘱，及所附的两份以上证人材料；

（5）养子女、非婚生子女、形成抚育关系的继子女应提供收养、出生证明、形成抚育关系的证明材料；

（6）继承人放弃继承权的亲笔书写的弃权书及有关证据；

（7）丧偶儿媳、女婿继承公婆、岳父母遗产的，关于自己尽了主要赡养义务的证明；

（8）关于继承人以外的依靠被继承人抚养的缺乏劳动能力又无生活来源的人或者继承人以外的对被继承人抚养较多的人要求分得被继承人遗产的有关证明；

（9）医院关于继承人已怀孕的证明；

（10）其他证据。

3. 抚育费案件

（1）离婚调解书、判决书或婚姻登记机关的证明；

（2）工资、收入状况的证明；

（3）子女身体状况的证明；

（4）子女医疗费用票据；

（5）子女学习费用的票据及有关证明；

（6）其他证据。

4. 变更子女抚养关系案件

（1）离婚判决书、调解书或婚姻登记机关的证明；

（2）各自抚育子女有利或不利条件的证明；

（3）各自经济收入情况的证明；

（4）10 周岁以上未成年子女本人的意见；

（5）其他证据。

5. 赡养纠纷案件

（1）被赡养人的身体、经济、居住等情况的证明；

（2）子女对被赡养人的赡养情况的证明；

（3）子女各自的收入、居住等情况的证明；

（4）其他证据。

6. 债务纠纷案件

（1）借款协议或借据；

（2）借贷关系有担保人的，有关担保的证据；

（3）借贷双方交付、收到钱款的凭证；

（4）债务人借款用途的证明；

（5）债务人应当支付利息的证明；

（6）无利息约定，债权人要求债务人偿付逾期利息，或者不定期无息借款经催告不还，债权人要求偿付催告后利息的，关于到期不还或经催告不还的证据；

（7）债务人下落不明的，关于证明债权凭证真实性及清偿债务的相关证据；

（8）付款付息凭证；

（9）其他证据。

7. 人身损害赔偿纠纷案件

（1）纠纷发生的时间、地点、起因的证据，其他部门处理纠纷的相关证据；

（2）被告实施侵害行为的证据；

（3）人身受到侵害及伤害后果的证明（病情诊断、法医鉴定、有关照片等）；

（4）赔偿医疗费、误工费、护理费及交通费的证据（医疗费单据、误工天数和误工收入的证据、医疗部门准许专人护理的证明和护理费凭证、车船票等）；

（5）要求赔偿丧葬费或生活费的，关于亲属关系的证明、受害者生前抚养、扶养、赡养情况的证明、丧葬费凭证；

（6）被告无过错或受害人对发生损害亦有过错的证明；

（7）其他证据。

8. 财产损害赔偿纠纷案件

（1）纠纷发生的时间、地点、起因的证据；

（2）被告实施侵害行为的证据；

（3）财产受损害情况的证明（财产名称、数量和发货票、受损害现场和实物的照片、有关部门的鉴定等）；

（4）财物修复所需费用的证明；

（5）产权有争议的受损财产的产权证明；

（6）被告无过错或者受害人对发生损害亦有过错的证明；

（7）其他证据。

9. 因饲养动物引起的损害赔偿纠纷案件

（1）关于动物的饲养人或管理人的证明；

（2）受害人受到侵害及损害后果的证明（病情诊断、法医鉴定、有关照片等）；

（3）由于受害人的过错造成损害的证明；

（4）由于第三人的过错造成损害的证明；

（5）其他证据。

10. 因产品质量不合格引起的赔偿纠纷案件

（1）产品原物、遗留物或照片；

（2）产品制造者、销售者的证明（产品的票据、信用卡、保修证）；

（3）有关部门质量鉴定证明；

（4）人身、财产受到侵害及损害后果的证明；

（5）运输者、仓储者对他人财产、人身按时完成负有责任的证明；

（6）其他证据。

11. 交通事故赔偿纠纷案件

（1）公安交通部门的责任认定书、调解书或复议裁定书；

（2）受害人受到伤害及伤害后果的证明（病情诊断、法医鉴定、伤情等级、有关照片等）；

（3）赔偿医疗费、误工费、护理费、住宿费及交通费的证据（医疗费单据、误工天数和误工收入的证明、医疗部门准许专人护理的证明及护理费凭证、住宿费单据、车船票等）；

（4）要求被扶养人生活费的，提供亲属关系证明、被扶养人情况证明（含出生日期及其他扶养人情况证明）；

（5）其他证据。

12. 因涉及企业开除、除名、辞退职工引起的劳动争议案件

（1）劳动仲裁委员会的裁决书；

（2）关于劳动仲裁委员会对起诉方裁决书送达日期的证明；

（3）双方所签订的劳动合同或其他关于雇佣关系的证明；

（4）工作起止日期的证明；

（5）企业开除、除名、辞退职工的决定、通知；

（6）按企业内部规章制度处罚的有关规章制度；

（7）职工违章违纪的证明；

（8）职工的工资、资金等收入情况的证明；

（9）用工单位支付培训费凭证；

（10）职工必须服务期限规定；

（11）其他证据。

13. 追索劳动报酬的劳动争议案件

（1）劳动仲裁委员会的裁决书；

（2）关于劳动仲裁委员会对起诉方裁决书送达日期的证明；

（3）双方所签订的劳动合同或其他关于雇佣关系的证明；

（4）工作起止日期的证明；

（5）出工人员名单；

（6）出工人员劳动天数及应得工资额的证明；

（7）拖欠劳动报酬具体数额的证据；

（8）其他证据。

14. 因劳动保险、劳动保护引起的劳动争议案件

（1）劳动仲裁委员会的裁决书；

（2）关于劳动仲裁委员会对起诉方裁决书送达日期的证明；

（3）双方所签订的劳动合同及其他关于雇佣关系的证明；

（4）工作起止日期的证明；

（5）企业交纳养老保险金、住房公积金的证据；

（6）职工的工资、资金等收入情况的证明；

（7）职工伤势鉴定及医疗费单据；

（8）其他证据。

15. 申请承认外国法院离婚判决案件

（1）申请人国籍证明（户口本、护照等）；

（2）外国法院离婚判决书（调解书）正本及证明无误的中文译本；

（3）做出判决（调解）的法院出具的判决（调解）已生效的证明文件，该证明文件应经该外国公证部门公证和我国驻该国使、领馆认证，并应提供经证明无误的中文译本；

（4）做出判决（调解）的外国法院已合法传唤被告出庭的有关证明文件，该证明文件应经该外国公证部门公证和我国驻该国使、领馆认证，并应提供经证明无误的中文译本；

（5）做出判决（调解）的外国法院的应诉通知或出庭传票。

16. 房产案件应提交的材料

（1）房屋产权纠纷案件

①房屋产权凭证；

②房屋来源（买受、继承、析产、受赠等）的证明；

③共有房产形成（共同投资建造、翻建、购买、继承、受赠等）的证明；

④房产登记变更（登记、变更登记、产权转移等）的证据；

⑤房屋使用、管理、收益情况证明；

⑥交纳房地产税人的姓名及纳税时间、金额、票据等；

⑦其他证据。

（2）房屋买卖纠纷案件

①房屋产权凭证；

②房屋买卖合同及公证书；

③有关机关批准买卖房屋的文件；

④关于房屋交付情况的证明；

⑤买卖双方交付、收取房款的凭证；

⑥买主身份、买房用途及房籍情况的证明；

⑦共有房屋的其他共有人放弃优先购买权和同意出卖房屋的证据；

⑧出租房屋的承租人放弃优先购买权的证据；

⑨其他证据。

（3）房屋租赁纠纷案件

①房屋产权凭证；

②房屋租赁许可证；

③房屋租赁合同；

④欠租时间、金额的证明或者欠据；

⑤修缮前房屋质量情况的证明和为修缮房屋支出的合理费用的凭证；

⑥原房屋平面构造草图；

⑦转租协议及转租人从中渔利的证据；

⑧其他证据。

（4）房屋腾迁纠纷案件

①房屋产权凭证；

②房屋租赁合同；

③被腾迁人家庭人口及是否有其他住房或可搬迁之处的证据；

④房主收回房屋后的用途（自用或继续出租等）的证明；

⑤出租房被买卖的，是否以同样价格让承租人优先购买的证据；

⑥房主是否提前三个月通知承租人搬迁的证据；

⑦其他证据。

17. 借款合同纠纷

（1）合同（借款申请书、有关借款的凭证、协议书和当事人双方同意修改借款合同的有关书面材料）；

（2）担保手续；

（3）贷款保证的物资和财产的凭证；

（4）借款实际用途证明；

（5）还款通知书；

（6）还款付息凭证；

（7）利息计算明细；

（8）利息计算的依据；

（9）其他证据。

18. 财产保险合同纠纷

（1）合同及变更合同内容的协议、批注或者批单；

（2）投保单；

（3）保险单或保险凭证；

（4）预约保险合同及预约保险单；

（5）交付、收取保险费的凭证；

（6）投保方不申报、隐瞒、错误申报主要危险情况的证明；

（7）投保方关于保险标的的过户、转让、出售的书面通知；

（8）投保方通知保险方保险标的的变更用途或增加危险程度的证明；

（9）保险方提出消除不安全因素的合理建议；

（10）由于投保方的故意而发生保险事故的证明；

（11）发生保险事故后投保方采取措施避免扩大损失的证明；

（12）投保方发生事故当时实际遭受损失的证明；

（13）损失物资价值和投保方从第三者取得赔偿的证明；

（14）其他证据。

## 二 13 类案件原告不需要提供的证据

五种情形原告不需要找证据

1. 以法定代理人身份代子女要求对方支付抚养费的，不需要提供证据。若对方抗辩已经尽到抚养义务，由被告提供证据证明如何尽的抚养义务。

2. 发生劳动争议，劳动者起诉，有些争议事项有关的证据属于用人单位掌握管理的，用人单位应当提供，不用你费心思寻找；用人单位不提供的，应当承担不利后果。

3. 用人单位开除、除名、辞退员工，或解除劳动合同、减少劳动报酬、计算劳动者工作年限等发生劳动争议的，劳动者不服起诉的，由用人单位举证。

4. 消费者在购买机动车、计算机、电视机、电冰箱、空调器、洗衣机等耐用商品，接受装饰装修等服务，6 个月内发现商品有瑕疵，因有争议起诉的，由经营者承担有关瑕疵的举证责任。

5. 公司欠债，债权人起诉的，要求一人有限责任公司的股东对公司债务承担连带责任，由股东证明公司财产独立于股东自己的财产，债权人不需要举证。

八类侵权案件由被告承担相应举证责任

1. 医疗事故致损。患者因在医院治疗出现事故而起诉医院的，患者不用提供证据，由医疗机构就医疗行为与损害结果之间不存在因果关系及不存在医疗过错提供证据。

2. 饲养的动物侵权致损。被动物伤害提起的侵权诉讼，自己不需提供自己没有过错的证据，而由动物饲养人或者管理人就受害人有过错或者第三人有过错承担举证责任。

3. 高空坠物致损。被高空坠物侵害，你不需要提供证据证明谁造成的过错，由所有人或者管理人对其无过错承担举证责任。

4. 专利侵权致损。发现发明专利被侵权引起的诉讼，由制造同样产品的单位或者个人提供其产品制造方法不同于专利方法的证明。

5. 环境污染致损。发现因污染被侵权而起诉，污染者就法律规定的免责事由及其行为与损害结果之间不存在因果关系承担举证责任。

6. 共同危险致损。侵权人就侵权行为与损害结果之间不存在因果关系承担举证责任。

7. 缺陷产品致损。产品销售者或生产者就法律规定的免责事由承担举证责任。

8. 高度危险作业致损。高度危险物的占有人、使用人或管理人就受害人故意造成损害的事实承担举证责任。

# 后　记

　　本书在我从事二十多年律师工作经验的基础上，借鉴学界和律师界的研究成果而写就，在此，谨向本书参考和引用的国内外学者和律师同人表示衷心感谢！

　　本书的特点是：

　　一、逻辑性较强。本书涵盖的内容包括三个方面——职业形象、接案和办案、注意事项，它是一个有机联系的整体，因此，本书各章形成一个严密的逻辑体系。

　　二、参考价值较大。本书系统地归纳和分析了律师代理民事诉讼前和代理诉讼中的方法与技巧，将律师从业的相关规定、民事诉讼证据规定等置于附录中，这对律师具有较大的参考价值。

　　三、新颖性。本书引用和参照的都是最新的法律法规，在律师收集证据、组织证据、举证及质证方面，在一审、二审、再审及企业破产等方面提出了许多有价值的经验，富有创新性。

　　毫不夸张地说，本书的出版与我自身是一位律师存在"天然"的缘分，我的律师职业生涯大致为：1992—1994 年龙南县经贸法律服务所律师，1994—2002 年龙南县律师事务所（现名：江西江龙律师事务所）律师，2009—2011 年江西华邦律师事务所律师，2011—2019 年北京大成（南昌）律师事务所律师，2019—2020 年北京市京师（南昌）律师事务所律师，2020—2022 年 2 月北京德和衡（南昌）律师事务所律师，2022年 3 月至今上海市建维（南昌）律师事务所律师。

　　我能走上律师工作岗位并成长为一名被社会广泛认可的律师，首先要感谢我的父母、老师及亲人，是他们给予我学习的资格和营养；其次要感谢党和政府，感谢司法部和江西省、南昌市、赣州市及龙南市司法行政机关的领导和干部，是他们挑起推进中国法治建设的重任，引导、教育并帮助我成长成才；我还要感谢我曾经从业与正在从业的律师事务所以及江西师范大学的各级领导和同事给予我的关怀、关心与帮助！

本书将律师代理民事诉讼的工作全方位地构思和写作，既是机遇也是挑战。写作的过程是一个非常艰辛的总结和探索的历程，每当我写作遇到困惑时，贤内助黄梅总是勉励我"不要心急，要脚踏实地、循序渐进"，在厦门大学求学的女儿廖婧和聪明可爱的儿子廖宏睿亦给我以极大的关心和支持。因此，本书凝聚着家人的心愿，在此谨向他们表示衷心的感谢！

漫漫人生征途中，让我最难忘的一位友人是胡朗朋先生，胡先生出生于1954年，我写此后记时，胡先生虽白发苍苍但精神矍铄。忆当年我与胡先生一道在江西江龙律师事务所从事法律服务工作。长期以来，胡先生一边工作一边学习，终获法律本科毕业文凭，并连续多年参加司法考试和法律职业资格考试。胡先生孜孜以求和潜心学习的精神，既是我学习的榜样，也是广大律师和司法工作者学习的楷模！

本书出版过程中，中山大学、中国政法大学、华东政法大学、西南政法大学、江西省社会科学院、南昌市律师协会建设工程法律专业委员会及北京、上海、广州、深圳、杭州、武汉、厦门、南昌等地不少专家学者、优秀法官、优秀检察官、资深律师、文字专家以及社会学和心理学学者为我提供了宝贵的修改意见，他们是：钟小武研究员、赵恒伯教授、李振宇教授、余亚微教授、申寻兵教授、胡卫萍教授、帅清华教授、孟阳春教授、李正兴教授、李建斌教授、刘为勇教授、蔡国芹教授、谢华法官、廖家极法官、唐旭东检察官、钟书峰检察官、董斌律师、涂妍妍律师、陈光晓律师、朱琦律师、唐厚珍律师、赖江波律师、魏雄律师以及范水平博士、黄三生博士等，北京德和衡（南昌）律师事务所陈美玲、范冰峰、顾文斌等高级合伙人亦给予我大力的支持，谨表衷心谢忱！

囿于能力，在律师代理民事诉讼的方法与技巧上，如律师阅卷、律师对法官归纳的争议焦点的异议、律师参与法院调解，等等，本书均未涉足，特此致歉！本书如存在错误在所难免，特别期待读者反馈的批评和修改意见，以期能逐步完善，在此先行谢过。

"潮平两岸阔，风正一帆悬。"我坚信，在中共中央全面推进依法治国的时代背景下，中国律师一定会大有作为，中国律师的明天一定会更加璀璨！

**廖建新**
2022 年 3 月 5 日于南昌市健康家园小书斋